U0534460

教育部区域和国别研究基地非洲研究中心
外交部中非智库10+10合作伙伴计划中方智库
浙江省哲学社会科学重点研究基地非洲研究中心
浙江省2011协同创新中心非洲研究与中非合作协同创新中心

浙江师范大学非洲研究院主办

AFRICAN STUDIES
非洲研究

2015年第2卷（总第7卷）

中国社会科学出版社

图书在版编目（CIP）数据

非洲研究．2015年．第2卷／浙江师范大学非洲研究院主办．
—北京：中国社会科学出版社，2016.1
ISBN 978 – 7 – 5161 – 7190 – 5

Ⅰ.①非… Ⅱ.①浙… Ⅲ.①非洲—研究 Ⅳ.①K94 – 55

中国版本图书馆 CIP 数据核字（2015）第 291010 号

出 版 人	赵剑英
责任编辑	张　林
特约编辑	吴连生
责任校对	韩海超
责任印制	戴　宽

出　　版	中国社会科学出版社
社　　址	北京鼓楼西大街甲 158 号
邮　　编	100720
网　　址	http：//www.csspw.cn
发 行 部	010 – 84083685
门 市 部	010 – 84029450
经　　销	新华书店及其他书店
印刷装订	三河市君旺印务有限公司
版　　次	2016 年 1 月第 1 版
印　　次	2016 年 1 月第 1 次印刷
开　　本	710×1000　1/16
印　　张	17.75
插　　页	2
字　　数	303 千字
定　　价	68.00 元

凡购买中国社会科学出版社图书，如有质量问题请与本社营销中心联系调换
电话：010 – 84083683
版权所有　侵权必究

《非洲研究》编辑委员会

主　　编　刘鸿武

编　　委　（以姓氏拼音为序）：

曹忠明　陈德喜　陈明昆　冯绍雷　顾建新　郭宪纲
贺　萌　贺文萍　蒋国俊　金灿荣　李绍先　李智彪
刘贵今　刘鸿武　楼世洲　梅新林　秦亚青　舒　展
舒运国　唐　晓　王缉思　王逸舟　吴锋民　徐　辉
徐伟忠　杨　光　杨洁勉　杨立华　张　明　张宏明
张忠祥　钟伟云　朱立群　朱威烈　庄国土

《非洲研究》编辑部
执行主编：舒　展
责任编辑：胡　美　李育球　卢凌宇

目　录

非洲政治与国际关系

传统与现代的混合
　　——索马里兰冲突治理的历史与理论反思 …………… 王学军(3)
冷战后的欧盟对非政策调整:动因、内容与评价 …… 陈水胜　席桂桂(17)
印度在非洲的软实力:资源、途径与局限性 ……………… 简军波(33)
论韩国对非外交的缘起与发展 ……………… 王　涛　[韩]辛沼沿(50)
论一战后法国对西非殖民地的"联合"政策 ………… 李鹏涛　沈　丹(67)

非洲经济与发展

非洲的经济发展:增长没有带来
　　结构转型 …………………………… [坦桑尼亚]汉弗莱·莫施(83)
试论非洲新型工业化与产业聚集 ………………………… 梁益坚(95)
瘟疫的创痛:评析埃博拉对西非三国经济
　　社会的影响 …………………………………… 唐溪源　唐晓阳(113)

非洲社会文化与教育

只教农民种地:英属喀麦隆初等教育(1916—1961年)的去殖民化
　　批判 ……………………………………… [喀麦隆]罗兰·尼德尔(131)
近年来我国非洲教育研究成果综述及趋势展望
　　——基于"非洲高等教育国别研究"评介 ……… 李俊丽　陈明昆(152)

应国家战略需求而兴起的区域研究
　　——浅析冷战时期美国高校的非洲研究 ………… 王　严　刘鸿武（163）
在华非洲族裔聚居区的类型、特征及其管理启示
　　——以广州地区为例 …………………………………… 许　涛（182）

中国与非洲关系

坦赞铁路的决策与建设历程研究
　　——兼谈周恩来的历史贡献 …………………………… 薛　琳（199）
中国对非洲出口贸易的影响因素与潜力分析 ……… 孙志娜　徐　进（215）
海上丝绸之路背景下的中非渔业合作发展研究
　　——以印度洋沿岸非洲国家为例 ……………… 张艳茹　张　瑾（226）
中国民营企业在非洲：现状及启示 ……………………… 刘青海（240）

书　评

《中国与刚果专章》的考证与评价 ……………… 龙向阳　何玲霞（255）

English Abstracts ……………………………………………………（264）

CONTENTS

African Politics and International Relations

A Blend of Traditional and Modern Ways: Reflection on Conflict
   Resolution in Somaliland .... *Xuejun Wang* (3)
EU Adjusted its African Policy after the Cold War: Causes,
   Components, and Evaluations .... *Shuisheng Chen Guigui Xi* (17)
India's Soft-power in Africa: Resources, Approaches and
   Limitations .... *Junbo Jian* (33)
South Korea's Diplomacy in Africa:
   the Past and the Present .... *Tao Wang Shin Soyeon* (50)
The Association Policy of French West Africa since the First
   World War .... *Pengtao Li Dan Shen* (67)

African Economy and Development

Africa's Economic Development: Growth without Structural
   Transformation .... *Humphrey Moshi* (83)
A Preliminary Exploration of the Approach of New Industrialization and
   Industrial Agglomeration in Africa .... *YiJian Liang* (95)
The Grief of the Plague: An Evaluation of the Societal-Economic
   Impacts of Ebola upon West
   African States .... *Xiyuan Tang Xiaoyang Tang* (113)

African Education, Culture and Society

Training to be Farmers, While We were yet Farmers: A
  Decolonization Reading of Primary Education in British
  Cameroon (1916 – 1961) .... *Roland Ndiu* (131)
A Review and Outlook of China's Research on African Education
  in Recent Years: Based on the Comment of "the Project of
  country Studies on African
  Higher Education" .... *Junli LI Mingkun Chen* (152)
Regional Studies Meeting the Strategy of the State: African
  Studies and colleges in U. S. Universities
  in the Cold War Era .... *Yan Wang Hongwu Liu* (163)
Types, Features and Implications on the Management of the African
  Communities in China: A Case Study of Guangzhou .... *Tao XU* (182)

China-Africa Relation

The Decision Making and Construction of the TAZARA Railway: A
  discussion of Premier Zhou Enlai's Contributions .... *Lin Xue* (199)
Determinants and Potentials of Chinese
  Exports to Africa .... *Zhina Sun Jin Xu* (215)
Sino-Africa Cooperation in Fishery with the Construction of the
  Maritime Silk Route: the Case of African Littoral Countries
  along the Indian Ocean .... *Yanru Zhang Jin Zhang* (226)
The Investment of China's Private Enterprises in Africa and
  Policy Recommendations .... *Qinghai Liu* (240)

Book Review

A Textual Analysis and Evaluation of
the Tianjin Chapter ·················· *Xiangyang Long   Linxia He* (255)

English Abstracts ·· (264)

非洲政治与国际关系

传统与现代的混合

——索马里兰冲突治理的历史与理论反思[*]

王学军

【内容摘要】在反对西亚德·巴雷的索马里内战背景下，1990—1997年，索马里北部的索马里兰地区经历了从初步和解到宣布独立、从临时政府到建立正式政府、从内部纷争与冲突逐步走向稳定与和平的历史进程。索马里兰的冲突治理与和平建设充分利用了其传统政治资源与冲突治理机制，整个进程一方面充分体现出索马里兰传统政治文化的显著特点，包括目标的渐进性与灵活性、过程的开放性与长期性、基于协商共识而非投票等特点，另一方面表现出灵活性与混合性的因地制宜的实用主义特点。索马里兰的案例表明，本土传统与现代方法的有机结合是非洲冲突治理与和平建设的有效之道。

【关键词】索马里兰，冲突治理，传统冲突管理，混合性

【作者简介】王学军，法学博士，浙江师范大学非洲研究院副研究员（金华，321004）

冷战结束后，非洲国内冲突数量骤增。国内冲突治理（包括冲突管理与解决）成为非洲政治的基本任务之一。在众多国内冲突治理案例中，索马里兰是最为成功的案例之一。其和平进程独具特色，基本上是在没有

---

[*] 本文得到浙江省人文社科重点研究基地非洲研究中心的资助，也得到2014年浙江师范大学非洲研究调研专项项目资助，特此致谢！

国际援助和外部干预的情况下实现的。研究者们将索马里兰的和平建设称之为"基于社区的和平"、"草根和平"、"自下而上的和平"、"本土和平",等等。学者们指出,索马里兰和平给非洲其他国家和地区的冲突解决与和平建设提出了极大的启示,也有学者认为这种和平模式虽然较为成功,但因其特殊历史环境与背景仅属于特例,所以其经验和方法难以复制或推广。无论经验可以借鉴还是难以复制,我们首先需要探究的问题是,索马里兰和平进程有什么显著的特点?其成功的根本逻辑是什么?

本文认为,索马里兰的冲突解决与和平建设充分利用了其传统资源与本土机制,整个进程一方面充分体现出索马里兰传统政治文化的显著特点,包括目标的渐进性与灵活性、过程的开放性与长期性、基于协商产生的共识而非仅仅依靠一人一票的投票等特点,另一方面表现出灵活性与混合性的实用主义特点。本文将分三部分对此观点予以详细的史论结合的阐述。第一部分将概述索马里兰的族群和传统政治文化机制,第二部分回顾索马里兰地区的冲突及其解决的历史,第三部分分析索马里兰冲突管理的传统性与混合性的特点。

一　索马里兰政治地理、族群分布与传统政治文化

索马里兰是今日索马里共和国的一部分,位于非洲之角索马里共和国的西北部,北临亚丁湾,南接埃塞俄比亚,西面为吉布提,东部与索马里邦特兰地区(Puntland)接壤。其疆域大致与殖民统治时期的英属索马里保护领地一致,面积约为 137 600 平方千米,约占整个索马里领土面积的 20%。1960 年 7 月,英属索马里与意属索马里在分别获得独立后合并为索马里共和国。三十年后的 1991 年,在索马里统一的中央权威崩溃的背景下,索马里兰宣布独立,成立"索马里兰共和国",随后开始探求其内部的和平与治理之路,但其政权一直未获得国际社会的广泛承认。与此同时,索马里南部在经历了长达 21 年军阀割据的失序状态后,2012 年 11 月建立了新的索马里联邦共和国正式政府。事实上,自 20 世纪 90 年代统一的中央政权垮台以来至今,位于原索马里共和国北部的索马里兰与南部新生的索马里联邦共和国一直处于分离状态。索马里兰这一"事实国家"的国际承认与合法性问题,并非本文探讨的要旨,本文是在将其视为一个失去统一中央政府管辖的地区的前提下,探讨索马里兰如何实现了内部的冲突解决与和平建设。

索马里兰居民与南部的索马里居民一样同属索马里人。索马里人属于游牧民族，主要以放牧骆驼、牛羊为生。殖民时期，港口收入和牛羊产品出口构成其主要经济来源。索马里兰人口主要由伊萨克（Isaaq）和达鲁德（Daarood）两大氏族集团（clan family）构成，其中伊萨克人占多数。伊萨克人主要分布在索马里兰中部和埃塞俄比亚境内，达鲁德人分布在索马里兰东部及其附近地区。此外，在索马里兰西部还生活着两个人口较少的氏族即盖达布尔斯（Gadabuursi）和埃舍（Esa or Iise）。① 伊萨克和达鲁德又包含数量不等的氏族分支。伊萨克族内部有六个分支，它们分别是哈巴尔·尤尼斯（Habar Yoonis）、伊达盖拉（Iidagalle）、哈巴尔·加洛（Habar Je'lo）、哈巴尔·阿瓦尔（Habar Awal）、阿拉卜（Arab）和阿乌卜（Ayuub）。一般而言，习惯将哈巴尔·尤尼斯和伊达盖拉统称加尔哈吉斯（Garhajis）。其中，以哈巴尔·尤尼斯人、哈巴尔·加洛人和哈巴尔·阿瓦尔人势力较大，控制范围较广，② 它们成为本文所关注的索马里兰冲突及其解决和国家重建的主要行为体。达鲁德氏族集团分为杜尔巴亨特（Dhulbahante）和瓦尔桑格利（Warsangeli），③ 它们也是下文所叙述的冲突及其解决的主要行为体。

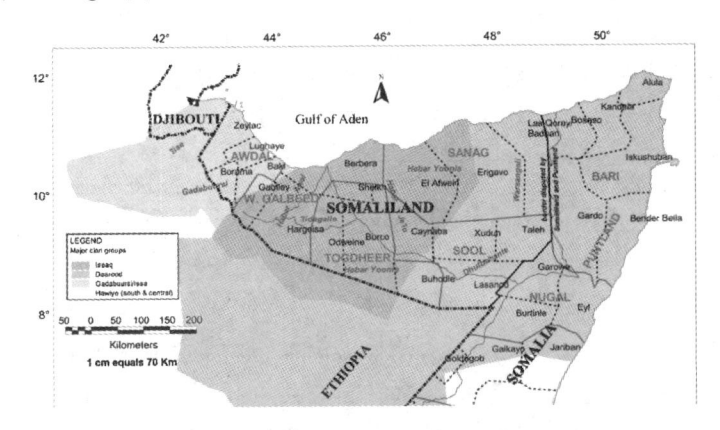

索马里兰及其邻近地区主要氏族分布图

[根据 Clans：Northern Regions' Food Security Analysis Unit (Somalia), Nairobi, 2005 修改而成]

---

① 盖达布尔斯和埃撒常常被认为共同属于迪尔氏族。参见 Lewis, *A Pastoral Democracy*, 1999, p. 38.

② See Bradbury, Mark. *Becoming Somaliland*, London：Progressio, 2008, p. 53.

③ Walls, Michael. *the Emergence of a Somali State：Building Peace from Civil War in Somaliland*, *African Affairs*, 2009, 108/432, p. 376.

索马里在被殖民前处于无统一国家和中央集权政府的部落政治组织阶段，各氏族之间经常为争夺牧草与水源而发生冲突，但具有一套历史上形成的调解部落氏族间冲突的有效机制。这一机制大致由以下要素构成。

（一）集体赔偿机制（Diya-Paying Groups）。索马里社会组织由复杂的隶属关系与认同网络构成，包括不同的阶级、地区、宗教和职业身份。最稳定的家族单元是这种赔偿机制群体，它由数量在数百到数千不等的近亲属组成。如果群体中某个成员杀人犯罪或者被杀，那么这种群体将共同支付赔偿或接受赔偿。[①] 甚至在殖民时期和独立之后的司法体系中，集体赔偿机制依然是通过补偿而非报复来和平解决个人恩怨（从牲畜抢掠到杀人）的主要制度。例如，一个人被杀害需要由杀人者所在的氏族群体向被杀者所在的亲族群体赔偿100头骆驼来补偿。这种赔偿比例是两个群体的长老反复沟通协商的结果。当双方意见不能达成一致时，通常就会形成世仇，导致报复性攻击。但对报复的恐惧以及通过赔偿预防或终止世代仇杀的可能性使历史上尚无国家组织形式的索马里形成了一定的秩序与安全。这种赔偿制度即使在西亚德·巴雷政权垮台后依然在发挥作用。高额赔偿对可能的犯罪还起到了遏制的作用，因为其家族同胞要共同承担赔偿的成本，家族内部对遵守社会契约的压力在群体赔偿家族集团非常强大。

（二）长老协调机制。在索马里传统冲突管理中长老是关键的行为体，长老是代表血亲集团参加谈判的德高望重的成年男性。长老中包括著名的宗教领袖伊斯兰教长（sheikh 或 wadad）。长老的社会身份是流动变化而非世袭或终身制的。荣升长老位置不是基于世袭身份而是基于作为有效的谈判者、有信誉的调解者和打动人心的演讲者所长期积累的声誉。长老职位并非专职，索马里人过去和现在都可以身兼不止一个职位。政治活动家可以是长老，商人有时也可以是长老。在索马里的有些地区，最高级别的长老委员会被称为 guurti 或 akhyaar。较低级别的地方性氏族分支长老会也扮演着积极的角色。氏族长老是代表其氏族的熟练的谈判者，在起草制定协议、解决血亲集团间冲突方面，扮演着十分重

---

① Lewis, I. M. *A Modern History of Somalia: Nation and State in the Horn of Africa.* Boulder, CO: Westview Press 1988, p. 11.

要的角色。绝大部分地方争执与矛盾如财产偷窃都交由长老调解和裁决,更大的地区性的氏族冲突长期以来也是长老的职权范围。在殖民和后殖民政府中都设置了带薪职位以尽力拉拢或取代可能带来麻烦的长老。①

(三)习惯法(xeer)协调机制。在正式国家法律实施缺位情况下,无论是在实行集体赔偿机制的氏族内部还是同类氏族之间,习惯法或社会契约在建立规范、预期与责任方面过去和现在都是十分重要的。习惯法内容取自伊斯兰教法,但被伊斯兰组织看作是对伊斯兰教法的背离。传统和解努力一般都在和解的群体之间产生了类似的社会契约。相对于研究索马里的人类学者,更熟悉国际关系的学者可能发现,将习惯法类比为国际习惯法或国际组织中的机制更容易理解。也就是说,这种法律都没有具有惩罚能力的政治力量确保强制执行协议,但如果违背行为规则,就会对违反者产生消极影响。因此,习惯法和国际机制都带有一定程度的可预见性、信任性与合作性。

(四)传统氏族大会机制(shir)。传统氏族大会是一个协商讨论的平台。这使得索马里的传统和平缔造过程相对民主和公开。这些大会或者召集亲族的所有成年男性来讨论和批准一个职位,或者在两个以上亲族集团的长老之间召开。它是个冗长繁琐的进程,在大会上所有在场者都有权表达自己的观点。由于其开放性和时间长,确保了最大可能地建立共识,因而产生的协议拥有很高的合法性与可执行性。

这些过往时代形成的不同历史实践与社会制度,共同构成了索马里兰传统冲突管理的核心内容。需要注意的是,这些机制有些是传统进程,如氏族大会;有些是传统行为体,尤其是长老。② 这些区别在现代时期显得日益重要,因为长老有时被拉进非传统进程或会议,而传统大会也被非传统行为体如军事派系领导人所利用。

---

① Farah, A. Y. and Lewis, I. M. Somalia: The root of Reconciliation: A survey of Grassroots peace Conferences in North West Somalia/Somaliland. London and Djibouti: ActionAid. 1993, pp. 14 – 29.

② 第十二章 当代索马里的传统冲突管理,威廉·扎特曼主编:《现代冲突的传统治疗方法:非洲冲突"良药"》,第187页。

二　后西亚德时期索马里兰地区冲突及其解决简史

（一）索民运兴起与内战时期（1981—1990 年 12 月）

索马里兰位于原索马里共和国的西北部，在殖民时期它属于英国"索马里兰保护领"，1960 年独立时与意属索马里合并为索马里共和国。在索马里共和国时期，特别是在西亚德一言堂式的专制统治下，索马里兰地区因各方面遭遇了不平等的待遇而产生了很深的怨恨，这些怨恨包括：没有适当的政治代表权、发展上的被忽视以及当地商人由于经济上备受控制而产生的挫折感、军事上西亚德政府对索马里兰愈加严厉的军事压制等。[①] 在此背景下，索马里民族解放运动（SNM）于 1981 年成立，开始了反对西亚德政府的斗争。它与当时境内先后兴起的其他反政府组织索马里救国民主阵线（SSDF）、索马里联合大会（USC）等一道形成了反抗西亚德政府的联合力量。整个 20 世纪 80 年代至 1990 年，索马里陷入长期的内战混乱中。1991 年 1 月西亚德被索马里联合大会赶出首都摩加迪沙，结束了其持续二十年的专制统治，整个索马里由此进入了漫长的军阀混战的无政府时期。

（二）初步和解与走向独立（1991 年 1—5 月）

在索民运成立后，西亚德政府对其一直执行严厉的军事打击与分化瓦解的政策。它将包括索民运在内的基于不同氏族而发展起来的反政府组织称为以氏族为基础的"部落主义"，并力图联合其他各地方氏族打击索民运。索民运的成员主要来自北部索马里兰地区最大的氏族伊萨克。在西亚德拉拢策略下，一些非伊萨克氏族包括杜尔巴亨特人和瓦尔桑格利人在这场内战中站在了政府军一边，参与了对索民运的军事打击行动。在这场政府与反政府势力之间的内战中，索民运逐步取得了优势和胜利。到 1990 年初，索民运已经控制了索马里兰的大部分地区。在此背景下，以伊萨克氏族为主体的索民运与参与政府军的其他非伊萨克氏族之间开启了谈判和解的进程。

[①]　刘易斯：《索马里史》，赵俊译，东方出版中心 2012 年版，第 230—231 页。

1991年2月在奥格的首次重要会议在索民运与杜尔巴亨特人之间举行，为伯贝拉（Berbera）会议（也称为北方氏族兄弟会议）的召开作了必要的准备。同时，索民运与盖达布尔斯人商议在西部博拉马等地区停火。1991年2月15日，来自所有氏族的代表团参加了首次全国性的伯贝拉会议，确认先前会议实现的停火。4月，第二次大会全国性北方氏族大会即布尔奥会议举行，继续建立信任的进程。这次重要会议的参加者包括索民运领导、北方主要传统权威、知识分子、民兵头领、宗教领袖和商人等。会议目标是促进各敌对势力的和解，设计索马里兰地区的政治未来。会议取得了两个重要成果：第一，会议单方面宣布了索马里兰脱离原索马里共和国而独立。第二，会议起草了一个临时国家宪法，授权索民运组建一个过渡政府，并暂时管理2年。索民运主席宣布索马里兰共和国独立，索民运将执掌政府直到1993年5月。索民运主席图尔顺理成章地成为临时政府的总统。

（三）建立安全与政府时期（1991年6月—1993年5月）

独立后的索马里兰面临安全混乱、经济无力、过渡政府能力虚弱等多方面的挑战。因为军事与经济的原因，当地分别爆发了两场内部冲突。首先是布尔奥冲突。内战结束后索民运的军队恢复了族群化、分散化的特点。一些军人复员后就业无门，以抢劫和敲诈勒索为生转而变成了土匪，对社会构成了安全威胁。在安全无保和军事混乱的背景下，通过建立对暴力的垄断来实现对游动民兵的控制，扩大国家权威，构成了图尔政府的关键目标。为此，图尔试图统一多个氏族的民兵组织，将其转化为由中央政府控制的安全部队。围绕将要组建的安全部队的指挥权问题，以总统图尔为代表的文职派和以国防部长卡因为代表的强硬派发生争执，由于双方都诉诸氏族动员以支持其立场，这场权力争夺迅速演变成了一场氏族间对抗。[1] 图尔大体上依靠属于伊萨克氏族集团的加尔哈吉斯人的支持，卡因主要依靠同属伊萨克氏族集团的哈巴—加洛氏族及其所控制的民兵。这种对抗点燃了血腥的权力斗争。1992年1月，尤尼斯人与加洛人在布尔奥发生了持续一周的冲突，造成大约300人死亡。冲突凸显了新政

---

[1] PHD THESIS State-making in Somali and Somalilan.

府的脆弱性，破坏了民众对新政权的信心。[1] 为了其自身政权稳定，1992年12月图尔重组内阁。但随着各个氏族建立起自己的民兵部队，安全形势继续恶化。

第二场冲突是政府军与地方氏族为争夺柏培拉港口控制权而发生的冲突。柏培拉港位于索马里兰亚丁湾沿岸，港口收入是索马里兰财政的最重要来源。原先柏培拉港口由当地同属伊萨克的哈巴尔·阿瓦尔人和哈巴尔·尤尼斯人共同控制。尽管在1991年2月的柏培拉会议上氏族间同意所有海洋、机场、港口等资产属于国家，但一年后由于索民运政府内部的分化，情况变得复杂。哈巴尔·阿瓦尔人和临近的哈巴尔·加洛人一同谴责哈巴尔·尤尼斯霸占了整个政府，并拒绝上交港口收入。于是，图尔政府与哈巴尔·阿瓦尔之间发生了长达8个月的冲突，造成了大量人员伤亡。[2] 后来，柏培拉港口和恰特草[3]这两种经济资源都被其他氏族控制，加上国际援助的匮乏，图尔过渡政府没有能力执行DDR计划以重建安全。图尔的财政形势变得如此脆弱乃至于其国家军队甚至开始偷窃国际非政府组织的车辆。由于未能扩大收入基础以支持国家活动，政府越来越无效无能。到1992年10月，索马里兰的形势已非常恶化，图尔总统与联合国索马里事务特别代表萨农商议同意向索马里西北部部署350人的维和部队（Renders 2006：206）。由于萨农辞职，维和部队最终未能部署，索马里兰不得不设法依靠自己来维持局面，这表明，年轻的共和国已经捉襟见肘，举步艰难。

1992年围绕政治、经济和军事权力分配所发生的布尔奥和柏培拉冲突导致了9个月没有任何结果的战争，在北部造成了类似于摩加迪沙的混乱无序的形势。到1993年年初，与宣布独立时相比，哈格萨变得比摩加迪沙更不安全，索马里兰的主权国家身份受到内外部的严重质疑。[4] 政府

---

[1] Bradbury, M. (2008). Becoming Somaliland. London: Progressio, p. 89.

[2] Renders, Marleen. *Consider Somaliland: State-building and Traditional Leaders and Institutions* [M]. Boston: Brill, 2012, p. 95.

[3] 恰特草（Catha edulis）分布于热带非洲、阿拉伯半岛。因其叶中含有兴奋物质卡西酮，咀嚼后对人体中枢神经产生刺激作用并容易成瘾，又被称为"东非罂粟"，是世界卫生组织确定的二类软性毒品。

[4] Renders, M., & Terlinden, U. (2010). Negotiating Statehood in a Hybrid Political Order: The Case of Somaliland. Development and Change, 42 (4), pp. 723 – 746.

不仅行动能力匮乏，难以发展经济提供民众生活，而且围绕军事、政治和经济资产的竞争还导致暴力冲突，进一步破坏了国家建设与未来和平稳定的希望。

像1991年一样，此时索马里兰各氏族长老再次承担了其和平缔造者的角色。他们在此期间倡议了诸多大大小小的和平和解会议或会谈，促进氏族间信任，调解氏族间军事、政治与资源分配冲突。在此前一系列会议基础上最终于1992年2月24日召开的博拉马大会实现了全国性的关键和解。博拉马会议实现了三个重要成果。第一，产生了一个和平宪章，加强了安全并规定了传统地方长老在和平塑造中的领导权。第二，制定了一部国家宪章作为国家临时宪法（期限2年），埃加勒作为图尔之后的第二任总统。第三，最具创新之处是两院立法机关的设立，上院由非选举产生的传统长老组成，下院则由选举出来的代表组成。[①] 虽然博拉马会议没有结束索马里兰地区的冲突，但是它创造了一个过渡的形势从而最终使更持久的和平以及地方政府总统和议会的选举成为可能。[②]

在博拉马大会的影响下，索马里兰其他地方的和平会议也对这种传统长老发挥关键性作用的创举加以效仿，最突出的是东北部的萨纳格地区。该地区的哈巴尔·尤尼斯、哈巴尔·加洛、杜尔巴亨特和瓦尔桑格里等氏族间关系长期不睦，但在1992年8月到1993年6月间举行了一系列的氏族间和平会议。最终在1993年8—11月间在艾利加沃（Erigavo）镇召开了萨纳格地区和平与和解大会，来自本地所有氏族的400多人参加了此次会议，会议通过了萨纳格地区和平宪章，创建了地方行政制度。会议产生了一个促进自由流动、自由贸易、共同使用牧场与水源的停火机制协议，实现了该地区的和平。

（四）制度建立时期（1993年6月—1997年2月）

博拉马会议后索马里兰享有了一段短暂的和平，但到1994年10月，围绕主权的形成，埃加勒政府与地方反对势力再次发生了严重的政治冲

[①] 刘易斯：《索马里史》，赵俊译，东方出版中心2012年版，第259页。

[②] Walls, Michael. "The emergence of a Somali state: building peace from civil war in Somaliland." African Affairs 108.432 (2009): pp. 371–389.

突。两次冲突最为突出：第一次是起源于尤尼斯拒绝与埃加勒政府合作并宣布支持摩加迪沙的 SNA，当埃加勒政府试图控制哈格萨机场时冲突爆发。第二次冲突发生在 1995 年，当埃加勒决定加强对布尔奥地区的控制，政府军与该地区游击队之间爆发了冲突。冲突不是氏族复仇而是政治利益争夺。事关资源控制与行政统治权的分配。这种新争执的政治性质事实上是无法适用基于社区的冲突管理机制的，索马里兰和平委员会只是部分抑制了这种紧张与矛盾。1996 年 10 月举行的哈格萨和平与和解大会真正解决了这些冲突。这次会议与之前会议存在根本差异，因为它完全是由政府组织的，是埃加勒政府试图进行集中制度建设的一部分（Walls et al. 2008）。尽管这一倡议遭遇诸多不满，但埃加勒政府的政治优势使之能够强制停火，管理围绕制度进程的冲突与争斗。随后，会议开启了多党制民主化时期，建立了较为稳定的和平。在埃加勒时期，这种和平不断巩固。自 1997 年后，索马里兰逐步建立起令国际社会信服的民主。2001 年 5 月 31 日，全民公决通过了国家宪法。2002 年 12 月，举行了首次地方委员会选举，2003 年 4 月，50 万索马里兰人参与了总统选举。

三 索马里兰冲突治理方法的经验总结

索马里兰能够成功地实现和平是因为索马里兰存在保存较为完整的传统资源与机制，在冲突解决各个关键阶段各氏族单位与氏族长老都发挥了关键作用。正是因为这种传统资源与机制的存在与运作才使索马里兰地区最终出现了较为稳定的和平局面。集体赔偿机制、氏族长老、长老委员会（shir 或 guurti）、习惯法（xeer）构成了索马里民族某种传统性质的冲突管理机制。无论长老无可替代的作用，还是习惯法的运用，或者长老委员会在不同层次上与现代制度的融合，都反映索马里兰传统政治文化在索马里兰冲突管理与解决进程中的关键作用。冲突解决进程充分尊重了索马里兰以氏族为基本社会单位的传统社会结构和社会文化，因而获得了索马里兰各氏族间的广泛认可和接受。尊重传统文化并充分利用传统政治资源与机制，构成了索马里兰冲突管理和解决的一个关键特点。具体而言，索马里兰传统冲突管理方法具有一些不同于现代经典国际社会冲突管理方法的具体特点：

（一）渐进式冲突解决方式。索马里兰冲突解决一般从着手应对最直接的地方层次的怨恨和冲突开始，当过去或当下的问题处理好或达成一致后才转到未来冲突管理机制问题，① 召开一次更大规模的全国或整个地区层次的会议，确认之前和平协议，并就未来冲突管理进行机制创设。1991年4月的布尔奥会议、1992年2月的博拉马会议、1992年8月萨纳格地区的伊利加沃会议和1996—1997年的哈格萨会议都表现出这种模式。在全国和解会议之前都有一系列的地方会议和氏族间谈判，一方面为了解决地方性纠纷与矛盾，另一方面也为了促进社会、传统与宗教领导对和平进程的广泛参与。1991年2月在奥格的首次重要会议在索民运与杜尔巴亨特之间举行，为柏培拉会议的召开作了必要的准备。同时，索民运与盖达布尔西商议在西部博拉马等地区停火。1991年2月15日，来自所有氏族的代表团参加了首次全国会议柏培拉会议，确认先前会议实现的停火。4月第二次大会布尔奥会议举行，继续建立信任的进程。1993年，萨纳格地区15次氏族间会议为伊利加沃大会作了充分准备。总之，1990—1997年总共召开了34次地方会议，从而为其后的三次全国大会胜利召开奠定了基础。② 几次重要的全国性或地区性和解大会都表现出参与范围极广、持续时间很长的特点。

（二）冲突解决的本土性和自主性。对话与和解都是由地方发起的，资金来源也都是国内索马里兰商人或索马里兰的海外散居民。会议经费筹措与会议组织密切相关，这不利于会议参与者延长不必要的进程，但当需要调整时间表以保证有更充足时间建立共识时，会议组织者可以自行作出决定而不必寻求遥远的外部赞助者的同意和支持。这与国际社会资助下的对话和解会议存在很大区别。国际社会援助的和平会议往往是外部强加议程和时间表。从发起那一刻起就违背了本土自主原则，是一种缺乏合法性的和平进程。无论是传统方法的关键作用还是和平性质与进程的混合性，索马里兰在整个冲突管理解决进程中都没有发生很多非洲冲突国家所发生的那种冲突解决与和平建设的职能外部化现象。相反，整个进程中始终保

---

① Walls, Michael. The emergence of A Somali State: Building Peace From Civil War in Somaliland, African Affairs, 108/432, 2009, p. 386.

② Malito, Debora Valentina. Evidence from an alternative path to reconciliation: the case of Somaliland, Paper prepared for the XXVII Annual Conference of the Italian Society of Political Science (SISP), University of Florence, September 12 – 14, 2013.

持着索马里兰人的主体地位与自主性。这种自主性表现为以下几个方面：第一，绝大部分赞助来自本地商人或海外散居民，而不是外部国际援助。这避免了其进程决策与国家主权职能的外部化。第二，冲突解决重大会议和决策都是由索马里兰各个氏族间充分酝酿讨论自主作出决议的。第三，尽管也接受了少量非政府组织的外部援助，但没有占据主导地位，更没有影响索马里兰冲突管理过程的本土自主权。这种自主权对索马里兰较好地实现冲突管理与和平至关重要。

（三）非国家中心方式。索马里兰的传统方法不是把国家民族的西方模式强加于本地社会，而是利用在本土证明有效的现存的本地暴力控制与冲突转型的形式。在传统方法看来，国家建构被认为与和平及秩序无关，甚至被认为是消极的。它在进行冲突管理与和平建设的同时避开或推迟了国家建构。这种非国家中心的方法打开了解决合法性问题的可能性。国家脆弱的核心在于合法性问题。国家虚弱不仅是制度、结构和权力执行问题，而且是合法性问题。国家脆弱往往是因为在民众的眼里没有合法性。民众并非将自己视为其国家的公民，至少首先不是国家的公民，相反他们首先把自己视为某个子国家群体、前国家社会实体的成员（如部落或亲族集团）。国家被视为异族外部的力量。这对其效忠产生了重要影响。人们效忠于自己的组织，而不是国家。合法性在该组织领导人手中而不是在政府权威手中。民众不服从国家的统治但服从于其部族组织的统治。诉诸这些传统权威机构将增强冲突管理解决与和平建设举措的合法性。

（四）冲突治理的文化规范基础。索马里兰传统冲突管理是建立在一系列文化规范的基础之上的，文化共同体的存在是实施传统冲突管理的前提。索马里兰的冲突解决的策略根源于索马里传统氏族制度和宗教信念的基本社会规范。它不同于西方的法理和契约规范，而体现为传统道德和社会认同。这种规范大致有四种：第一个规范，各方承诺最低程度的信任与追求和平的良好意愿。也就是说，无论对手间分歧多深，当有机会时，他们依然愿意对话，并认为对话是紧迫的事宜。在索马里文化中，有这种坚实的基础，但这种对话和讨论所需要的最低程度的信任在其他索马里地区已经遭到了严重的破坏，所以不能认为它是给定不变的。索民运对过去曾经与西亚德政府一同打击索民运的氏族既往不咎的政策本身就是这种良好意愿的重要表达。第二个规范，即怨恨应该被遗忘的宽容精神。第三个规范是氏族责任原则。第四个规范是决策时的达成共识原则而非投票表决原则。虽然也举行投票，通常是在总体大会上象征性地进行，但是在任何可能的地方，决策都是基于协商与共识。为了达成共识，需要漫长的会议日期来充分讨论。①

（五）灵活性与混合性特点。索马里兰的秩序与和平又不完全是一种传统的和平，而是传统与现代的灵活融合。这表现在以下几个方面：首先，从和平性质上看，它不只是基于传统文化的和平概念。正如很多研究者指出的，在后巴雷政权时期，索马里兰建立起来的是一种混合性和平或混合性政治秩序，是一种传统内容与西式制度相融合的制度。博拉马大会上通过的和平宪章与国家临时宪法、后来国家建设中引入政党制度、议会代表制度并在氏族间分配席位，这些为了秩序与和平而进行的制度安排尽管具有鲜明的游牧民主的特色，但事实上已经超越了索马里兰的传统文化。其次，从具体方法与实施过程看，索马里兰的和平进程是一种混合的进程而非单纯的传统进程。在和平进程中，不仅传统行为体主导，而且非传统的新兴行为体也参与其中，发挥了重要作用。萨纳格会议所反映的和平进程的混合性质。所谓的传统冲突管理实际上是老习惯与新方法的综合，因为各个社区调整了其习俗以应对新型冲突。② 长老有时被拉进非传统的和平会议，而传统大会也被非传统的行为体如分离分子与游击队领导人所利用。

四　结论与启示

非洲脆弱国家的冲突治理可以存在不止一种理论范式。长期以来，西方自由和平理论已经成为全球脆弱国家冲突治理与重建的支配性话语，乃至于形成了外部支配的理论范式霸权。它们认为，在当前时代，国家已经被拖进了无领土边界的多层决策网络，这一网络将政府、国际机构与非政

---

① See Walls, Michael. "The emergence of a Somali state: building peace from civil war in Somaliland." *African Affairs*, Vol. 108 No. 432 (2009): pp. 371 – 389.
② 第十二章 当代索马里的传统冲突管理, in *traditional Cures for Modern conflict: African Conflict "medicine"*, edited by William Zartman.

府组织等不同行为体联结在一起。① 反对国际化的国家重建只是主观臆测而已。外部主导的冲突治理与国家重建在理论上与实践上都是不可动摇的。事实上并非如此。在冷战刚结束，脆弱国家稳定与重建事业刚起步时期，就存在传统与本土风格的冲突治理与和平建设案例。这些案例就在理论与实践上都不同于当前的支配性理论话语。它们由于种种原因或者完全未受国际援助和国际干预的影响，或者虽然接受了国际援助，但是坚持了独立自主的冲突解决与和平建设道路。索马里兰冲突后治理即非洲国家传统冲突治理的一个典型案例。这些不同于国际社会盛行的、以西方自由和平理念为指导思想的本土化的传统冲突管理与解决案例，说明脆弱国家冲突治理事业虽然受西方理念主导，但在实践中却存在不同理念与范式的竞争。

事实上，索马里兰冲突治理与和平建设的成功不能简单归结为传统冲突管理的成功。事实上，它是通过始终坚持自主权、并采用灵活的实用主义策略从而赢得合法性的成功案例。它是一种自主权与合法性的胜利。在坚持自主权与寻求合法的和平道路过程中，不能把传统要素机制与现代资源和机制做僵化的理解。并非传统的一定是和平的，现代的一定会带来冲突与混乱。长老与其他传统和平缔造者通常是和平的力量，但有些情况下却不是如此。不能简单假定长老与传统行为体总是和平的力量。自由民主选举貌似很多时候总会给以族群社会结构为基础的非洲国家带来纷争，但是情况并非如此。索马里兰在建立制度时，在尊重本地氏族社会结构基础上，充分借鉴现代民主制度理念，举行了议会选举、总统选举和地方性选举，却产生较好的和平结果。这说明，传统与现代制度只是冲突解决与和平建设的工具，如何结合本国社会文化环境灵活运用这些不同工具实现和平与发展的目标才是关键所在。

（责任编辑：舒展）

---

① Moore, "Humanitarian agendas, state reconstruction, and democratization processes in war-tornsocieties," p. 1.

冷战后的欧盟对非政策调整:动因、内容与评价[①]

陈水胜　席桂桂

  【内容摘要】历史上,欧非关系的特殊性与复杂性一直备受关注。冷战结束后,因应国际格局和地区形势的发展变化,欧盟陆续对其非洲政策进行了一系列变革和调整,不仅使机制上更具统一性、内容上更具综合性,而且形式和内涵也都有了很大的创新。通过这一系列调整,新时期的欧盟对非关系定位和对非政策框架日渐清晰,新的欧非关系模式也已初具雏形。本文聚焦"调整"这一主线,通过分析欧盟调整对非政策的主要原因、重点内容以及成效与不足等,来考察欧盟对非政策的历史演变,借以把握欧非关系的阶段性特征和未来发展趋势。

  【关键词】欧非关系　结构性调整　动因　表现　成效

  【作者简介】陈水胜,中国政法大学博士后,国务院侨办文化司主任科员（北京,100088,席桂桂,外交学院国际关系专业2011级博士生（北京,100037）

  "欧洲与非洲的双边关系是有记载的全球政治史上最古老的双边关系之一。作为两个相邻的大陆,欧非关系或许是国际关系中已知的最含混不清和最牵扯不断的外交关系。"[②] 早在欧洲经济共同体成立之时,应法国、

---

  ① 本文系外交学院2014年度学术科研创新基金项目（中央高校基本科研业务费专项资金资助项目（项目编号：ZY2014YA18））的阶段性研究成果。感谢匿名评审专家对本文提出的中肯意见！

  ② Jing Men & Benjamin Barton, "China and the EU in Africa: Changing Concepts and Changing Policies," in Jing Men & Benjamin Barton eds., *China and the European Union in Africa: Partners or Competitors*? Surrey: Ashgate Publishing Limited, 2011, p. 1.

比利时、意大利等成员国的强烈要求，欧共体就顺理成章地继承了它们在非洲的"殖民资产"，同原殖民地国家建立起了"联系制度"。20世纪70年代中期，又进一步通过《洛美协定》将非洲同加勒比、太平洋地区的发展中国家集合起来，组成"非洲、加勒比和太平洋国家集团"（ACP-African, Caribbean and Pacific Group of States），成功确立了以发展援助与贸易优惠为主体的合作机制——"洛美体制"。不过，当时受美苏争霸格局的束缚，加之欧洲一体化刚刚起步，共同体的实力还比较有限，这一时期的欧共体对非政策"继承"意味更浓，从内涵到形式都缺乏创新，且在实践中自主性不强。

冷战结束以来，面对国际格局的大变革、大调整和欧洲、非洲地区形势的新变化，欧盟陆续对其非洲政策进行了一系列结构性调整，比如：冷战结束初期的发展援助政策调整；2000年开始的贸易政策改革；2003年以后实施的危机干预行动；2007年推出的欧非联合战略，等等。与冷战期间相比，冷战结束后的欧盟对非政策调整变化幅度很大，不仅机制上更具统一性、内容上更具综合性，而且形式和内涵也都有了很大的创新。更为重要的是，欧盟在对非政策上的话语权和自主性显著增强，越来越具有"欧盟特色"。通过这一系列的调整，新时期的欧盟对非关系定位和对非政策框架日渐清晰，新的欧非关系模式也已初具雏形。

一　传统欧非关系模式遭遇困境

毛主席曾经说过："世上决没有无缘无故的爱，也没有无缘无故的恨。"[①] 欧非之间就是如此。历史上，欧洲曾残酷地对非洲进行过长达数百年的殖民统治，"人为地割断了非洲历史的自主发展进程，强行把非洲纳入西方殖民主义的政治经济体系之中"[②]。在很长一段

[①] 毛泽东：《在延安文艺座谈会上的讲话》，《毛泽东选集》（第三卷），人民出版社1991年版，第871页。

[②] 罗建波：《通向复兴之路：非盟与非洲一体化研究》，中国社会科学出版社2010年版，第1—2页。

时间里，欧非之间的关系纯粹地表现为"殖民与被殖民"。冷战期间，出于维持欧非"特殊关系"以及与苏联争夺盟友的需要，欧共体主要通过提供发展援助和单方面给予贸易优惠的方式来拉拢非洲国家，双方之间的关系只简单地停留在了"援助与被援助"阶段。无论是"殖民与被殖民"，还是"援助与被援助"，欧非关系的本质都是不平等。然而，随着冷战的终结，建立在不平等基础上的传统欧非关系模式开始面临这样或那样的挑战，越发难以为继，调整势在必行。

（一）非洲通过联合自强极大地提升了其国际地位

面对冷战结束初期被"边缘化"的状况和可能被"抛弃"的危险[1]，泛非主义思潮再度兴起，非洲的历史命题由"联合自立"转向"联合自强"，并取得一系列积极进展。首先，非洲联盟取代非洲统一组织，成为领导非洲事务的权威机构，使非洲复兴有了组织上的保障。其次，在整合原有发展计划的基础上，推出了"非洲发展新伙伴计划"（NEPAD-The New Partnership for Africa's Development），为非洲复兴规划了切实可行的发展蓝图，并加快推进大陆层面和次区域层面的经济一体化，实行"双轮驱动"。再次，非盟及其他次区域组织更加关注安全问题，积极介入和化解各类冲突，使非洲的安全形势趋于缓和，为非洲复兴营造了一个相对安宁的环境。

以经济增长为例。经过上述一系列努力，非洲经济逐渐走出"低谷"，实现恢复性增长。世界银行的统计数据显示，1995—1999年，非洲的国内生产总值年均增长率恢复到了3.7%；[2] 2000—2008年，国内生产

---

[1] 自非洲的非殖民化运动取得成功以来的大部分时间里，非洲都被西方所主导的国际社会当作一个"问题"所在。冷战结束初期，非洲对西方的地缘政治重要性大大下降，某种程度上陷入被美欧"抛弃"的命运。参见 Goran Hyden & Michael Bratton eds., *Governance and Politics*, Washington D. C.: Johns Hopkins University Press, 1991; Christopher Clapham, *Africa and the International System: The Politics of State Survival*, Cambridge: Cambridge University Press, 1996.

[2] 1995—1999年非洲的国内生产总值（GDP）年度增长率分别是：3.1%、5.4%、3.3%、3.4%、3.2%。World Bank, "Africa Development Indicator," http://data.worldbank.org/data-catalog/africa-development-indicators, February 22, 2013.

总值年均增长率提高至4.7%。2007年,更是高达5.9%;① 2008年以来,在世界饱受金融危机影响的情况下,非洲的国内生产总值依然保持了3.8%的较高增速。② 21世纪头十年,全球经济增长最快的10个国家中,撒哈拉以南非洲就占了6个。③ 第二个十年,非洲预计将继续保持5%—6%的增长率,成为全球经济增长最快的区域之一。④ 2013年,非洲的经济总量超过了2万亿美元,全球增长最快的10个国家,有7个在非洲。⑤ 据非洲开发银行估计,到2060年,非洲的经济总量将达到15万亿美元。⑥ 非洲正成为世界经济增长的"新边疆"(next frontier for growth)。⑦

(二)国际社会对非合作兴起带来的压力

冷战结束后头几年,非洲曾一度淡出了国际社会的视野。欧盟也因战略重心"东移"、准备迎接新成员而在一定程度上忽视了非洲。但这种情况并未持续很长时间,短暂的"沉默"之后却引来了"群雄逐鹿"。美国、中国、俄罗斯、日本、印度、巴西、韩国、土耳其等国家纷纷加大同非洲的合作力度,或创建新的对非合作机制或复活既有的对非合作机制,形成了多个国际对非合作机制齐头并进、相互竞争的复杂局面。⑧ 国际社

---

① 2000—2008年非洲的GDP年度增长率分别是:3.7%、3.4%、3.0%、4.9%、5.5%、5.3%、5.8%、5.9%、5.0%。World Bank, "Africa Development Indicator," http://data.worldbank.org/data-catalog/africa-development-indicators, February 22, 2013.

② 2009—2011年非洲的GDP年度增长率分别是:2.9%、4.7%、3.7%。World Bank, "Africa Development Indicator," http://data.worldbank.org/data-catalog/africa-development-indicators, February 22, 2013.

③ 这六个非洲国家分别是:安哥拉、尼日利亚、埃塞俄比亚、乍得、莫桑比克、卢旺达。

④ Kwame Akonor, *Africa Rising? A Post - 2015 UN Development Agenda*, Future UN Briefing, No. 12, November 2013, p.1. http://www.futureun.org/media/archive1/briefings/briefing12final.pdf.

⑤ 李克强:《共同推动非洲发展迈上新台阶——在第24届世界经济论坛非洲峰会上的致辞》,中国外交部:http://www.fmprc.gov.cn/mfa_chn/zyxw_602251/t1154141.shtml, 2014年5月8日。

⑥ African Development Bank, *Africa in 50 Years' Time: The Road Towards Inclusive Growth*, September 2011, p.12. http://www.afdb.org/fileadmin/uploads/afdb/Documents/Publications/Africa%20in%2050%20Years%20Time.pdf.

⑦ Obiageli Ezekwesili, "Africa as a Frontier Market", http://www.cfr.org/world/africa-frontier-market/p27290?cid=oth_partner_site-atlantic, January 23, 2013.

⑧ 上海国际问题研究院西亚非洲研究中心:《国际社会对非合作机制比较及发展中非合作论坛对策建议》,外交部非洲司主编《中非联合研究交流计划2011年课题研究报告选编》,世界知识出版社2012年版,第264页。

会对非合作的兴起为非洲发展创造了更多的机遇,也为非洲开展国际合作提供了更多可供选择的方案。非洲因此能够对以前必须接受的事情说"不"。这些变化对欧洲在非洲大陆长期占据的主导地位提出了挑战。①

对此,欧盟委员会在一份公开文件中坦承,"如果欧洲想保持与非洲的优先合作伙伴地位,想从这种关系中获得更多的利益,它必须在现有基础上加强甚至重新塑造与非洲在某些领域的关系。这种关系应当超越过去那种施舍者与受赠者的关系,而且成为政治上的平等合作伙伴"②。

(三) 欧盟自身战略需要形成的动力

如果说非洲的复兴和国际社会的关注是欧盟调整对非政策的外因,那么欧盟在非洲的利益关切和战略考量则就是推动此次调整的内因。从政治外交层面看,"非洲国家是欧洲传统的势力范围,是欧盟推广其价值观、社会制度、政治、经济模式的重点区域"③。通过帮助非洲加强治理,欧盟不仅能夯实其在非洲的影响,又可检验其对外政策的成效,还能提升其在国际舞台上的形象,可谓"一举多得"。从经济层面看,非洲是欧盟主要的原材料来源地和商品消费市场。非洲是其实现能源进口来源多元化的首选。由于近年来俄欧关系紧张,欧盟正"力图以非洲部分代替动荡的中东和常以能源为武器的俄罗斯作为能源和自然资源的供应地"④。此外,随着非洲复兴,"欧盟的商界和财界敏锐地感觉到,非洲人口众多,劳动力价格便宜,自然资源丰富,有可能成为全球经济另一个新的增长点,可能在对世界财富增长的贡献方面与亚洲媲美"⑤。从安全层面看,非洲与欧盟的安全息息相关。由于欧非地缘相近,加之非洲大陆相对落后,冲突不断,导致大量非法移民涌向欧洲,影响了欧盟的社会稳定与安全。此

---

① Gorm Rye Olsen, "The EU's Africa Policy between the US and China: Interests, Altruism and Cooperation," in Maurizio Carbone ed. , *The European Union in Africa: Incoherent Policies, Asymmetrical Partnership, Declining Relevance?*, Manchester: Manchester University Press, 2013, p. 43.

② Commission of the European Communities, *From Cairo to Lisbon—the EU-Africa Strategic Partnership*, Brussels, 27 June 2007, COM (2007) 357final, p. 2. http://ec.europa.eu/europeaid/sites/devco/files/communication-eu-africa-strategic-partnership-com2007357 - 20070627_ en. pdf.

③ 王新影:《欧盟对非洲政策中的中国因素初探》,《西亚非洲》2010 年第 1 期,第 17 页。

④ 房乐宪:《欧盟对非战略的调整及趋势》,《亚非纵横》2009 年第 1 期,第 57 页。

⑤ 金玲:《欧非关系转型——从"依附"到"平等"》,《国际问题研究》2008 年第 3 期,第 28 页。

外，非洲在反恐、环境保护等领域的重要性也日益显现。

二 欧盟对非洲政策进行结构性调整

因应国际、地区形势变化，冷战后欧盟陆续从定位上、机制上、贸易上、援助上、安全上等五个方面对其非洲政策进行结构性调整，逐渐形成新的对非政策框架。

（一）定位上，由不平等趋向平等

长期以来，不平等一直是欧非关系的主要特征，也是阻碍欧非关系发展的重要症结所在。冷战后，非洲社会要求改变这种不平等关系的呼声越来越高。非盟委员会前主席科纳雷（Alpha Oumar Konare）明确指出，"非洲必须彻底埋葬殖民条约，从奴隶殖民贸易和单一经济的思维定式中解脱"。他警告西方国家说："我们不要再被别人当马骑，请别再烦我们。"有非洲学者甚至表示，"结束同欧洲在外交和经济等方面的'家长制'关系，是当今非洲人民最强烈的心声"①。非洲大陆发出的强烈呼声以及其他大国在非影响力的持续提升，让欧盟不得不重新思考、定位其与非洲的关系。2007 年，欧盟委员会主席巴罗佐（Jose Manuel Durao Barroso）明确指出："非洲必须成为我们对外关系的重点，欧盟非洲关系必须超越过时的捐助者与受益者关系，转向真正平等的伙伴关系。"② 在之后召开的第二届欧非峰会上，欧非双方正式通过了《欧盟—非洲战略伙伴关系——欧非联合战略》文件以及实施这一战略的《行动计划》，确立了构建基于平等基础上的新型战略伙伴关系。③ "此次峰会是在欧非关系史上第一次正式提出在欧非两个大陆之间建立平等战略伙伴关系，对欧非关

---

① ［中非］蒂埃里·班吉：《中国，非洲新的发展伙伴——欧洲特权在黑色大陆上趋于终结？》，肖晗等译，世界知识出版社 2011 年版，第 105、94、16 页。
② "President Barroso's speaking points at EU-Africa pre-Summit Press Conference", http://ec.europa.eu/archives/commission_ 2004 – 2009/president/pdf/speaking_ points_ 20071206_ en. pdf.
③ See Council of the European Union, *The Africa-EU Strategic Partnership*: *A Joint Africa-EU Strategy*, Lisbon, December 9, 2007, 16344/07 (Presse 291).

系发展具有'里程碑'式的意义。"①

(二) 机制上,由分散趋向统一

由于不同的历史、地缘联系和利益关切,欧盟与撒哈拉南北非洲有着不同的合作框架。针对北非地区,欧盟先是将其纳入地中海伙伴关系框架(EMP-Euro-Mediterranean Partnership),后又进一步拓展为睦邻政策框架(ENP-European Neighborhood Policy);而撒哈拉以南非洲地区放在"非加太国家集团"框架下运作;南非则被单列出来,与之单独签署贸易发展协定。"这些政策框架各有侧重,且由欧盟内部不同机构负责,在政策实践中内部不同行为体、不同政策工具之间缺乏有效协调,使得其对非政策支离破碎。"②

为了改变其对非政策机制上的分散性,进入21世纪后,欧盟开始积极寻求创建一个大陆层面的、统一的对非政策机制。③ 2000 年,首届欧非峰会的召开是欧盟朝这个方向迈出的第一步。2002 年,非盟的成立为欧盟制定和实施统一的对非政策提供了更加有利的条件。2005 年 10 月,欧盟提出了制定一个"全面的(comprehensive)、综合的(integrated)、长期的(long-term)对非政策框架"的设想,并打出了"一个欧洲,一个非洲"(one Europe, one Africa)的口号。④ 两个多月后,欧盟公开发表了题为《欧盟与非洲:走向战略伙伴关系》的首份对非政策文件,进一步明确了新时期的对非政策,并特别强调新战略将是"欧盟整体对非洲整体"的战略。⑤ 经过努力,欧盟已同非盟初步构建起了涵盖各个层级、各个领域的对话与合作机制,用于解决双方合作机制中的不对称性问题。

---

① 房乐宪:《欧盟对非战略的调整及趋势》,《亚非纵横》2009 年第 1 期,第 55 页。

② 金玲:《欧盟对非洲制度机制调整及其对中国的影响》,《欧洲研究》2010 年第 5 期,第 56 页。

③ Maurizio Carbone, "EU-Africa Relations in the Twenty-first Century: Evolution and Explanations," in Maurizio Carbone ed., *The European Union in Africa: Incoherent Policies, Asymmetrical Partnership, Declining Relevance?*, Manchester: Manchester University Press, 2013, p. 6.

④ Commission of the European Communities, *EU Strategy for Africa: Towards a Euro-African pact to accelerate Africa's development*, Brussels, October 12, 2005, COM (2005) 489 final, p. 2. http://eur-lex.europa.eu/legal-content/EN/TXT/PDF/?uri=CELEX:52005DC0489&qid=1426510080580&from=EN.

⑤ Council of the European Union, *The EU and Africa: Towards a Strategic Partnership*, Brussels, December 19, 2005, 15961/05 (Presse 367), p. 2.

（三）贸易上，由特惠制趋向互惠性

从"联系制度"到"洛美体制"，欧非贸易关系的主要特征是欧盟单方面给予"非加太国家"贸易优惠，即"特惠制"。冷战后，这种"特惠制"面临"合法性"危机。① 欧盟遂以此为借口，要求推进贸易体制改革，实行互惠制。1996年11月，欧盟委员会发表了一份题为《21世纪前夕欧盟与非加太国家关系的绿皮书——新伙伴关系的挑战与选择》的"绿皮书"指出，"洛美体制下的关税和配额优惠已不适应非加太国家融入世界商品、服务、资本市场的需要"②。1997年，欧盟委员会建议理事会授权按照"绿皮书"中有关互惠精神同非加太国家开展谈判。1998年9月，双方开始就签署新的合作协定进行谈判。2000年，欧盟同ACP集团签署了《科托努协定》，以替代到期的《洛美协定》。《科托努协定》在维持原有的单向贸易优惠的同时，确定了未来双方经贸合作的新框架，即"经济伙伴协定"（EPA-Economic Partnership Agreement），并规划用6年左右的时间（2002—2008年）完成相关谈判，重塑欧非经贸关系。

尽管欧盟认为，"经济伙伴协定在坚持平等与互惠的同时，亦很好地兼顾了发展目标，在迄今为止的南北贸易安排中独树一帜"。但是，"这与非加太集团原先享有的单向特惠制相比依然是有了质的变化，很多非加太国家、民间机构甚至国际组织都认为，欧盟所提出的开放和互惠要求将损害非加太国家集团的发展"③。双方认知上的本质差异导致EPA谈判进

---

① 根据WTO的"授权条款"，发达成员可以单方面给予发展中成员关税优惠待遇，而不必给予其他成员。但是，这种优惠待遇必须一视同仁地给予所有发展中国家。然而，欧盟给予非加太国家的特惠制是排外的，因而引起其他发展中国家的强烈不满，并屡遭投诉（比如，"香蕉案"）。参见叶玉《欧盟——非加太经济伙伴协定对新兴大国和南南合作的影响》，《欧洲研究》2009年第1期，第90—93页；邓炯《香蕉案与〈洛美协定〉特惠待遇体制》，《欧洲研究》2000年第5期，第69—76页。

② European Commission, *Green Paper on Relations between the European Union and the ACP Countries on the eve of 21st Century: Challenges and Options for a New Partnership*, COM (96), 570 Final, 20 November 1996, p.48. http://eur-lex.europa.eu/legal-content/EN/TXT/PDF/?uri=CELEX:51996DC0570&qid=1426508172359&from=EN.

③ 叶玉：《欧盟——非加太经济伙伴协定对新兴大国和南南合作的影响》，《欧洲研究》2009年第1期，第92页。

展十分缓慢,在非洲的冲突尤为激烈。截至规定的最后期限(即 2007 年年底),仅有 18 个非洲国家与欧盟达成了临时性的经济伙伴协定,签约率不足 40%。①

(四) 援助上,由中立转向干预

发展援助作为欧盟最重要的对外政策工具,在欧盟的非洲政策中占有重要地位。因为自身发展滞后,所以非洲也比较依赖于欧盟提供的援助。冷战期间,出于东西阵营争夺的需要,欧盟在对非提供援助时,只要它们不倒向苏联,基本上不附加涉及非洲国家内部事务的政治条件。② 随着冷战的结束,这种"隐忍"已无必要。于是,自第四个《洛美协定》起,欧盟开始强调援助的政治性条件。比如,在 1995 年在对第四个《洛美协定》进行修订时,欧盟首次将"民主"、"人权"、"法治"等原则同援助挂钩,规定非加太国家获得援助的多寡取决于其经济运行状态,改变以往单纯发放贷款为直接参与制定援助项目;《科托努协定》则对受援国提出了更严格的政治性条款,将"民主"、"人权"、"法治"等上升为执行该协定的原则。其中,第 1 条明确指出:"加快推进非加太国家的经济、文化和社会发展,同时关注和平与安全,促进建立一个稳定和民主的政治环境。"第 9 条又将"良治"列入基本要素。③ 欧盟将政治性条件一步步地植入欧非合作协定,为欧盟干预非洲国家的内部事务,推进非洲国家的"民主化"改革打下了所谓的"合法性"基础。

(五) 安全上,积极主动作为

作为国际体系中的一个特殊行为体,欧盟对安全形势有着自己的理解和判断。它认为,全球化背景下,传统安全已让位于非传统安全,因为

---

① Sanoussi Bilal & Christopher Stevens, *The Interim Economic Partnership Agreements between the EU and Africa States: Contents, challenges and prospects*, ECDPM Policy Management Report 17, July 2009, pp. 20 – 21. www.ecdpm.org/pmr17.

② 参见张宏明、张永蓬《中国和西方国家对非援助比较及我国援外(援非)国际合作战略》,外交部非洲司主编《中非联合研究交流计划 2011 年课题研究报告选编》,世界知识出版社 2012 年版,第 74—75 页。

③ 参见刘博《欧盟对外贸易与发展政策中的人权向度——从〈洛美协定〉到〈科托努协定〉》,《山东社会科学》2007 年第 4 期,第 112—115 页;刘晓平:《欧盟对外援助之"人权导向"对非洲的影响》,《世界经济与政治论坛》2009 年第 3 期,第 37—42 页。

"发生大规模武装入侵欧盟成员国的情况已不可能发生。相反地,欧盟面对的新型安全威胁更加复杂、更为隐蔽、更不可测"。于是,将其面临的主要威胁与挑战归纳为以下五种,即恐怖活动、大规模杀伤性武器扩散、地区冲突、失败国家和有组织犯罪。[①] 自1999年科隆峰会上决定发展"共同安全与防务政策"(CSDP-Common Security and Defense Policy)[②] 起,欧盟就积极在国际舞台上扮演一个安全行为体的角色。其中,又以非洲作为其实施危机干预的重心。从2003年在刚果(金)首次对非洲危机实施干预行动——"阿特米斯行动"到2015年3月,欧盟在共同安防政策框架下一共对非洲采取了十八次危机干预行动,占这一时期欧盟全部对外行动总数(32次)的一半以上。其中,已完成的有十次,还在进行中的有八次;军事行动八次,民事行动九次,军事、民事性质兼具的一次。[③]

鉴于自身的特殊性,"欧盟的战略目标并不在于成为一个类似于美国的军事超级力量,而是通过欧盟的建设确保已经实现的目标和未来进一步的发展"。因此,在设定目标和制定方案时,主要依据民事危机干预与军事危机干预并重、危机干预的可持续性和遵循国际标准等三个主要原则。[④] 基于欧盟在非洲的危机管理行动经验,有研究指出其拥有三个明显的特征,即:战略上,以综合安全为导向;目标上,追求可持续和平;途径上,实行有效多边主义。这同时也说明欧盟逐步构建起了一种新的集体安全实践模式,进一步丰富了集体安全的内涵。[⑤]

[①] European Council, *European Security Strategy: A Secure Europe in a Better World*, Brussels, December 13, 2003, pp. 2 – 5. http://www.consilium.europa.eu/uedocs/cmsUpload/78367.pdf.

[②] 当时称之为"欧洲安全与防务政策"(ESDP-European Security and Defense Policy)。

[③] 目前,国内外相关研究对于行动性质的划分观点不尽相同,所以导致统计结果不一。本文在行动性质界定上采用了欧盟自己的划分标准。参见 European External Action Service,"Missions and Operations," http://eeas.europa.eu/csdp/missions-and-operations/index_en.htm, 检索日期: 2015年3月28日。

[④] 刘丽荣:《欧盟对非洲的危机干预政策研究》,《德国研究》2009年第4期,第39页。

[⑤] 郑先武:《欧盟区域间集体安全的构建——基于欧盟在非洲危机管理行动经验分析》,《世界经济与政治》2012年第1期,第49—60页。

三 欧盟对非洲政策调整的进步性

客观上讲，冷战后的欧盟对非政策在思维、框架、举措和手段等各方面，都较冷战时期更具开创性，有明显的进步。

（一）欧非关系开始回归原初阶段，越发体现平等性

自殖民时代开始，欧洲就一直不能平等地对待非洲，常以宗主国身份对非洲的内部事务指手画脚。即便是在"洛美体制"下，双方实力的不对称性也是一直有利于欧方。因此，欧盟多以"施舍者"身份自居，政策主基调仍是"欧盟为了非洲"。这种宗主国思维和作风成为制约欧非关系发展的根本症结所在。在此轮调整中，面对激烈变化的国际和地区形势，欧盟开始不得不更多地视非洲为平等的合作伙伴，并朝着这个方向迈出了实质性步伐，欧非关系正在由不平等的依附模式向平等的战略伙伴转变。

（二）推出了全面、系统的对非合作框架

尽管欧非交往历史悠久，且欧共体成立之时便与非洲建立起了"联系制度"，后来还进一步提升为"洛美体制"，但是欧非合作却更多地被局限在了发展援助和贸易优惠两个领域，以至于到 21 世纪之初仍未能形成系统的对非政策。这与欧非之间优越的地缘联系和特殊的历史渊源很不相称。冷战结束后，欧盟开始寻求对非洲政策进行全方位调整，既强烈推进传统合作领域——政治、经济等方面的改革，又积极拓展新的合作内涵——安全、社会、文化等，并以欧非联合战略为统领，基本形成了新的、全面的、系统的对非合作框架。

（三）对非政策更加彰显了欧盟的主导性，也更加强调服务欧盟自己的战略需要

冷战期间，作为独立的实体，欧共体虽然在形式上确立了自己与非洲的关系，也有意愿要从公正的立场来处理与非洲的关系，但是其成员国尤其是在非洲拥有重大战略利益的法国，实际上仍拥有左右欧共体对非政策的权力。因此，该时期的欧共体对非政策更多的是在反映和维护成员国的利益。此外，受两极格局的制约，当时的欧共体对非政策还不得不服务于以美国为主导的对抗苏联战略。

冷战结束后，成长壮大起来的欧盟才开始真正具备了主导对非政策的实力和可能，这也是新的、全面的、系统的对非合作框架能够形成并推出的重要原因。更为重要的是，此时的对非政策从设计到实施均更加强调要服务欧盟的战略目标。无论是前期的政治、贸易改革，或是后来对非洲安全问题的关注和对冲突预防的侧重，还是当前力推的欧非联合战略，根本上是要通过实施新的、全面的、系统的对非政策来促进欧盟作为整体的国际形象的树立、提升欧盟作为规范性力量的影响和作用，以及推动欧盟内部认同的深化等。

（四）第三方因素在欧盟对非政策中的影响力凸显

长期以来，因为在其"后院"——非洲长期没有遇到比较强有力的外来挑战，所以欧盟在对非关系上一直是优越感十足。21世纪以来，随着国际社会对非合作的兴起，尤其是中非合作的快速发展，欧盟突然感受到了前所未有的激烈竞争，感觉自己的领导地位正在丧失。更有甚者，欧盟与非洲国家发展双边关系的背景已经发生了根本性改变，不仅出现了新的竞争对手，而且非洲也在政治上接受了这种变化。[①]面对这些变化，欧盟不仅被迫作出调整，以回应其他行为体带来的挑战，甚至必须开始放弃过去多年一直伴随着其在非洲大陆活动的种种坏习惯，而且也很难再无视非洲的呼声和要求，独立设计单边的非洲政策了。

四 欧盟对非洲政策调整的局限性

当然，受多种因素影响，欧盟对非政策中的局限性也比较明显，且

[①] Jing Men & Benjamin Barton, "China and the EU in Africa: Changing Concepts and Changing Policies," in Jing Men & Benjamin Barton eds., *China and The European Union in Africa: Partners or Competitors?*, Surrey: Ashgate Publishing Limited, 2011, p. 5.

在各个政策领域都有所体现。因此，在肯定冷战后欧盟对非政策调整中所表现出来的开创性和进步性的同时，我们也不能忽视其存在的问题和不足。

（一）欧盟的宗主国思维与作风短期内难以有根本性的转变

欧非关系转型之所以难，主要难在欧盟不能真正平等地对待非洲。这个问题的根源在于历史上形成的宗主国思维和作风一直没有得到根除，加上欧非之间实力的不对称性一直偏向欧洲这边，致使经历了半个多世纪的去殖民化进程后的今天，在与非洲交往时，包括众多决策者在内的许多欧洲人仍习惯性地保留着十足的优越感和领导做派。"他们总把自己看作救世主，指挥别人去追求幸福，花言巧语掩饰赤裸裸的逐利行为"，因此，"要真正消除殖民根源必须从思想上着手"。

（二）欧盟的体制机制缺陷仍会左右其对非政策调整的进程

与经济政策不同，欧盟共同外交与安全政策的主动权和决策权还控制在各成员国手中。在成员国没有达成一致的情况下，欧盟本身难有实质性的"大动作"。加之历史上欧盟各成员国与非洲的渊源深浅不一、利益关联轻重不同。所以，在对非问题上，有的兴趣不大；有的则表现积极，试图维持各自在非洲的势力范围，最为明显的体现是英国和法国在西部非洲的竞争，分别以英国扶持的西非国家经济共同体和法国扶植的西非经济和货币联盟为代表。① 其他一些成员国也在非洲经营着自己的"后院"，比如，刚果（金）、卢旺达被视为比利时的禁脔，安哥拉、莫桑比克与葡萄牙有着传统的特殊关系。② 这种利益上的分割与纠葛，使得欧盟内部在对非交往中难以真正形成合力，即便是达成一致了，在具体落实中恐怕也不会是一帆风顺的。

---

① 上海国际问题研究院西亚非洲中心：《国际对非合作机制比较及发展中非合作论坛对策建议》，外交部非洲司主编《中非联合研究交流计划2011年课题研究报告选编》，世界知识出版社2012年版，第293页。

② ［中非］蒂埃里·班吉：《中国，非洲新的发展伙伴——欧洲特权在黑色大陆上趋于终结？》，肖晗等译，世界知识出版社2011年版，第28页。

(三) 欧盟在非洲的历史与现实表现还难以取信于非洲人民

出于历史教训，不少非洲国家和民众对欧洲的不信任感短期内还是很难消除的。加之欧盟在开展欧非合作时，往往是口惠而实不至，因而让众多非洲国家和民众对欧盟能否落实对非承诺也缺乏足够的信心。在南非非政府组织工作的达蒙的观点代表着不少非洲民众的真实想法，她说："真的像他们所说的那样，是要帮助非洲吗？不是，他们希望帮助的只是他们自己。他们使用的不过是一种新的殖民主义语言。"[1] 第三届欧非峰会上，时任利比亚领导人的卡扎菲就对非欧关系近年来发展表示了不满，甚至称双方2007年以来签署的协议都成了"一纸空文"。他还说，如果欧洲继续保持目前的态度，非洲将转而加强与印度、南美国家和中国的合作。时任非盟委员会主席让·平也在会议开幕式上呼吁欧盟加快解决合作资金支持问题。他表示，"若这一问题得不到尽快解决，非欧合作取得成果将十分有限"[2]。

由此可见，欧盟如果不能克服自身对外政策中的"短板"，不能彻底摒弃欧洲对非洲的"独享性"、欧非不平等关系的"合理性"以及欧盟对非政策的"高尚"等错误观念和惯性思维，那么重塑欧非关系之路依然漫漫。

五 结论与展望

冷战后，特别是进入21世纪以来，欧盟逐渐意识到传统的欧非关系模式已岌岌可危。为了维持其传统优势和战略利益，不得不对非洲政策进行结构性调整，在定位上、机制上以及各合作领域内实施变革，推动欧非关系转型升级发展。欧盟的对非政策调整已取得一定成效，政策目标趋向务实，政策手段更为灵活，合作机制逐步完善，合作领域不断拓展和深

---

[1] 中金在线：《利益与道义之间的欧洲对非洲政策》，http://news.cnfol.com/091207/101,1278,6919493,00.shtml，2009年12月7日。

[2] 新华网：《国际观察：欧盟与非洲打造新型伙伴关系》，http://news.xinhuanet.com/world/2010-11/30/c_12833560.htm，2010年11月30日。

化。无论是表现形式还是实施手法都更具亲和力和迷惑性,非洲已成为欧盟实施"规范性力量"的试验场。①

随着欧盟对非政策调整的深度推进,其今后一个时期的对非政策将会更加注重强调以下三个"结合"。

一是强调综合治理与责任共担相结合。在非传统安全威胁不断上升的情况下,该议题越发成为欧盟对非政策的重中之重,几乎在所有欧盟对非政策文件中都有所涉及。对此,欧盟更侧重于强调要将发展、安全与治理结合起来,综合协调解决,而不是单一、孤立地解决其中的哪一点。而且,在此过程中,欧盟开始更多地强调权利平等、责任共担、非洲发展的"自助"原则以及非洲的"能力建设"等。②

二是强调非盟主导与公众参与相结合。在合作机制上,欧盟仍将进一步强调非盟的主导性,并与之开展更深层次的合作。与此同时,欧盟已经开始关注并日益重视公众的参与问题,强调欧非新型战略伙伴关系是促进和提升广泛的、以人为本的伙伴关系,旨在赢得更多非洲民众对欧盟的认可与支持,提升软实力。在欧盟倡议下,第二届欧非峰会通过的《欧非联合战略》将双方的非政府组织等非制度性行为体纳入双方合作战略的实施主体之中,并强调"公民社会组织、欧非双方的研究机构和思想库要参与对话机制与倡议,并在监督非欧共同战略政策的实施方面发挥关键作用","为推进基础与内容广泛的、以人为中心的伙伴关系,非洲与欧盟将赋权于非国家行为体,并创造条件使之在发展、民主创建、冲突预防

---

① "规范性力量"的概念由英国学者伊恩·曼纳斯于 2002 年首次提出来。他认为,冷战的终结更多的应归因于规范而非实力的崩溃,这为更好地反思欧盟在世界政治中的作用提供了很好的借鉴。由于"民事力量欧洲"过于紧密地与冷战的特殊背景和威斯特伐利亚体制下的民族国家、国家利益和物质力量等相联系,不恰当地把注意力集中于对欧盟物质力量的讨论以及把欧盟与国家相类比,因此,需要把关注的重点从经济、军事等物质力量引向原则、规范等观念力量,用更加广阔、更加适合的方法来考察欧盟及其在世界政治中的行为,以便反思它是什么、它做什么和应该做什么。参见 Ian Manners, "Normative Power Europe: A Contradiction in Terms?" *Journal of Common Market Studies*, Vol. 40, No. 2, 2002, pp. 235 – 258; Ian Manners, "Normative Power Europe Reconsidered: Beyond the Crossroads," *Journal of European Public Policy*, Vol. 13, No. 2, 2006, pp. 182 – 199; Ian Manners, "European Union 'Normative Power' and Security Challenge," *European Security*, Vol. 15, No. 4, 2006, pp. 405 – 421; Ian Manners, "The Normative Ethics of the European Union," *International Affairs*, Vol. 84, No. 1, 2008, pp. 45 – 60.

② 王学军:《欧盟对非洲政策新动向及其启示》,《现代国际关系》2010 年第 7 期,第 53 页。

及冲突后的重建进程中都发挥积极作用"①。

　　三是强调欧盟主导与多边对话相结合。欧盟对非政策的核心要义是保持对非关系优势,这是欧盟设计、调整非洲战略的出发点。其实,欧盟打心眼里是不愿意与别人"分享"非洲的,更不可能"拱手让人",只是迫于形势不得已而为之。因此,面对"新""老"行为体纷纷"挺进"非洲的这一无奈局面,欧盟在调整对非政策、谋求新优势的同时,将更加强调多边对话与国际合作,试图将其他国家的对非政策也纳入到其规划的战略轨道中来并加以规范,使自己由原来的非洲事务"领导者"向非洲事务"主导者"转型。

（责任编辑：卢凌宇）

---

① Council of the European Union, *The Africa-EU Strategic Partnership*: *A Joint Africa-EU Strategy*, Lisbon, December 9, 2007, 16344/07（Presse 291）, p. 3.

印度在非洲的软实力:资源、途径与局限性[①]

简军波

【内容摘要】印度在非洲有着较好的软实力资源,包括共同的历史记忆、日益加深的经贸关系、文化吸引力、较大的侨民群体以及地缘、政治制度和语言上的优势。不仅如此,印度还积极调整其经济、政治和军事政策,实施多领域援助,积极参与地区危机管理与维和,并开展公共外交,加强文化渗透。印度的不足之处在于经济实力不够强大,一些软实力资源不易转化为真实软实力,对非洲了解不够,政府腐败严重并且工作效率低下,以及挥之不去的经济和战略利益的阴影。

【关键词】印度 非洲 软实力 资源 局限性

【作者简介】简军波,复旦大学金砖研究中心研究员(上海,200433)。

自2000年以来,不少新兴国家纷纷加入非洲"淘金"的热潮之中,印度也在这一时期开始加速自己参与非洲的步伐。在此过程中,越来越多观察家开始讨论印度软实力在非洲的潜力及其快速增长,并通常和其他新兴国家尤其是与中国在非洲的软实力进行比较。有鉴于此,本文将尝试从中国学者的视角,探讨印度在非洲的软实力源泉及其在非洲推广软实力的途径,并在结论部分,简要阐述印度在非洲推广软实力的天然局限性和正

[①] 此文获浙江师范大学2014年度"非洲研究专项"基金资助,课题名称为"新兴国家在非洲的参与:新南南合作是否可能",课题编号为:14FZZX03YB。

面临的挑战。

一 印度在非洲的软实力资源

在了解印度在非洲的软实力资源之前,有必要先简要了解一下"软实力"(soft power)这个概念。作为最初提出此概念的专家,约瑟夫·奈(Josef Nye)指出,软实力是一种"影响别人选择的能力,如有吸引力的文化、意识形态和制度"[①],他在和罗伯特·基欧汉(Robert Keohane)合写的文章中更明确指出,硬实力是通过威胁或奖励,让他人做其不想做的事情之能力,而软实力则是指通过吸引力而非强制手段,让他人自愿追求你所欲求东西之能力。尽管他本人及其他诸多学者在论述软实力具体内涵时依然存在含混之处(比如,罗伯特·库伯(Robert Cooper)认为合法性是软实力的核心要素,还有学者将民族同质性、社会综合程度、政治稳定性、国民士气等视为软实力等),但在国际关系领域,软实力则可毫无疑义地理解为因一国之文化、价值观和制度及其他因非强制手段所造成的对他国具有的吸引力或导向力,从而使他国能够自愿认同、效仿和追随该国或从事有益于该国的行动。

需要指出,"软实力"和"软实力资源"有所区别,后者并不能自动地转化为软实力,不过是软实力能够表现出来并发挥作用的潜力或潜在核心要素,但并非充分条件。一个国家只有恰当地运用软实力资源,才能改善和提升其软实力。

印度人对他们的软实力往往充满强烈的自信,有印度学者这样写道:"显然,印度的软实力资源是多层面的:包括体育、音乐、艺术、电影、文学,甚至选美活动。除此之外,还包括印度的反殖民主义历史、民主机构、新闻自由、司法独立、充满活力的公民社会、多民族政体、世俗主义、多元化、操英语的熟练工人、美食、手工艺品、瑜伽、作为负责任的核大国的地位、在诸如班加罗尔等地快速成长的信息技术部门,以及大量

---

① Joseph Nye, *Soft Power: the Means to Success in World Politics*, New York: Public Affairs, 2004, p. 2.

散居在一些西方国家的印裔侨民。"① 尽管这种自信将过多的非软实力资源也视为了软实力的一部分,但这些论述基本上概括了印度所具备的独特软实力资源,并也大体适用于印非关系的分析。概而言之,印度在非洲的软实力资源基本上包括如下一些方面:它与非洲共同反殖民主义联系所带来的历史记忆、日益加深的经贸联系、独特的援助、印度文化在非洲的深刻影响、印裔侨民在非洲的广泛存在、以及与其他在非新兴国家相比,印度在制度、地缘和语言上的独特优势。

(一) 共同的历史记忆

在长期的历史长河中,印度和非洲因共同反抗西方殖民主义以及相互支持的经历,赋予了二者相对深厚的情感记忆,这也是印度在21世纪以来加速对非洲参与过程中所保有的独特历史财富,也是印度人在谈及其在非软实力时常常提及的一大因素。

印非共同反抗殖民主义的历史可以追溯到19世纪末,后来被印度称为"圣雄"的印度国父甘地当时侨居南非,开启了印度人和南非本地黑人一同抗议白人政权实施种族隔离政策的历史。后来,甘地和尼赫鲁领导的国大党依然坚决支持南非反种族歧视和种族隔离的斗争。1946年6月,印度独立前夕,尼赫鲁领导的印度临时政府在联合国大会上提出了反对南非的种族歧视政策;1952年,尼赫鲁在加尔各答的一次会议上劝告印度移民及其后裔,要他们把自己的利益与南非黑人的利益联系在一起,共同反对种族隔离制度;1954年,印度成为第一个与南非白人政权断交的国家;同样在1954年万隆亚非会议和在1957年开罗亚非人民团结会议上,印度都坚决主张加强亚非人民的团结,支持非洲国家反对殖民主义和争取国家独立的斗争,并支持非洲成立"泛非联盟"。作为不结盟运动的倡导者和领袖,印度对非洲去殖民化和争取民族解放和独立的支持加强了印度与不少非洲国家(如坦桑尼亚、赞比亚、津巴布韦等)的紧密关系。②

---

① Rohan Mukherjee, The False Promise Of India's Soft Power, *Geopolitics, History, and International Relations*, Volume 6 (1), 2014, p. 48.

② 比如1980年以前,印度一直在各方面支持津巴布韦人民争取民族解放的斗争,并与民族运动领袖穆加贝所领导的"津巴布韦爱国战线"保持着良好的关系。

尽管印度反对南非种族歧视开始只是较多地关心印度移民及其后裔在南非的利益，后来大力支持反殖民主义运动和不结盟运动，很大程度上也是为了获得第三世界反抗西方殖民主义和南南合作旗手的国际地位，但在道义和物质上也确实给予了非洲各国积极的支持和帮助，也赢得了非洲人民的好感。有印度人如此评价道："非洲人对印度人很友好，因为我们有很深的历史渊源，有共同的作为英国殖民地的历史"[1]；也因此，"有非洲领导人欣赏印度的民族主义运动，许多非洲领导人宣布自己是甘地主义者"[2]。

（二）日益加深的经贸关系

一般而言，随着经贸关系的加深，双边整体关系往往也能朝良好方向发展，彼此的文化影响力和其他软实力也会渗透到对方。如今，印度也正在加速发展与非洲的经贸关系。

从传统关系来看，印度习惯于与印度社团较为集中的东非以及资源较密集的北非发展双边经贸关系。比如，东非一度占据印度在非投资总额的70%左右，而与西非和中部非洲的经贸联系则相对弱小，从它在西非与中部非洲共20个国家中仅有6个印度大使馆就可看出端倪。

但近些年来，印度也加强了与西非等地的关系。2007年印度总理曼莫汗·辛格访问尼日利亚，成为45年来首位访问该国的印度总理。地处西部非洲的尼日利亚目前已成为印度在非洲的最大贸易伙伴，常年双边贸易额达到100亿美元；另外，印度也加强了与非洲能源大国安哥拉在石油勘探与提炼及液化天然气开采等领域的合作。

2008年4月，印度举办了首届印非峰会，会上双方确立了在21世纪加强双边经贸活动、建立伙伴关系的新蓝图，随后，印度加快了与非洲在铁路建设、信息技术、通信、能源、生物医药、人力资源培训等方面的合作。当然，作为资源相对缺乏而经济快速发展的大国，印度在非洲寻求能源和资源必定是印非双边经贸关系的重点。

如今，印非经贸关系发展迅速。以贸易关系而言，1995年，双边贸

---

[1] 桂涛：《跨过印度洋的"大象"——印度加快进军非洲步伐》，《中国青年报》2010年8月8日。

[2] Manish Chand, "Dr Ali Mazrui: India Has Soft Power Advantage in Africa," April 28, 2015.

易额为10亿美元，到2008年，这个数字达到了360亿美元；而据非洲开发银行集团统计，2011年攀升到了450亿美元，2014年预计达到750亿美元以上。① 可见，印非经贸关系发展也正处于快车道，这对印度软实力深入非洲提供了特别的动力和较强大的物质基础。

（三）印度文化的影响

印度文化对非洲的影响是比较深入的。显然，很少能在非洲听到日本音乐或欣赏到中国电影，但是非洲人欣赏印度音乐和电影的经历已经从在印度和非洲同属英帝国一部分的时代就开始了，这表明印度文化已为非洲人所熟悉并获得欣赏，这主要归功于印度本身所具有的独特文化内涵，也归功于在非洲的印度移民对印度文化的持续推广。

印度文化具有鲜明的特色，它的电影、歌舞、饮食和健身（如瑜伽）文化为世人所熟知。就电影而言，当今印度是世界上年产电影最多的国家，宝莱坞是世界最大的电影生产基地之一，它所生产的电影已远播于全球各地，在非洲具有广泛的受众②。甚至印度的时尚设计作品也登上了世界舞台，成为影响世人的文化影响力。③

而那些来到非洲的印度人，也努力将其文化带到这片大陆。如今，在南非可以看到黑人穿着印度的民族服装，印度菜（比如挖空的半个面包里填充咖喱）也受到非洲人的欢迎。就如印度前总理曼莫汉·辛格所说的那样，文化软实力已经成为印度在国际舞台上发挥巨大影响力的一种新形式。④

（四）在非移民及其本地化

如今，有8%的全球印度移民及其后裔生活在非洲，这些侨民的祖先

---

① Sherelle Jacobs, "India-Africa trade: a unique relationship," October, 2012.
② "South African Indian culture," http://www.southafrica.net/za/en/articles/entry/article-southafrica.net-south-african-indian-culture, April 28, 2015.
③ 《令人惊叹的印度实力》, http://www.indiancn.com/jiemi/5568.html, 2012年11月11日。
④ "Bolly Wood can be an important tool of diplomacy," http://timesofindia.indiatimes.com/India/Bollywood_can_be_an_important_tool_of_diplomacy_PM/rssarticleshow/3120552.cms, June 11, 2008.

主要来自印度的古吉拉特、比哈尔和旁遮普等不同地区。① 这些侨民是连接印度与非洲之间的桥梁和纽带，他们对非洲侨居国的经济、社会、文化生活有着重要影响力，也为促进印度与非洲国家之间的经济技术交流、开拓海外市场作出了巨大贡献。目前，在非洲的印度裔人口主要分布在东非和南部非洲。据估计，至今在非洲大陆仍生活着 280 多万印度人后裔，仅南非就有 100 多万，他们经营的企业、餐馆和医院数不胜数。②

尽管殖民主义时代之前，印非之间的相互移民已经发生，但不成规模。1834 年，大英帝国正式废除了奴隶制，劳动力短缺成为英语世界的一个难题。作为在当时一个人口相对稠密的国家，印度成为了英国寻求新劳工的重要地区，英国从印度向全球各地的英国人种植园和英国资本控制的工地大量移民，开启了印度向非洲移民的历史。

在东部非洲，印侨主要分布在乌干达、坦桑尼亚和肯尼亚等国，许多印度人从古吉拉特和旁遮普迁移至这个原属英属东非的地区。部分移民是英国人让他们参与乌干达的铁路建设，当时大约有 32 000 名契约劳工来自印度，后来多数或死于如黑热等疾病或重返印度，但有约 7 000 人在东非定居下来。在铁路的建设过程中，另有一些印度非劳工移民来到东非，作为商人向参与东非铁路建设的同胞提供商业服务。在铁路施工结束后，商业移民依然源源不断，一直持续到 20 世纪 20 年代，时至今日，印度人依然控制着东非零售业。这些印度移民在保持自身传统的同时也部分接受了本土的同化，比如在坦桑尼亚（前身为桑给巴尔），印度人讲本土的斯瓦希里语。然而，印度人对本土诸多商务的控制导致了 20 世纪 70 年代乌干达政府驱逐亚洲人政策的出台。当时的乌干达独裁者阿明称印度人为掠夺乌干达财富的"吸血鬼"，驱逐了约 6 万印度人。然而，接任总统穆塞韦尼当政之后改变了这一排外政策，许多印度人又回到了乌干达和东非，这些印度人重操旧业，在商业上日益取得成功。一位曾经遭受阿明政权驱逐的印度后裔这样写道"所有亚洲人以全新的企业家身份重返这里。如今乌干达大约有 15 000 印度人"，他还颇感自豪地写道，印度人在乌干达

---

① Ajay Dubey, "Indian Diaspora In Africa: A Comparative Perspective," *Hardcover*, December 31, 2010.

② 桂涛：《跨过印度洋的"大象"——印度加快进军非洲步伐》，《中国青年报》2010 年 8 月 8 日。

的"Madhvani集团是一个具有2亿美元资产的集团,我们拥有这里最大的资本集团之一"①。

除了向东非移民,也有大量印度人迁移至印度洋西部岛屿毛里求斯和当今的法属留尼汪岛(Reunion)。尤其是毛里求斯,总人口120多万,而印裔人口达到80多万。由于印度移民的影响,该国一半以上的人口为印度教徒,在宗教信仰、生活习俗、文化和节日等方面都与印度相同。现在,印度人在毛里求斯的社会和经济生活中占主要地位,他们控制着大多数茶叶和烟草种植园。②

由于侨民的重要影响,印度和毛里求斯存在着特殊的外交关系。比如,1992年3月,印度新任总理拉奥应邀访问毛里求斯,参加改制"毛里求斯共和国"大典,毛里求斯总理贾格那乌特在欢迎仪式上引用古代印度诗人杜尔希达斯的诗说:"当小弟巴拉特与其兄罗摩大神久别之后再度相逢时,他们两个人所感受的欢乐是无限的,是无法形容的。"1993年4月,毛里求斯共和国第一任总统卡萨姆·尤提姆第一次出访的目的地就是印度,他在新德里这样形容两国的特殊关系:"印度是我们祖先世世代代生长的地方,我们国家有三分之二的人是印度人的后裔,因此对于我来说,访问印度就是一次朝圣。"③ 可见印度和毛里求斯的关系非同一般。

早在19世纪末,印度民族运动的领袖甘地就来到南非,在这里生活了21年(1893—1914年),这反映了印度和南非之间紧密的民间联系。1860年到1911年,南非殖民当局接受了大量印度劳工在纳塔尔种植园(现在的夸祖鲁纳塔尔省)做工。这些劳工主要来自旁遮普或泰米尔。现在,在南非的印度移民大约有100万,占南非总人口的2.7%,其中80%居住在纳塔尔省。在南非,印度人参与政治事务的程度甚至比商业上更成功。1994年成立的以曼德拉为总统的首届自由南非政府中,就有5位成员是印度裔南非人,这当然很大程度上源自种族隔离制度所创造的条件,在种族隔离时代,非洲黑人和在南非的印度人是反抗殖民统治和种族歧视的盟友。

---

① Neelima Mahajan-Bansal Manubhai Madhvani and Manu Chandaria, "Experiences of the Indian Diaspora in Africa by look back and forward respectively into the roles Indians play in Africa," August 26, 2009.

② 朱明忠:《印度与非洲(1947—2004)》,《南亚研究》2005年第1期,第23页。

③ 同上。

正因为这些侨民的广泛存在和在政治和经济上的成功,使得非洲对于印度的文化和影响力具有广泛的认同。有人这样写道:"德班和内罗毕是印度人散居非洲大陆的两大据点,这使南非和肯尼亚对印度文化非常熟悉。这两个国家矿产资源与人力资本丰富,这使得印度的商业和政治事务与非洲大陆上最重要的商业枢纽联系在一起并具有悠久的历史。……印度已经具有在这个大陆自然而然地传播其价值观和文化的基础,这是较之于中国的一个显著的优势。"[1]

另外值得一提的是,在印度南部也存在来自非洲的移民,他们被称为西迪斯人(Siddis)。大约在628年,最初一批西迪斯人来到了巴鲁奇(Bharuch)港口,随后在712年另有一批非洲人追随着阿拉伯人来到了印度次大陆;最近一批到来定居的非洲人确信是穆罕穆德·本·卡西姆(Muhammad bin Qasim)所领导的阿拉伯军队中被称为赞吉斯(Zanjis)的战士。因此,来到印度的非洲裔人口大都是被迫而来的,主要是士兵和奴隶。当然,也存在少量的商人和自由的水手。[2] 尽管这些非洲裔印度人并没有与非洲保持多少实质联系,但这也使得印度和非洲得以在人种、文化和情感关联性上存在大量想象的空间。

(五)地缘、制度和语言的优势

由于印度自身所处地理位置、自身的政治制度以及语言方面的独特性,使它在与非洲的交往中具有许多其他在非大国不具备的优势,这些优势是转化为印度在非软实力的源泉之一。

首先,英语是印度的官方语言之一。印度与非洲许多国家同属英联邦国家,都视英语为官方语言,并且也能在各自民间通用,这使得印度人在与这些操英语的非洲国家人民交往时,具有先天的语言优势和对这些非洲人的吸引力。其实,除了语言之外,由于印度和这些操英语的非洲国家实际上过去都是英属殖民地,现在依然同属英联邦国家,它们在法律体系、政治制度甚至社会礼仪和习俗等方面拥有诸多共同点,使它们具有非同一

---

[1] Alex Laverty, "*Indian Soft Power in Africa*," http://theafricanfile.com/2011/11/19/indian-soft-power-in-africa/, November 19, 2011.

[2] Omar H. Ali, "*The African Diaspora in the Indian Ocean World*," http://exhibitions.nypl.org/africansindianocean/essay-intro.php.

般的认同感。比如，不少印度人来到操英语的非洲国家后，感觉就像回到家里，这不仅由于之前印度移民所施加的印度文化的影响力，也在于印非之间许多共同点的存在。"这里的人说英语，吃洽巴提（Chapati，一种印度薄饼），玩英式橄榄球，车是左行，这些都和印度一样。"① 印度人由于文化和语言的优势，在一些非洲公司的管理层也都有印度人。②

其次，印度与非洲整个东部边缘都共同拥有印度洋，环印度洋地区的交流在很长的历史时间内就一直存在，大大早于非洲和欧洲殖民主义的交流历史。由于印度和非洲在地缘上的亲近使二者的交流减少了地理上的阻碍，这不仅带来了交流的便利，也给交流带来心理上的优势以及文化上的相互影响。这种地域上的共同归属甚至增强了印非之间加强交流的心理需要，比如有印度学者指出："许多非洲国家属于印度洋周边的一部分，印度与它们的合作将是促进印度洋地区经济发展所不可缺少的条件。"③ 这种环印度洋的事实和概念的深化，可能会使今后印非交往更为稠密，并演化出环印度洋的一体化进程。

最后，印度的"民主"制度是印非交往中事实上的一种优势。尽管印度的民主成效并不能使其民主制度真正成为发展中国家的制度典范，但是对于一个深受欧洲民主迷思所影响的非洲来说，印度的民主事实上成为印度的一项软实力资源并得到非洲的认可。有学者这样写道："随着印度成为发展中国家的民主典范，印度在南南关系中具有比中国更大的优势。由于它能促发新兴市场的领导人追求民主理想（或至少渴望在宪法上规定民主制度），印度能够赢得对象国公众的追捧。如果非洲的领导人寻求增进其政府的代表性和透明度，最好是盯住印度而非中国。"④ 在金砖国家成员中，甚至存在一个由所谓民主国家（印度、巴西和南非）所组成的多边安排（IBSA），这证明印度有意运用民主的概念加强它在发展中国家包括非洲的影响力和相互认同。

---

① 桂涛：《跨过印度洋的"大象"——印度加快进军非洲步伐》，《中国青年报》2010 年 8 月 8 日。http://zqb.cyol.com/content/2010-08/08/content_3363426.htm。

② 天极网：《中兴阐述龙象推手非洲样本：印度软实力之源》，http://dev.yesky.com/418/8104918.shtml，2008 年 5 月 7 日。

③ V. P. Dutt, *Indian's Foreign Policy in Changing World*, November, 2009, p. 297.

④ Alex Laverty, "Indian Soft Power in Africa," http://theafricanfile.com/2011/11/19/indian-soft-power-in-africa/, November 19, 2011.

二 印度如何推进其软实力？

近年来，为了推进其在非洲的卷入深度和广度，获取经济发展的资源以及投资和商品市场，印度也在提升在非软实力方面作了不少努力，当然这种做法也是为了平衡其他新兴经济体（尤其是中国）在非洲比印度更为成功的经贸关系。印度主要通过以下几个方面提升其在非洲的软实力。

（一）确立新的对非战略

冷战结束后一段时间，印度并没有随着全球化的深化而加强对非洲的兴趣。但是，随着中国等新兴国家进入非洲，以及印度自身经济兴起过程中对资源和市场需求的渴望，印度开始关注起非洲来，并在此背景下，开始调整和制定新的对非政策和战略，在经济、政治和安全等多个领域加强了印度在非洲的卷入程度，同时也依靠相关计划和项目，加深了非洲人对印度的认知甚至好感。

经济上，印度通过加速在非投资和加强双边贸易，加深了印非关系。尤其通过实施"聚焦非洲"计划等经贸政策，双边贸易额正在不断增长。为了满足国内经济发展需要，能源资源贸易和投资在印非经贸关系中日益占据重要地位。比如，石油进口占据印度从非洲进口额近90%，对非出口也以石油制品为主。印度在非洲投资的重点领域也是能源，事实上，印度石油公司的海外投资大部分集中在非洲。2007年11月6日，印度首次在新德里举行了印非能源合作会议，表示将要向非洲提供低息贷款、发展援助基金、武器军火和政治支持等发展同非洲的伙伴关系。自2008年首届印非论坛峰会以来，印度与尼日利亚和安哥拉签署了石油或天然气开发合作协议，并在苏丹、利比亚、埃及、加蓬等国进行油气投资，也表示出了对科特迪瓦、加纳、乍得、尼日尔等国的能源项目的浓厚兴趣。比如，至2012年3月，印度最大的国有能源公司印度石油和天然气公司（ONGC）已在尼日利亚、苏丹、利比亚和埃及等八个非洲主要产油国投资20亿美元，印度最大的炼油集团印度石油公司（IOC）和印度石油有限公司（OIL）则在利比亚、尼日利亚和加蓬投资了1.25亿美元。①

除能源领域的经贸合作外，印度还在矿藏、农业和小型工业等方面开展了与非洲的合作。2010 年，印度在非洲矿业投资达 15 亿美元，分别在南非、津巴布韦、塞内加尔、赞比亚和纳米比亚投资了煤、铁矿石、锌矿等。②

政治上，印度强化了与非洲的伙伴关系，并努力追求印度在南南关系中的领导地位。首先，印度追随中国的做法，从 2008 年开始召开"印非论坛峰会"。第一届印非论坛峰会通过了《印非合作框架协议》和《德里宣言》，勾画出了印非在 21 世纪加强双边经贸活动、建立伙伴关系的蓝图与具体一个时期内的合作重点。2011 年召开了第二届印非峰会，印度加速了在非洲的参与力度，包括印度在一定时期内向非洲国家提供 50 亿美元的资金支持，以及包括提供 7 亿美元用于非洲建立新的研究机构和培训项目，3 亿美元用于在埃塞俄比亚和吉布提之间建造一条铁路等。③ 印度与非洲在政治上紧密关系的加强，为印度和非洲加强南南合作增添了新的动力，也为印度在国际场合赢得非洲一定的支持奠定了基础。印度学者撰文称："我们需要非洲不仅是为了石油，而且为了获得更多政治权力。我们需要非洲在联合国投赞成票以支持我们进入安理会。"④ 这一观点也代表了印度各级官员和民间对印非峰会后果的一个普遍的期待。

军事上，印度开始积极介入非洲的军事领域，加强了与相关国家的军事合作，并通过参与反恐和反海盗的相关行动，以确保印度洋地区的稳定和航运安全。比如，在第二次印非峰会上，印度总理曾宣布将投入 200 万美元用于资助非盟在索马里的维和任务。

可以说，印度非洲政策的转变和战略的逐步形成，为印度在非洲推广软实力提供了最大的动力和财政支持的基础。

---

① 王蕊：《解密印度对非洲的经贸攻略》，《经济》2012 年 3 月 21 日，第 66 页。
② 中国国土资源报网：《部分国家各具特色的非洲战略》，http://www.gtzyb.com/guojiza-ixian/20140519_64430.shtml，2014 年 5 月 19 日。
③ 李红岩：《印度踏上非洲》，《国际金融报》2011 年 5 月 31 日第 1 版。
④ 阿卜杜拉耶·瓦德：《为什么印度对非洲非常重要？》，《印度教徒报》，2012 年 4 月 7 日。

（二）实施多领域的援助

对外援助是一个国家软实力延伸的主要工具，可以增进受援国对施援国的好感、兴趣和认同，深化双边关系，印度也不例外。尽管长期以来它是作为受援国而存在，但近些年来，印度正在加速发展自己的对外发展援助计划，非洲是其重要的援助地区之一。当然，印度对非洲的援助是"完全从属于一个更宏伟的外交政策目标：确保经济增长所需的安全能源，获得日益外向型工业和服务业所需的开放市场，以及加强与邻国的地缘政治关系"[①]。从特点上来看，印度的对非援助除了部分聚焦于基础设施的建设外，主要是通过教育培训和技术合作，集中于人力资源培养等非洲的能力建设领域。

印度在非洲实施了一批基础设施项目，代表性成果包括在莫桑比克和埃塞俄比亚农村地区开展的电力建设，在塞内加尔和马里修建的铁路，在刚果投资生产水泥的工厂，在莱索托进行电脑培训的机构，为刚果（金）修建的信息技术培训中心，为加纳建造的国会大楼，以及为塞拉利昂建设的兵营等。

但人力资源开发是印度援非的主要方向。1964年，印度政府制订了"印度与非洲技术和经济合作计划"（ITEC），为以非洲国家为主体的来自150多个发展中国家提供包括多个行业的人才培训。该计划至今依然在运行，根据印度外交部提供的数据，印度通过该计划每年向受援国提供了平均约1030万美元的援助资金，其中大部分受援国在非洲，另外一部分是印度周边邻国。

通过"印非合作计划"获得援助的非洲国家主要包括毛里求斯、肯尼亚、埃塞俄比亚、加纳、乌干达、赞比亚、坦桑尼亚、尼日利亚、莫桑比克和纳米比亚等东南非国家，援助的内容主要集中在技术方面，印度每年向非洲国家提供一定数量的留学生名额，资助非洲学生到印度学习科学技术，每年还向非洲派遣广播、通讯、地质、运输和畜牧等方面的专家，为非洲培训技术人员，并提供各种科技领域培训的器材和设施。

印度还利用其在电子计算机方面的优势，拿出约10亿美元在将近50

[①] Rani D. Mullen, "The Rise of India's Soft Power," http：//foreignpolicy.com/2012/05/08/the-rise-of-indias-soft-power/，May 8，2012.

个非洲国家建立"泛非电子网络"（Pan-African e-Network），由此将非洲的教育机构和医院与印度的大学尤其是医院建立联系，建立起印非远程教育和医疗体系，通过较少的资金帮助非洲提升教育和医疗水平。① 这种在线服务的支援方式，比较适合双方的现实情况和实际需要。该援助计划2006年已启动，作为印度援非的旗舰项目，至2013年，它已经将印度和47个非洲国家的重要学校和医院通过卫星和光纤网络连接在一起。② 就远程教育来说，目前印度正通过互联网为非洲开办专业课程，由印度教授负责授课，通过网络向超过30个非洲国家传播，可颁发毕业证书，且学费低廉。

印度通过上述各类援助计划，帮助提升非洲的能力建设，一定程度上赢得了非洲人民的认可。比如，塞内加尔总统阿卜杜拉耶·瓦德曾写道："塞内加尔的印度企业正在传授技术和技能，并提供援助和培训。非洲第一次有了一个不是通过从属关系、施舍或殖民心态同它相联系的贸易伙伴。"③

（三）积极参与非洲地区危机管理与维和行动

印度是联合国维和行动的积极参与方，是大国中参与国际维和人数最多的国家，至今参与了40多项联合国维和行动，绝大部分是在非洲（比如刚果、埃塞俄比亚和厄立特里亚、科特迪瓦和布隆迪等）展开的。此外，它也积极响应联合国号召，参与了亚丁湾护航打击索马里海盗的行动。印度积极参与维和行动和联合国打击海盗的行动，目的是提升它在联合国的声望和在国际社会的影响力，赢得国际社会的赞誉，为其争当安理会常任理事国造势，并同时试图延续身为发展中国家领袖的地位和地区影响力，但客观上也有助于实现非洲等地区的稳定，受到非洲国家的欢迎，因此也是印度展现和推广其对非软实力的重要组成部分。

---

① Rani D. Mullen, "The Rise of India's Soft Power," http://foreignpolicy.com/2012/05/08/the-rise-of-indias-soft-power/, May 8, 2012.

② Lorenzo Piccio, "India's foreign aid program catches up with its global ambitions," https://www.devex.com/news/india-s-foreign-aid-program-catches-up-with-its-global-ambitions-80919, May 10, 2013.

③ 阿卜杜拉耶·瓦德：《为什么印度对非洲非常重要？》，《印度教徒报》，2012年4月7日。

除参与联合国维和等行动之外,印度也积极发展与非洲国家(尤其是环印度洋国家)的双边军事合作关系,在软实力推广方面,主要是积极为非洲培训高级军官,挑选有潜力的非洲军官赴印培训,迄今已有数千人次,许多已成高级将领。比如,加纳大部分高级将领曾在印度受训,博茨瓦纳和坦桑尼亚各有约二分之一和四分之一的军官受训于印度,尼日利亚前总统奥巴桑乔也曾在印受训。对非洲地区军事人员的培训显然有助于提高印度在非洲的影响力和形象,也有助于非洲各国军事水平的提高和地区稳定,得到非洲国家肯定。

(四) 开展对非公共外交与实施文化渗透

对于发展中国家(包括印度)而言,它们并不能娴熟地运用公共外交提升其在海外的软实力,但是印度自 2000 年以来,在对非公共外交方面采取了不少措施。

印度公共外交的正式运作可以从 2006 年 5 月算起,该月印度外交部正式建立了公共外交司(The Public Diplomacy Division),主要参照美国国务院公共外交模式,"通过使智库、高校、媒体和学者更加细致地了解政府在一系列棘手问题上的外交立场,引导他们为公共外交服务,从而使印度获得与其日益提升的国际地位相符的国际形象"[1],提升软实力。除印度外交部之外,印度信息广播部、文化部、旅游局等政府部门也独立承担或采取部门间合作的方式进行公共外交工作,协同印度外交部实现公共外交目标。在公共外交目标的指导下,印度在非洲通过各类直接惠及非洲大众的援助项目、印度文化宣传和印地语培训项目、印度的在非志愿者、以及印度政府资助的印非民间交流等,强化了印度对于非洲的吸引力。比如,印度民间组织"新印度教公益组织"(BAPS)已在全球建立了超过 3850 个中心。该组织通过社会公益服务、建造佛塔并吸引外国公众到该中心参观等多种方式宣扬印度教的精神实践,展示印度文化,培养外国公众对印度文化的持久兴趣和关注。[2]

---

[1] "India Launches Public Diplomacy Office," http://publicdiplomacy.wikia.com/wiki/India?action = edit&section = 4&veaction = edit, May 5, 2006.

[2] 赵鸿燕、汪锴:《印度公共外交中的文化传播管窥》,《国际问题研究》2014 年第 6 期,第 77 页。

另一项涉及印度在非公共外交内涵的是印度企业自愿承担在非洲的社会责任。印度在非企业以私人企业为主，这些企业大都实行本土化经营，比如较多雇用当地工人，注重员工培训，并日益注重当地环保，等等；同时积极参与公益活动，开展慈善和资助活动。事实上，印度的对非援助的很大部分都是由印度的私人企业和公益组织来进行的，但这些援助实际上也提高了印度企业在非洲的名望和竞争力，对这些企业而言，援助如同进行广告推广。比如，印度阿迦汗家族在肯尼亚的阿迦汗集团创建了肯尼亚最大的民族报业集团，在肯尼亚创办了阿迦汗经济发展基金从事慈善活动，如今在肯尼亚全境，有众多的学校、医院和体育中心是以该家族名称命名的。[①]

此外，印度还通过公共外交的途径或其他方式，将印度文化持续渗透到非洲。印度与非洲国家经常互办文化年或艺术节等来传播印度文化，也通过在非洲设立印度文化中心（中心的主要任务是通过组织各种展演、播放印度电影、教授瑜伽，积极举办各种文化艺术节、研讨会、讲座等，以推介印度文化和相关信息，以使更多人了解印度为要务），传播印度文化。比如，1982年印度在埃及开罗就设立了文化中心，1987年在毛里求斯设立了文化中心，1993年在南非约翰内斯堡设立了文化中心等。一系列文化中心的设立，不仅促进了印度与相关国家之间的文化交流，也有力地促进了印度文学和艺术在非洲的传播。又如，印度外交部下属的"文化关系委员会"刊发英文版《非洲季刊》，启动"牵线印非网"等，发布涉非事务权威消息，以此加强与非洲国家的人文联系。[②] 通过在非洲推广印度文化和相关信息，将印度文化和影响力传输到非洲国家，提升非洲人民对印度的认识和认同。

三 结语：印度软实力的局限性

尽管印度在非洲具有独特的软实力资源，并采取了相应的举措来展现

[①] 郭瑞军：《论印度对非洲的软实力外交》，《清远职业技术学院学报》2013年第2期，第96页。

[②] 夏莉：《印度与非洲关系评述》，http://iwaas.cass.cn/dtxw/fzdt/2013 - 11 - 27/2968.shtml，2013年11月。

和扩展其在非洲的软实力,但是,它并不能由此得到过分的高估。由于存在现实的挑战和先天的缺陷,印度在非洲的软实力扩张并不会一帆风顺或如设想的那般容易。硬实力的不足、对非洲认知能力的不足、内部腐败和效率问题、以及对利益的高度竞逐等,都是阻碍印度在非洲扩展软实力的重要因素。

首先,印度"缺乏足够的硬实力支持其软实力方面的雄心壮志"[①]。不言而喻,一国软实力首先是建立在一国实实在在的硬实力(尤其是经济实力)基础之上,只有具备坚实的经济实力和财政力量,才能通过各种方案去推广其文化、制度和社会领域的国际影响力。显然,印度在非洲扩展其软实力的工具,无论是经济和技术援助或文化推广活动,还是参与联合国维和行动或在双边基础上提供军事培训等,都是需要国家实力的支撑的,但印度还不具备足够的实力做到面面俱到。

其次,印度现有的某些软实力资源并不能轻易自动转化为真实的软实力。比如,印非之间共同的反对殖民主义和相互支持的历史记忆,在当前第三世界名存实亡,或发展中世界内部发生了巨大变化甚至分裂,"不结盟运动"等南南政治合作组织或机制也失去往日光辉的情况下,非洲并不会过分顾惜与印度的情感联系,毕竟国与国之间关系首先是建立在利益而非道义基础之上,一旦时过境迁,历史记忆并不能带来太多额外的好处;又如,尽管非洲许多国家存在诸多印度移民及其后裔,他们在定居国发挥着各色影响,但是这也能带来副作用,那就是移民过大的影响力会引发本土族群的民族主义情绪,比如在南非的印度裔就在一定程度上受到本土族群的质疑。

再次,印度对非洲的认知和研究能力尚弱,在推行其软实力时可能存在无的放矢的情况。由于非洲长期贫穷落后,印度外交多年来也没有对非洲给予过足够的关注,只是在进入 21 世纪后,基于自身经济发展需要以及追赶中国在非洲的步伐,才匆匆拉拢非洲。比如,印度在西部和中部非洲就只有区区几个使馆;同时,印度的非洲研究机构和研究课题也很少见。这反映出,虽然印度在地缘、移民、语言和文化上与非洲具有独特的联系,但是印度并没有储备好足够的关于非洲的知识,这种较低的非洲认

---

① Rohan Mukherjee, "The False Promise of India's Soft Power," *Geopolitics, History, and International Relations*, Volume 6 (1), 2014, p. 46.

知能力当然会直接影响它在非洲推广软实力的能力。

又次,印度内部严重的腐败和工作低效,会抵消其在非洲的美好形象。尽管非洲人欣赏宝莱坞的电影和歌曲,会对印度持有美好的印象,同时作为所谓全球最大的"民主国家"也会为其增添额外的光彩。但是印度国内存在管理落后和腐败严重的状况,会使得知真相和亲自感知其作为的非洲人失望,如果这些问题处理不好,"印度在非洲所获得的信誉将很快被一扫而空,或者印度将仅仅成为非洲舞台上的一个平平淡淡的参与者"[1]。

最后,印度在非洲的最基本形象并不会因软实力的推广而发生重大改变,因为印度踏上非洲土地的目的和所有其他国家的目的一样,追求经济和战略利益。有学者这样评价道:"印度对非洲的援助并非乐善好施。像其他国家一样,印度积极利用其发展援助来促进其具体政治目标的实现。印度的援助不仅帮助推进在非洲的印度经济活动的发展,也为促进印度成为主要大国而发挥力量,以获得支持率。"[2] 由此而言,印度并不会因为援助计划等软实力推广方案而获得比其他在非洲大国所具有的独特的国家形象和软实力基础,它不过是非洲大陆上一个普通的追逐自身利益的他者罢了。

(责任编辑:卢凌宇)

---

[1] 伊恩·泰勒:《印度在非洲的崛起》,英国皇家国际事务研究所网站,http://www.cetin.net.cn/cetin2/servlet/cetin/action/HtmlDocumentAction?jsessionid=1A2634518C96BAA6E3C9836F3D4DC976?baseid=1&docno=511452,2012年7月。

[2] 环球网:《美媒称印度欲使用"软实力"与中国争夺非洲朋友》,http://world.huanqiu.com/roll/2011-08/1950468.html,2011年8月26日。

论韩国对非外交的缘起与发展

王 涛　［韩］辛沼沿

【内容摘要】 韩国对非外交从冷战时期的与朝鲜对抗，到 20 世纪 80—90 年代的实用主义外交，发展相对缓慢。进入 21 世纪以来，随着非洲地位的提升，韩国加强了对非外交的力度。韩国政府通过选择与集中策略、相对优势策略、一揽子策略与立足长远策略，在对非政治、经济与文化外交方面都取得了一系列成果，韩非关系日益密切。虽然目前韩非关系还存在发展不均衡等问题，但仍对中国有着重要的借鉴意义。

【关键词】 韩国　非洲　韩非关系

【作者简介】 王涛，法学博士，云南大学非洲研究中心讲师，浙江师范大学非洲研究院非洲研究与中非合作协同创新中心兼职研究人员；辛沼沿，韩国外交部民主和平统一咨询会研究人员。

随着 21 世纪以来非洲在全球政治、经济地位的上升，世界主要国家纷纷加强了与非洲的联系。不仅中国、美国、俄罗斯、欧盟、日本、印度等国强化了对非洲的外交，而且连一些中小国家如土耳其、沙特阿拉伯也制定了各自的对非新战略。其中，韩国也加入进来，在此前对非关系的基础上，发展出独具特色的对非关系，取得良好的效果。本文就以韩非关系为研究对象，探讨其缘起与发展的历程、特点。

---

* 本文系云南大学校级课题"小国外交的范式及其对中国周边安全的影响研究"（YNUY201408）阶段成果。

一　韩国对非外交的缘起

第一阶段，冷战背景下在非洲与朝鲜的争夺外交。1953年朝鲜战争结束后，围绕着朝鲜半岛南北问题的日内瓦会议陷入僵局，导致朝韩双方均无法加入联合国，这成为困扰韩国的一大隐忧。为了与朝鲜在外交领域进行争夺，保障自身国际地位，韩国积极介入联合国对"朝鲜问题"的讨论中。于是，在联合国的"得票外交"进而排挤朝鲜的外交空间，赢取国际社会的支持，成为这一时期韩国外交的重要工作，并由此开启了与非洲国家间的关系。

1960年以来，随着非洲独立国家的增多，并纷纷加入联合国，非洲国家占联合国会员国的席位总数比例一直稳定在30%以上，这无疑是一股巨大的力量。[①] 韩国也因而加强了对非外交的力度，积极争取与更多非洲国家建立正式外交关系，并排挤朝鲜在非洲的外交空间。韩国军事政府考虑到走进国际社会的第三势力中立国家对韩国的影响，1961年6月28日，在"积极外交"的标语下，韩国政府将非洲使团派到非洲19个国家，韩国首次与喀麦隆、乍得、象牙海岸、尼日尔、贝宁和刚果（布）六国建立了外交关系，此后陆续与一些非洲国家建交。[②] 不过，在冷战背景下，韩国对非外交进展缓慢，标榜社会主义的朝鲜反而发展了一大批非洲建交国，并一度占据优势地位。

这一时期，因韩国所具有的"汉贼不两立"的外交思想，所以韩国政府坚持主张，与朝鲜建交的国家，韩国一概不予发展官方联系。这既是标榜自身乃是朝鲜半岛唯一合法政府的手段，也是对朝鲜乃至整个社会主义阵营的对抗方式。不过，这一原则应用到非洲后，反而束缚了韩国的手脚；僵化的外交原则无法与变动不定的现实问题契合。1963年，韩国与毛里塔尼亚建交；1964年毛里塔尼亚又与朝鲜建交，韩国政府便愤怒地断绝了与毛里塔尼亚的外交关系。这令非洲国家无法理解，不少国家还误

[①] 张绍峰、胡礼忠：《台湾当局对非洲农技外交与联合国中国代表权问题》，《西亚非洲》2003年第3期，第2页。

[②] ［韩］李浩英：《韩国对非洲外交》，韩国政治学会1999年3月版，第3页。

解了韩国的意图，间接促进了朝鲜与非洲国家关系的发展。①

20世纪60年代以后，不结盟运动的发展、非洲民族主义的兴起与反帝、反殖斗争的国际局势，也让作为美国盟友的韩国在非洲处境尴尬，不少非洲国家视韩国为美帝国主义的小伙伴，并加以排斥。朝鲜则顺势扩大了在非洲的影响，积极向非洲国家、特别是南部非洲反种族主义的"前线国家"输出军火。到70年代初，朝鲜在非洲设立了23个大使馆，而韩国仅设立了10个。②

1976年，第三十一届联合国大会停止了对朝鲜半岛问题的讨论，非洲国家的投票对韩国影响减少，加之朝韩冲突局面的缓和，对非外交争夺也趋于冷静。

第二阶段，20世纪80—90年代韩国对非洲实行实用主义的外交政策。80年代以后，韩国经济起飞，自信心极大增强，在对非外交上也随之发生变化：由以政治为主的外交向以经济合作为主的外交转型。

80年代以后，与韩国建交的非洲国家数量有所增加，但韩国政府却认为由于与非洲发展关系无法获得更大经济利益，因而对非外交投入也要相应缩减，体现了短视的实用主义外交风格。一方面，与韩国建交的非洲国家数量在增加，对非外交取得一些成绩。1982年8月，韩国总统全斗焕也成功访问了非洲四国：肯尼亚、加蓬、尼日利亚和塞内加尔，在一定范围内发出了韩国的声音。通过首脑外交的形式，非洲对"强小国"的韩国也有了更多的关注。到90年代初，韩国与索马里、圣多美和普林西比、佛得角、纳米比亚、马里、赞比亚、贝宁、多哥、布隆迪等非洲多国建交。

另一方面，韩国在非洲设立的使馆却关闭了许多。例如，在整个南部非洲，韩国就在南非设立了一个使馆，统辖包括南非、纳米比亚、博茨瓦纳、津巴布韦、赞比亚、莱索托、斯威士兰、莫桑比克等多国的事务。③

---

① ［韩］李汉奎：《从韩国对非洲政策来看的马格里布战略和课题》，《国际区域研究》2010年第13期，第5页。

② ［韩］李浩英：《韩国对非洲外交的变化和应对措施》，《国际关系研究》2011年第16期，第3页。

③ ［韩］李汉奎：《从韩国对非洲政策来看的马格里布战略和课题》，《国际区域研究》2010年第13期，第7页。

韩国对非外交的实用主义风格，是由以下三个方面因素决定的。首先，韩国为了确保建筑工程承包和顺畅的石油供应把外交力量集中于中东地区。其次，卢泰愚的"北方外交"旨在推进与苏东社会主义阵营的关系，试图通过经济方式渗入这一地区的市场，并借此瓦解朝鲜的外部助力，非洲不在这一战略布局中。[1] 最后，80年代以来非洲动乱频发，加之冷战后非洲地缘政治上的重要性降低，因而非洲淡出了韩国外交的视野。金泳三、金大中两位总统时期，加大了对华、对印、对东南亚的外交力度，大大压缩了对非外交的资源支出。

二 韩国对非外交的现状与特点

2000年以来，随着中国、印度、日本、欧盟、美国纷纷加强与非洲的关系，非洲在国际政治经济格局中的重要性日益提升。韩国也转而反思前一时期的对非外交，转变了策略。

（一）韩国对非外交的策略

1. 选择与集中策略。韩国缺乏走进非洲的经验，韩国资本、技术等方面也不具备特别优势，因而与大国在非洲的竞争难度较大。非洲则是世界第二大陆，有54个国家，对韩国这样的小国而言，全方位的发展与非洲的关系不仅难度巨大，而且也是不现实的。

因此，韩国集中选定了几个有代表性的非洲"支点国家"，通过加强与这些国家的合作，发挥示范与辐射效应，从而使韩国在非利益最大化。[2] 经过审慎的研究、选择，韩国选定北非三国与撒哈拉以南非洲三国共六个国家作为韩国的"外交支点"，推行所谓的"3+3战略"，重点扶持这六个国家的经济，强化韩国的影响力。[3]

---

[1] 韩国外交部：《韩国外交20年》，国立外交学院1967年版，第161—163页。

[2] [韩]朴永好：《非洲首脑外交成果与未来合作课题》，《今日世界经济》2008年第3期，第346页。

[3] 韩国国民经济咨询会议：《对非洲经济合作的战略推进方案》，2007年，第125页。

表1　　　　　　　　　韩国对非外交的六个支点国家

分类	国家	特点
北非	阿尔及利亚	新兴产油国，对韩国发展模式感兴趣 非洲、中东、欧洲的桥头堡
	埃及	非洲与中东的枢纽 7200万人口的市场规模
	利比亚	非洲最大的原油富国 国土的70%未开发
撒哈拉以南非洲	安哥拉	西非的第二大产油国
	南非	非洲最大的经济富国 资源丰富 南部非洲的核心物流中心
	尼日利亚	世界十大石油出口国 拥有整个非洲原油量的30% 上亿人口的潜在市场

2. 相对优势策略。韩国是小国。政府意识到，必须发挥比较优势，才能在激烈的非洲外交争夺中立足。因而，韩国政府确定以下一些相对优势，作为对非外交的"特色"：发展经验、人力资源开发模式、信息通信产业、医疗保健。

其中，发展经验被韩国政府大为宣扬。韩国政府指出，非洲有众多与韩国一样的小国，韩国也曾和这些非洲小国一样贫穷；然而，韩国却能在短时期内实现脱贫、发展，非洲国家同样也可以。这样，韩国的发展经验就与非洲对接起来，成为吸引非洲国家的一个重要"无形资源"。朴槿惠总统则特别强调韩国"新村运动"经验对非洲的启示，认为非洲与韩国一样，要想实现可持续发展就必须进行一场农村革新，将农村的潜力发挥出来。① 韩国政府也加强了韩非双方的农村合作交流，推进了对非农业合作。综上，韩国方面也总结了一套可供非洲分享的"韩国模式"，旨在拉近韩国与非洲的心理距离。

此外，韩国政府近年来不断邀请非洲各国医务人员来韩培训，并派员赴非集中授课，加强对非洲基层医务人员的影响。韩国还不断加强对非洲医疗保健、信息通信的投入，积极帮助非洲培训技术人才，培养"亲韩"的非洲人群。②

3. 一揽子策略。由于资金和技术方面的劣势，韩国试图通过将基础设施或工程设施与资源开发联系在一起的方式，弥补资源开发力量的不足。2006年，韩国通过在尼日利亚修建电力设施，成功实现了工程出口，并获取了40亿桶原油规模的海上开发合同。这样的一揽子模式有助于韩国抢占非洲市场，并形成良性发展。目前，韩国政府还试图将IT、造船、医疗等产业的对非输出与资源开发捆绑起来，实现一揽子解决。③

4. 立足长远策略。韩国也十分注重长期性的对非外交，尤其是在对非援助方面。韩国试图建立与非洲国家间相互信任、面向未来的合作伙伴关系。鉴于以往有韩国商人在非洲急功近利的行为，及当前不少中国人在非洲的不当举动，韩国政府已尽量压制对非合作中出现的"急功近利"情绪，逐渐向非洲人展现韩非关系的双赢性质，并积极探索援助、开发合作方面的新模式。目前，韩国在非洲民众中的形象相对较好，韩非关系较为和谐。

(二) 韩国对非外交的内容

1. 政治外交。1982年全斗焕访非后，二十多年时间里都没有一位韩国总统再赴非访问。卢武铉总统一改历届政府对非的漠视习惯，于2006

---

① 新村运动（새마을 운동）是韩国政府在20世纪70年代初推行的以农民为主体、政府扶持的农业革新运动。这一运动成功实现了韩国农村社会的复兴与发展，并为韩国经济的起飞奠定了重要基石。

② [韩] 金钟显：《非洲资源开发现状与我国企业的接单战略》，海外建设协会2008年版，第11页。

③ 韩国大韩投资贸易振兴公社：《非洲移动通信市场大爆发》，《全球商业报告》2008年第27期，第31页。

年再次访问非洲三国（埃及、阿尔及利亚、尼日利亚）。李明博总统 2010 年也访问了南非、刚果（布）、埃塞俄比亚三国。朴槿惠总统继任后，也表示了对非洲的重视。她就任以来在首尔会见的第一批外国元首就是乌干达总统穆塞维尼与莫桑比克总统格布扎。韩国政府部门与非洲的磋商、合作也日益频繁。

表 2　　　　　　　　2000—2013 年韩国总统、外长访非情况

年度	访问者	访问国家
2005 年 1 月	潘基文外交部长	阿尔及利亚、坦桑尼亚、肯尼亚、利比亚
2006 年 1 月	潘基文外交部长	加纳、刚果共和国
2006 年 3 月	卢武铉总统	埃及、阿尔及利亚、尼日利亚
2006 年 7 月	李明博总统	南非、刚果共和国、埃塞尔比亚
2011 年 4 月	金星焕外交部长	加蓬、刚果共和国、塞尔比亚
2013 年 1 月	金星焕外交部长	卢旺达、塞尔比亚、摩洛哥

　　2006 年开启的"韩非论坛"则是韩国对非政治外交的一大特色。借着 2006 年中非合作论坛北京峰会的契机，韩国政府将在北京参会的一批非洲国家元首邀请到首尔，借势开启了韩非论坛，将韩非关系带入了机制化轨道。2006 年 11 月，第一届韩非论坛在首尔举行，刚果（布）、尼日利亚、加纳、坦桑尼亚和贝宁 5 个非洲国家的国家元首和 20 个国家的 27 名部长级官员共计 32 人出席峰会。[①] 此后，每三年召开一届韩非峰会，目前已顺利举办了三届峰会。通过峰会形式，韩国加大了对非援助、投资力度，获得非洲方面的欢迎。而韩非峰会也成为继日本、中国、土耳其和印度之后的第五个同非洲开展定期交流的国际合作机制。韩国对非外交步入了发展的快车道。

---

① 对外经济政策研究院：《第一届韩非论坛成果报告书》，2006 年 11 月 24 日。

表3　　　　　　　　　　　韩国对非机制化的政治外交

项目	主要内容
韩非合作论坛（外交部）	♣第一届论坛举行（首尔，2006.11） 　　非洲5个国家首脑和27名高层人士参加 ♣第二届论坛举行（首尔，2008.9） 　　包括非盟主席让·平在内的15个国家120余名代表参加 ♣第三届论坛举行（首尔，2012.10） 　　包括非联盟副主席，18个国家150余名代表参加
韩国非洲经济合作部长级会议（KOAFEC）（企划财经部、进出口银行、非洲开发银行）	♣第一届部长级会议举行（首尔、2006.4） 　　非洲15个国家经济部长参加 ♣第二届部长级会议举行（首尔、2008.10） 　　21个国家22名部长级人士等130余名代表参加 ♣第三届部长级会议举行（首尔、2010.9） 　　35个国家300余名代表参加 ♣第四届部长级会议举行（首尔、2012.10） 　　39个国家170余名代表参加
韩国非洲产业合作论坛（产业通商部）	—从2008年起每年举行，邀请非洲能源部长及有关人士，主要讨论产业合作方案

　　韩国还积极参与了非洲的维和工作。1994年韩国向西撒哈拉地区派遣了42名医护人员协助维和。1995年，韩国向安哥拉派遣了198名工程兵参与维和工作。另外，在联合国苏丹维和团军事检查团中，也有7名韩国检查员和一名参谋军官。从1993年6月开始，韩国在索马里的维和行动中更是陆续派出了2700多名维和士兵。[①] 面对诸如此类的非洲维和行动，虽然韩国国内有些民众表示反对，但韩国政府一如既往地给予支持，因而获得了非洲国家和国际媒体的称赞，韩国也因此提升了在非洲国家中的形象，取得了非洲国家一定的信任。

---

① 布赖恩·格罗武:《韩国军队的维和行动》, http://www.china.com.cn/photo/txt/2007-09/24/content_8940926.htm, 2007年9月24日。

目前,韩非双方的关系无论在深度还是广度上都达到了空前的水平。以往韩国政府要么不关注非洲,要么搞"一锤子买卖"的一次性外交,对非外交显得急功近利;如今,韩非关系不再是韩国的权宜之计,而已上升到国家外交战略的高度,成为韩国外交长期关注的领域。

2. 经济外交。非洲拥有极为丰富的自然资源,包括油气资源、土地资源和水资源等。韩国则是一个资源相当匮乏的小国,土地面积狭小,水资源局促,特别是油气资源极为匮乏,是世界第四大石油进口国。韩国对非洲的资源需求促使对非经济外交的积极开展。同时,这也是韩国实现进口油气资源多元化,保障国家资源安全的策略之一。

从卢武铉总统任期开始,韩国加强了对非能源外交的力度。2006年卢武铉访问的非洲三国都是石油资源丰富的国家。在访问期间,韩国与埃及、阿尔及利亚、尼日利亚分别签署了能源合作的备忘录,为能源外交创造了良好开局。卢武铉还在当年发表了《关于开发非洲的韩国动议》的讲话,表示韩国将积极参与实现联合国千年发展目标,除了表示继续推进对非人道主义援助外,还首次提出了对非"综合援助"的理念,将资源开发合作与非洲社会发展联系在一起。李明博总统则更为明确地表示"资源外交"是政府的重点工作。经过李明博政府的努力,韩国现已与阿尔及利亚、喀麦隆、苏丹、埃及、尼日利亚、赤道几内亚、安哥拉等国签署了能源供货合同,促进了韩国能源进口的多元化。①

能源外交之外,韩国积极推进对非政府开发援助项目。近年来,韩国政府开发援助的15%左右都集中于非洲(见图1),虽然比例不大,但数额持续增加,增幅仅次于对亚洲国家的援助(见图2)。2005年,韩国对非的政府开发援助资金为3900万美元,2012年已增至2.6亿美元。为了有效地帮助非洲实现发展,韩国政府把埃塞俄比亚、卢旺达、加纳、刚果(金)、尼日利亚、喀麦隆、莫桑比克、乌干达等几个国家指定为重点援助国家,对这些国家给予条件更为优惠的援助(无偿援助占援助总额的25%左右)。

---

① [韩]韩建洙:《韩国的非洲区域研究》,《亚洲回顾》2013年第3期。

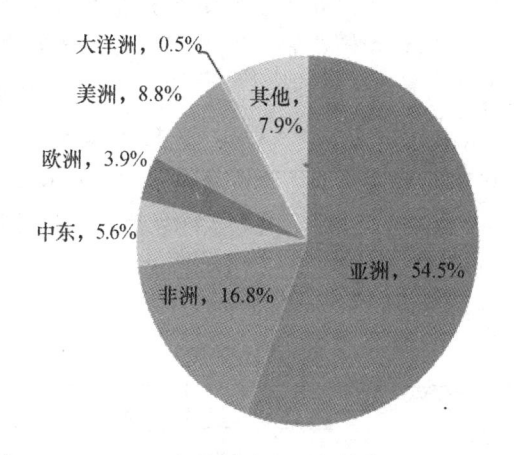

图1 2007—2012年韩国政府开发援助的区域及比例

资料来源：www.odakorea.go.kr.

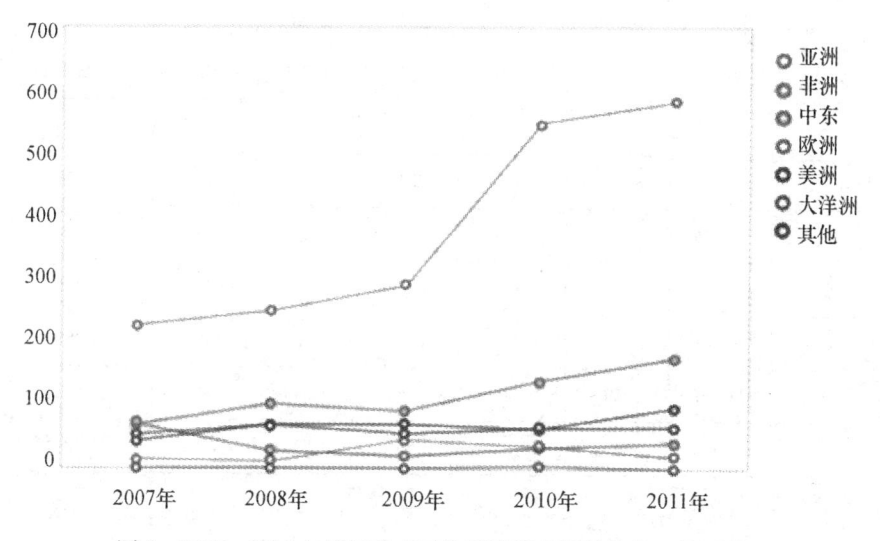

图2 2007—2011年韩国政府开发援助资金增长趋势（按区域）

资料：www.odakorea.go.kr.

韩非贸易额也不断增长。虽然非洲占韩国外贸额的比例不大，2012年非洲只占韩国出口总额的1.7%，占进口总额的1%。不过，贸易额是呈现较为稳定的增长势头的。如表4所示,从韩国对非出口看,2009年为85亿美元,2010年为96亿美元,2011年为143亿美元,2012年为92亿美元;从韩国对非进口看,2009年为31亿美元,2010年为47亿美元,2011年为56亿美元,2012年为54亿美元。[①] 2012年的不景气反映了韩非间油气贸易的波动,与世界市场价格及韩国国内需求变动关系密切。这一波动同样也反映出韩非贸易远未进入成熟发展阶段,尤其是非洲尚未成为韩国稳定的出口市场。

表4　　　　　　　　　　韩国与非洲的贸易

年度	出口			进口			贸易收支平衡
	出口件数	出口额（亿美元）	增加率	进口件数	进口额（亿美元）	增加率	
1994	24 972	2 502	71.2	6 008	1 197	52	1 305
2004	51 782	5 633	80.6	8 145	2 847	42	2 786
2005	52 091	6 203	10.1	8 430	2 946	3.5	3 257
2006	54 360	7 730	24.6	8 344	4 372	48.4	3 358
2007	59 542	8 257	6.8	8 344	4 317	-1.3	3 940
2008	64 472	9 386	13.7	9 259	4 052	-6.1	5 334
2009	61 728	8 467	-9.8	10 538	3 185	-21.4	5 282
2010	68 807	9 618	13.6	12 838	4 684	47	4 935
2011	76 841	14 396	49.7	14 184	5 607	19.7	8 789
2012	72 757	9 185	-36.2	12 202	5 383	-4	3 802
2013	55 846	7 018	-2.5	9 665	4 094	0.2	2 924

资料来源：韩国贸易协会。

韩国对非洲主要出口产品以船舶、汽车等货物为主；进口产品以原油、黄金、铁矿石等原料为主。韩国在非洲的前五大出口国依次是利比里亚、南非、尼日利亚、安哥拉、肯尼亚,这五国占韩国对非出口的

---

① 参见韩国贸易协会网站 http://www.kita.net。

80%以上。其中，利比里亚作为世界著名的船舶避税国，吸收了大量的韩国出口船舶。韩国在非洲的前五大进口国依次是南非、尼日利亚、赤道几内亚、赞比亚、刚果（金），这五国占韩国对非进口的80%以上。这些国家多是资源富集国。韩非贸易非常典型的体现出国际经济格局的南北差异。这种结构性问题将制约韩非贸易的深入发展。

韩国对非投资近年来甚至有减少的趋势。2012年，韩国的对非投资总额为3.7亿美元，仅占韩国对外投资额的1%（见表5）。而2006年韩国对非投资额高达7.7亿美元，占当年韩国对外投资总额的3.9%（见表6）。① 目前，韩国在非洲投资最多的行业依次是能源矿业（45%）、制造业（17%）、批发零售业（14%）；韩国在非洲投资最多的国家依次是阿尔及利亚、利比亚、尼日利亚、埃及、摩洛哥，多集中在北非。

表5 韩国对外投资分布

（单位：亿美元）

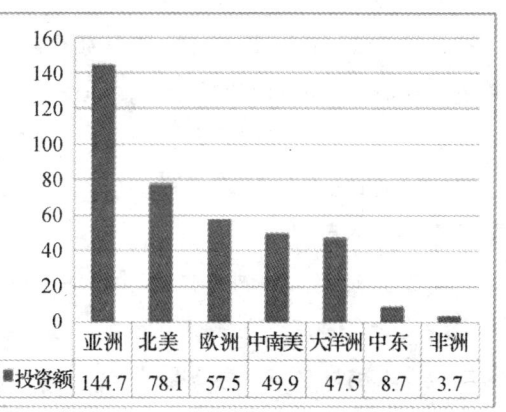

国家	直接投资额	比重
亚洲	144.7	37.09%
北美	78.1	20.02%
欧洲	57.5	14.74%
中南美	49.9	12.79%
大洋洲	47.5	12.18%
中东	8.7	2.23%
非洲	3.7	0.95%
合计	390.1	100%

*资料来源：韩国企划财政部。

---

① 参见韩国企划财政部《2012年度国外直接投资取向》，2013年，第1—2页。

表 6　韩国对非投资的趋势

（单位：亿美元）

年度	直接投资额	比重
2006	7.7	3.9%
2007	1.7	0.6%
2008	2.6	0.7%
2009	5.7	1.9%
2010	3.8	1.2%
2011	3.6	0.8%
2012	3.7	1.8%
2013 (1-6月)	0.1	0.1%

*资料来源：韩国企划财政部。

韩国政府分析认为，造成投资降低的原因主要有两点：第一，非洲并不是成熟的投资市场，无法吸引韩国企业的投资兴趣。特别是不可预期的动乱、疾病等风险因素在非洲广泛存在。第二，韩非之间的投资制度建设滞后。目前，韩国只与非洲十二个国家签署了投资保障协议，落实起来还有一定难度。韩国仅与南非、摩洛哥、阿尔及利亚、埃及、突尼斯等五个非洲国家签署了防止双重征税协议。这些投资基本条件的缺失，使韩国对非投资热度不高。

3. 文化外交。韩国在推进对非外交的过程中，不仅在物质上给予了力所能及的援助，也在软实力方面下足了功夫。首先，韩国在非洲的主要国家积极推动设立"世宗学院"。世宗是朝鲜李朝的贤王，创制了朝鲜文字，以他为象征符号的学院致力于推广、传播韩国独特的文化与价值观念。目前，韩国政府在非洲五个国家（肯尼亚、尼日利亚、津巴布韦、阿尔及利亚、埃及）设立了世宗学院。

其次，韩国积极向非洲派遣志愿者，促进韩非民间文化交流。1990—2012 年，韩国政府向非洲二十多个国家派遣了 2 080 人次的志愿者，派遣人数不多，但持续增加。笔者在赞比亚留学期间，曾接触过首都卢萨卡的韩国志愿者。与人数众多的中国人不同，卢萨卡的韩国人用一只手就可以数清楚，他们基本上都是志愿者，最小的17岁，在韩国读高三，参加志愿活动是为了日后回国可以申请更好的大学。他们在卢萨卡街头散发韩国文化宣传册，在大学组织韩国电影放映，在卢萨卡小学里支教，内容丰富，在当地赢得了良好的口碑。其中，支教活动由志愿者"接力棒式"地传递，已经持续了近十年。

近年来，韩国影视文化、特别是韩国音乐和电视剧在非洲逐渐流行。韩国KBS电视台2001年拍摄的电视连续剧《冬季恋歌》在最早出口非洲后获得了成功，这为韩国将其影视作品打入非洲市场提供了强劲的信心。其后，韩国电视剧《火鸟》获得了非洲国家加纳的青睐，加纳TV3电视台购买了该剧的播放版权。2008年播放的韩国电视剧《风之花园》曾一度流行于塞拉利昂等西非国家。《大长今》更是在非洲观众中刮起了一股小小的韩剧风。[①] 虽然韩国在非洲的影视市场还未能获得有如亚洲的高额利润，但非洲作为新兴的观众市场已经引起了韩国的极大兴趣。

另外，韩国积极邀请非洲各国学生赴韩国进修。韩国的非洲留学生不断增加，促进了韩非友好。笔者2009年5月在赞比亚的一次大学校园问卷中，曾问及赞比亚学生最想选择的留学目的地国家，韩国仅次于美国（45%）、英国（38%）和日本（19%），以17%的比例位居第四。可见，韩国在非洲的学校品牌宣传还是有一定成绩的。

表7　　　　　　　　　　在韩国的非洲留学生

年度	国家	人数（名）
1991	27	53
1992	28	58
1993	20	40
1994	27	69
1995	29	102
合计	54	9.070

---

① 梁寅菁：《论冷战后韩国对非洲的外交政策》，硕士学位论文，青岛大学，2011年，第18页。

续表

年度	国家	人数（名）
1996	20	74
1997	31	130
1998	26	163
1999	27	171
2000	28	173
2001	34	205
2002	35	300
2003	30	220
2004	33	268
2005	38	240
2006	28	378
2007	41	722
2008	42	947
2009	37	1,008
2010	43	1,152
2011	42	1,159
2012	42	1,465

资料来源：www.koica.go.kr.

三 对韩非关系的评价

在中国，韩国对非外交是一个比较偏僻的研究课题。即使是在韩国，民众对此的关注度也还不够；在非洲，当地民众可能更多地感受到来自中国的影响力，而非韩国的。不过，韩国对非外交仍然有助于促进非洲外交的多元化，多一个选择，就多一分余地，这有助于非洲的自主发展。韩国外交部也认为，韩非关系在一定程度上加剧了其他外部大国的紧张感，从而提高了对非洲的重视程度，这是非洲的机遇。而韩国的投资、技术，尤其是发展方面的经验，对非洲的发展都有积极作用。

就韩国对非外交本身而言，还极不平衡。虽然双方的经济、文化交流日益频繁，但政治、军事合作仍处于较低水平。而韩国尚未完全摆脱对非外交的功利色彩，对非洲国家的长远发展及非洲环境保护等问题，关注不够。埃塞俄比亚外交部长塞龙姆·梅斯芬就曾在第二届韩非论坛上表示，希望韩国能加强与非洲在发展绿色经济领域的合作。津巴布韦外长蒙本盖圭也认为，韩国不应只重视非洲的资源，也要帮助非洲国家推进低碳建设，帮助非洲国家产业结构的升级换代。而韩国人对非洲的"火热追求"仅仅只是资源。

韩国对非外交的上述局限，韩国方面已经有所认识；不过，这也是韩国与韩非关系的客观现状所决定的，很难一蹴而就加以改变。根本上讲，韩国国力有限，发展与远隔重洋的非洲的关系，力不从心。政治上，韩国发展对非关系，有一部分原因是"世界潮流"的裹挟。毕竟其他国家都加强了对非合作，韩国自然也要跟上潮流。但韩国在非洲的政治利益究竟有多少？非洲在韩国对外战略中的地位如何？这些都需要充分反思。事实上，作为一个中小国家，韩国的全球战略一直以来都服务于地区战略：首先，韩国将对周边朝鲜、中国、日本的关系列为外交的关键地区，这也是韩国国家利益的重点；其次，在发展与地区外国家关系时，都是围绕如何更好地进行周边外交展开的。即使是韩美关系，其走向也受制于东北亚地区形势的发展。这样一种地区战略为核心，全球战略为辅助的布局，必然决定韩国发展与地区外国家关系的功利性，即是否对促进周边关系有用，是否能成为撬动与周边国家关系的一个支点。2006年开启的韩非峰会，从某种意义上讲，并非韩国自身的需求，而是应对中非合作论坛与日非东京开发会议的一种反应，是意图向中日彰显韩国地位的一种表现。韩国政府方面就有人表示，中国和日本都与非洲发展了论坛式的合作关系，韩国又怎么能落后呢？

经济上，虽然韩国政府对与非洲的关系热情很高，但企业界对此回应不够，多不愿将有限的资金投入到风险巨大的非洲，造成了虽然经济交流有所发展，但仍处于一个较低水平的现实。即使是在资源开发领域，韩国人在非洲的投资与美国、中国相比都微不足道。韩国企业界的一个普遍看法是：近在咫尺的俄罗斯西伯利亚地区都没有获得充分开发，韩国尚未充分抓住机会，何必舍近求远，去局势更为动荡的非洲进行"豪赌"？确实，对韩国这样一个体量较小的国家而言，能充分消化、吸收东北亚、东南亚市场，都已经很困难了，非洲远远排不到日程表中。

总之，虽然韩国与非洲的关系在21世纪以后有了较大的发展，但应看到其局限性,不能对未来韩非关系抱以盲目乐观的态度。在韩国外交部中,管理非洲事务的部门人员最少,投入精力也相对较少。韩国驻外使馆中,在非洲的比例也最低。这就呈现出政府高调表态,但缺乏更多实质性内容的局面。未来,由于韩国与非洲的相互需求很难有突然性的提升,因而,韩非关系的发展可能会冷淡下去;也可能维持着表面热闹、缺乏实质的关系。这是小国外交的限度所在。那种不顾现实盲目推进对非关系,脱离韩国国力与自身需求的"跃进式"发展,对韩国外交战略的实现反而弊大于利。

(责任编辑:卢凌宇)

论一战后法国对西非殖民地的"联合"政策

李鹏涛　沈　丹

【内容摘要】19世纪末法属西非殖民地确立以来，法国一直实行以"封建解放"和"直接接触"为特征的"同化"政策。到"一战"前后，法属西非政府意识到"同化"政策难以为继。由于殖民地开化精英阶层的出现，法国文明使命观念的变化，以及帝国本土政治和文化的影响，殖民政府对于非洲传统统治者态度发生转变。在当时的民族志研究的支持下，法国转而实行保护土著结构的"联合"政策。"联合"政策有效遏制了"开化精英"的政治诉求，并且赢得了此前反叛的酋长的忠诚。在非洲社会剧烈变迁的背景下，"联合"政策既要将酋长塑造成社会变革工具，又试图维持其"传统"合法性，这一内在悖论注定了"联合"政策难以实现。

【关键词】法属西非　同化　联合　殖民政策

【作者简介】李鹏涛，浙江师范大学非洲研究院副研究员（金华，321004）；沈丹，浙江师范大学非洲研究院研究生（金华，321004）

19世纪末，法属西非殖民地确立。法国试图推行以"封建解放"和"直接接触"为特征的"同化"（assimilation）政策。然而，"一战"以后，法国对法属西非殖民地的政策发生转变，法国开始实行保护土著政治结构的"联合"（association）政策。本文试图分析"同化"政策和"联

---

* 本文系国家社科基金项目（13CSS023）、浙江师范大学2014年非洲研究专项课题。

合"政策的特征以及政策转变的原因与意义,以期深化对于殖民统治与非洲社会变迁之间关系的认识。[①]

一 "同化"政策及其面临的危机

"一战"前,法国一直拒绝非洲酋长在殖民统治中有一定的地位。大多数在非洲殖民地工作的法国官员都是左翼共和主义者,他们认为酋长统治是一种封建主义势力,按照法国大革命的价值观念,应该予以铲除,因此当时法国在包括西非地区在内的非洲殖民地实行以"封建解放"和"直接接触"为主的殖民政策。

在征服法属西非的过程中,法国殖民者建立起殖民统治体系,这一体系得以不断发展完善,直至1960年殖民统治结束。法属西非殖民地首先被分为殖民地,然后逐级分为区(cercle)、分区(subdivision)、省(province)、行政区(canton)和乡村(village)。区一级一般是由法国行政官员所统治,而区以下的行政单位通常是由非洲酋长所领导的。[②] 融入这一行政体系的大多数酋长并非"传统"统治者,而是由法国所任命和培训的。在法国殖民统治之前,非洲酋长很少能够得到"大酋长"(Chef supérieur)或者国王(Roi)头衔,并获准继续统治所属领地。[③] 例如,在上沃尔特(今布基纳法索),当地的莫西族(Mossi)传统统治者获得法国允许继续进行统治,但是被剥夺了所有权力。

法国之所以在西非推行以"封建解放"和"直接接触"为特征的"同化政策",这与法国政治文化中的文明共和观念有关,同时也与法国征服法属苏丹过程中的经历有关。然而,法国最终无法彻底消灭非洲酋长

[①] 关于法国对于法属西非的殖民统治政策,国内学界已经一些相关研究。不过就笔者所知,关于法国殖民统治政策的基本特征、转变过程及其影响评价,目前国内学界尚未有系统梳理。相关研究参见郑家馨《殖民主义史(非洲卷)》,北京大学出版社1999年版;高岱:《英法殖民地行政管理体制特点评析(1850—1945)》,《历史研究》2000年第4期。

[②] Alice L. Conklin, *A Mission to Civilize: The Republic Idea of Empire in France and West Africa, 1895–1930*, Stanford University Press, 1997, p. 110.

[③] R. Delavignette, *Freedom and Authority in French West Africa*, Oxford University Press, 1950, pp. 71–72, 79.

制。就客观条件而言，法国人手少，无法推行直接统治。法国基层官员仍然依赖于当地乡村和行政区酋长的等级制度来征收赋税，实行统治。不过，共和情感继续影响到法国对待这些当地酋长的方式。殖民政府对这些酋长并不放心，因此命令基层殖民官员维持与当地民众的经常联系，并且尽可能多地巡查管辖地区。

到"一战"前后，法国对西非的"同化"政策遭遇严重挑战：

首先，法国的文明使命观念发生变化。

在"一战"之前，面对着当地人口的经济贫穷，法国相信文明需要通过理性发展来提升非洲臣属的生活水平，或者法国所说的"开发"（mise en valeur）殖民地的自然和人力资源。他们认为要实现这一目标，不仅需要修造铁路，提升殖民地的卫生水平，而且需要法属西非民众按照自己的文化实现进化，只要这些文化不与法国文明共和观念相抵牾。倘若这二者发生冲突，非洲习俗将会被法国文化所压制。在经过与非洲传统政治势力的漫长斗争之后，法国殖民统治致力于根除土著语言、奴隶制、习惯法以及"封建"酋长制等非洲制度，并以通用语言、自由、社会平等和自由正义取而代之。

"一战"后，法国文明使命观念开始发生微妙变化。尽管法国并未放弃非洲人应该按照自身道路发展的信念，但是殖民政府不再考虑根除与法国文明相悖的制度。相反，法国殖民政府更多强调"联合"西非传统酋长和法国培养的非洲人进入到决策层，在与非洲精英相关的事务中应该咨询他们的意见。战后法国殖民政府逐渐认为，倘若法国不加以推动，非洲人是不会进步的；开发西非殖民地经济潜能的关键，是发掘非洲的人力资源。[1]

1915年、1917年的法属西非叛乱，使得法国殖民官员认识到，保存酋长作为统治者，这对保持与多数民众的密切联系而言是必需的。此前殖民政策强调根除奴隶制度、"野蛮的"习惯法、"专制的"酋长制，这显然已经濒临失败。[2] "一战"之后，殖民政府高层对他们所感知到的非洲社会解体感到不安，并认定原因主要在于酋长权威的丧失。他们自责削弱

---

[1] Alice L. Conklin, *A Mission to Civilize: The Republic Idea of Empire in France and West Africa, 1895–1930*, Stanford University Press, 1997, p. 6.

[2] Alice L. Conklin, *A Mission to Civilize*, p. 197.

了酋长权威，因为殖民政府任命酋长的首要条件是愿意与法国合作。殖民官员对于他们所感知到的社会衰败以及个人主义失控感到惊恐。1930 年，一份关于法属苏丹的政治报告写道，"自外而来的新自由主义精神最为严重的表现是无数的土著群体的解体"，法国当局担心这一"过度的个人主义"将会导致政治控制的丧失。①

面对共同体结构的衰落，法国殖民政府的反应主要是增强政治权威，法国殖民政府转而施行保护土著政治结构的"联合"政策。事实上，"联合"概念早在 19 世纪末已然存在，只是到"一战"之后才开始成为法属西非的官方殖民政策。② 法国殖民者认识到，非洲社会变革应当是渐进的，而非洲酋长可以成为殖民统治和非洲社会发展的有效工具，因此殖民统治应该尊重非洲酋长制度。根据这一"联合"政策，殖民统治者不再坚持认为法国有责任通过破除传统精英权力的方式，从而将非洲人从"封建束缚"中解脱出来，也不再认为非洲开化精英做好了参政准备。法国殖民者认识到应该保留酋长的权力，从而实现非洲更大程度的进步。③

其次，当时的民族志研究为法国对非洲传统统治者态度的转变提供了理论支撑。

在这一背景下，法国人类学研究强调非洲制度和习俗虽然是落后的，却无法彻底根除，应当在尊重酋长等非洲本土制度前提下推行渐进变革。④ 在这些观念影响下，殖民官员认识到，"在西非及其他地区，我们犯了一个错误：全部摧毁了土著社会结构而不是改进它来为我们的统治服务。"⑤ 同样重要的是，人类学分析提供了描述非洲社会的方法，明确了文化客体，从而为非洲知识精英建构族群和身份认同创造了

---

① Monica M. van Beusekom, "Individualism, Community, and Cooperatives in the Development Thinking of the Union Soudanaise – RDA, 1946 – 1960," *African Studies Review*, Vol. 51, No. 2 (September 2008), pp. 8 – 9.

② Alice Conklin, *A Mission to Civilize*, pp. 187 – 188.

③ Ruth Ginio, "French Colonial Reading of Ethnographic Research: The Case of the 'Desertion' of the Abron King and its Aftermath," *Cahiers d' Études africaines*, No. 166 (2002), p. 339.

④ Ruth Ginio, "French Colonial Reading of Ethnographic Research," p. 340.

⑤ 转引自李安山《法国在非洲的殖民统治浅析》，《西亚非洲》1991 年第 1 期，第 28 页。

条件。①

在法属西非，尤其是法属苏丹，民族志学家和殖民官员是交织在一起的。该地区很多关键的民族志和历史叙述是由殖民官员所撰写的，他们向巴黎的殖民学院（Ecole Coloniale）和东方语言研究所（Institut des Langues Orientales）传授这些知识。最著名的殖民官员—民族志学家有查理·蒙泰伊（Charles Monteil）、莫里斯·德拉福斯（Maurice Delafosse）、亨利·拉布雷（Henri Labouret）和罗贝尔·德拉维涅特（Robert Delavignette）等。他们的著作不仅影响到受训的殖民官员，而且塑造着法国一般民众关于非洲的认知。从殖民统治之初一直到独立，共同体、个人主义、等级制度和平等观念一直是法国民族志学家和殖民官员理解西非社会的核心。②

当时的民族志研究是以特定的意识形态信仰为基础。大多数的殖民官员—人种学家都坚定地信奉法国大革命理念，尤其是个人主义，他们谴责任何形式的社会等级制度。他们相信西非社会转变为西方文明是历史必然。然而，这并不意味着非洲人和法国人是平等的。相反，最终实现同化的信条加剧了非洲社会和法国文明之间的实际不平等。殖民官员—人种学家对于非洲制度和习俗持鄙视态度的同时，也意识到要根除它们是徒劳无益的。法国殖民统治主张推动非洲社会的渐进变革，需要倚重酋长等非洲社会力量，目的是将非洲社会塑造成法国革命的完美重现。③ 例如，德拉福斯的民族志研究主要结论是，法国极其错误地将酋长看作是可以抛弃的，他们必须研究这些本土政治制度，并借用这些本土制度来发挥影响。④

人种学家的研究结论，并未改变殖民官员对于非洲传统酋长的鄙视态度，后者仍然被视作落后的封建暴政。尽管如此，殖民官员开始将这些酋

---

① Thomas Hylland Eriksen, *Ethnicity and Nationalism: Anthropological Perspectives*, Pluto Press, 1993, pp. 15-17.

② Monica M. van Beusekom, "Individualism, Community, and Cooperatives in the Development Thinking of the Union Soudanaise-RDA, 1946-1960," p. 7.

③ E. Van Hoven, "Representing Social Hierarchy. Administrators—Ethnographers in the French Sudan: Delafosse, Monteil, and Labouret," *Cahiers d' Études africaines*, Vol. 30, No. 2 (1990), pp. 179-185.

④ Alice Conklin, *A Mission to Civilize*, pp. 176-177.

长变成控制和发展的有效工具。所有这些殖民官员—民族志学家都是在社会演进变化之中思考非洲社会,他们认定非洲社会沿着与欧洲类似的单线发展路径。这使得他们能够描述非洲社会的发展程度,并预测它的变革模式。个人和社会的关系是评估非洲社会的主要标准,更高程度的个人主义代表着较高的社会进化阶段。这些殖民官员—人类学家认为等级制度与个人主义是相背离的。[①] 拉布雷和德拉福斯对于酋长权威持批评态度,认为进步就是个人从社会和集体主义思想中解放出来,这二者是"原始"社会的特征。他们认为曼迪人(Mande)社会中的分化是基于继承地位,他们认为这是处于社会变革阶梯较低阶段社会的一个重要特征。他们认为,殖民主义应该结束这一封建制度,促进个人主义和平等。然而,个人主义的增强和等级制度的瓦解,虽然在理论上被视作是进步,但在实践中让殖民官员感到担忧。1919年梅兰总督任职后,殖民官员对于酋长制度的态度发生了明显改变。梅兰认为酋长权力更多是仁慈的,具有家族家长式统治的特征。结构和等级逐渐被认为是以亲属血缘关系为基础的,倘若要维护法国的权威则必须维持并增强这些关系。

再次,帝国本土的政治文化发展影响到法国对西非殖民政策的转变。

第一次世界大战使得法国领土饱受蹂躏并为此付出了140万生命的代价,从而导致法国社会出现严重的焦虑感与幻灭感。在这一社会背景下,保守派力量逐渐增强,议会的右倾倾向日益明显。例如,多生育主义、优生学和社会卫生等运动,这些都强调将国家利益置于个人利益之上,得到政府和公众的广泛支持,当时的大环境比以往更加仇外和种族主义。简而言之,民主自由和普世价值处于守势,而对经受了时间考验的传统的怀旧,有助于减缓正在发生的巨变。法国殖民当局强调保护"传统的"酋长,是法国本土趋势的反映。

"联合"当然并非1919年才出现的概念。自第三共和国时期的帝国扩张以来,帝国本土的一些理论家已经鼓吹海外领土的联合,其基础是尊重土著文化,并通过业已存在的"土著"政治文化来管理殖民地。法国国内的文化观念也发生了从法国大革命时期的普世主义向文化相对主义的转变。与英国国内情况相似的是,法国国内的帝国话语也开始强调文化是

---

① E. Van Hoven, "Representing Social Hierarchy," pp. 179 – 198.

有机的，因此是无法从一种环境随意移至到另一环境。① 此外，殖民总督府此时也面临着来自帝国本土政府的更大压力，要求实施这一政策。两次世界大战期间最有权势的殖民部长阿尔贝·萨罗（Albert Sarraut，1921—1925年在任），他在1921年宣称整个帝国范围内将迎来"联合"的新时代，各地的新旧精英都会拥有代议制议会。萨罗宣称这一慷慨大方是法国为了犒赏臣属在战争中的付出。这一来自巴黎的指令，在两次世界大战期间多次被强调，与达喀尔的设想不谋而合。战后，总督政府日益强调要逐渐赋予"民主权利"给被挑选出来的非洲人，从而"联合"非洲人进入他们自己的政府。②

最后，随着"一战"后殖民地社会经济发展，开化精英（évolués）阶层出现，这些开化精英要求与法国本土公民的平等权利。

直至"一战"前，法国殖民官员总体上仍对传统酋长持怀疑态度，而"一战"后殖民地现代精英阶层的兴起及其平等权利诉求，使得殖民官员将这些现代精英视作更加危险的威胁。在法国殖民者眼中，这些新出现的开化精英阶层要比传统酋长危险得多。开化精英的出现引起了殖民政府的警惕，它担心这些精英会取代旧的传统精英。当这些受过教育的年轻非洲人要求给予非洲民众平等权利，"开化精英"看起来要比任何"封建"精英危险得多。③

二 "联合"政策的形成

两次世界大战期间，是法属西非总督文明开化和基本观念变革的新时代，法国殖民政策经历了从"同化"到"联合"的转变。这一政策转变是在弗朗索瓦·克洛泽尔（Francois Clozel，1915—1917年）、若斯特·范沃伦霍文（Joost van Vollenhoven，1917—1918年）、马夏尔·梅兰（Martial Merlin，1919—1923年）和朱尔·卡尔德（Jules Carde，1923—1930

---

① Janet G. Vaillant, *Black, French and African: A life of Leopold Sedar Senghor*, Harvard University Press, 1990, pp. 49–56.
② Alice L. Conklin, "'Democracy' Rediscovered: Civilization through Association in French West Africa (1914—1930)," *Cahiers d'Études Africaines*, Vol. 37, Cahier 145 (1997), p. 66.
③ Alice Conklin, *A Mission to Civilize*, pp. 159–165.

年）等四位总督任内完成的。

　　法国政策和意识形态变化反映了殖民政府总督政治需求的变化。解除酋长的权威，将所有权力都揽到自己手里，这在鲁姆和庞蒂总督（1909—1915年）任内被认为是与法国在西非的文明使命相一致的。然而，"一战"期间招募非洲士兵为法国服役所引发的殖民地反抗，布莱兹·迪亚涅（Blaise Diagne）1914年被选举进入议会，以及此后的"开化精英"（évolués）在整个20世纪20年代不断要求与法国公民平等地位，这些挑战都使得达喀尔的法属西非政府开始检讨以往的土著政策。事实上，早在战争结束之前，达喀尔已经开始检讨殖民政策。达喀尔建议重新任命传统酋长（customary chief）担任职务，并为受过教育的精英提出新的妥协方案。达喀尔将这一政策称作"联合"①。

　　与"联合"政策相伴随的是，法国文明意识形态出现了新主题，从而实现了达喀尔政策转变的合法化。这些主题仍然处于共和框架之内，但是强调重点与战前年代存在着明显差异。在战后年代，政府总督不再坚持认为法国有责任破除传统精英权力，从而将非洲人从"封建束缚"中解脱出来。它也不再认为开化精英已经做好参与决策的准备。达喀尔此时认为，倘若保留酋长职务，法国人可以向他们征求意见，也可以对他们进行培训，那么非洲社会可以取得更大程度的进步。由于他们所受的教育，这些酋长可以"教化"在他们影响范围内的农村大众。此前对于新精英的模糊政策也被取代，总督声称应当小规模地允许这一群体参与非洲政治事务。通过以上这些方式，达喀尔坚信"联合"政策将会实现西非权力行使的民主化。两次大战期间殖民政府提出了最后一个主题，也是与战前的解放信条形成鲜明对比。这一观念认为，作为非洲传统的、民众所接受的统治者，酋长和统治贵族是将变革引入非洲乡村地区的最佳载体，因此应当为政府所用。酋长的联合将不是一个停滞的过程，非洲社会也不是简单地恢复到前殖民时代的状况。相反，文明将会像以往那样继续，但是以真正适应非洲环境的方式。通过尊重西非传统形式的政治权威，同时加强对酋长的教育，将会使得"所有非洲社会阶层都能在他们所熟悉的组织中演进，这也并非与更高级文明相背离，反而更能使得这一文明为我们的臣属民众所接受"。卡尔德总督也同样相信通过对酋长的教育以及酋长参与

---

① Alice L. Conklin, "'Democracy' Rediscovered," pp. 59 – 84.

决策过程，民众和达喀尔的利益是可以调和的。经过培训的酋长可以成为新观念渗透乡村的中间力量。

1915年6月，庞蒂死于达喀尔，法属西非总督暂由非洲通弗朗索瓦·克洛泽尔（Francois Clozel，1915—1917年）接任，克洛泽尔反对庞蒂所采取的剥夺非洲领导人以赢得非洲民众支持的做法，而愿意与象牙海岸（当时的上塞内加尔—尼日尔）酋长维持合作关系。他就任总督后所采取的首个举措，就是成立法属西非历史与科学研究委员会（Comite d'etudes historiques et scientifiques de l'AOF），其主要宗旨是促进出版西非民族及其文明史的著作。克洛泽任命老友、著名殖民官员—非洲学家莫里斯·德拉福斯负责政治事务，德拉福斯一向反对达喀尔的"封建解放"和"直接接触"政策。

在范沃伦霍文任内，德拉福斯的观念影响更大。范沃伦霍文不太熟悉非洲情况，因而更多接受德拉福斯的观点，尤其是德拉福斯关于西非联邦骚动所作出的历史解释。在德拉福斯的影响下，范沃伦霍文主张尽可能任命传统酋长作为法国统治助手，并且关注"开化精英"的要求。

1919年梅兰就任总督后，他对于前殖民时代的酋长制态度更为积极，提出了增加"非洲显贵在总督行政管理委员会代表权的政策……并在乡村层面创立完全由非洲人所组成的新委员会"[1]。梅兰和卡尔德总督时期，"联合"政策内容进一步明晰：在法属西非，新旧精英参与权力分享，这对于保持法国权威而言是必要的；这一权力分享，只要是适量的，并且是在殖民政府监管之下，就是符合非洲臣属利益的，也是与第三共和国在西非的文明使命相一致的。梅兰接任总督之前，他曾经于19世纪90年代早期在塞内加尔殖民地工作，且曾经担任法属赤道非洲总督，非常熟悉非洲情况。梅兰主张与非洲酋长合作以实现成本较低且有效的间接统治。1921年，梅兰指出，法国治下的西非和平之所以得以实现，是以剥夺非洲传统酋长和毛拉的权力为前提的，因此招致他们的痛恨，而恰恰这些人是1916年和1917年起义的主要推动力量。

在梅兰看来，法国所面临的挑战，是应当如何应对酋长和开化精英这两个群体。梅兰认为，法国改变了对非洲传统精英的评价，前殖民时代的

---

[1] Monica M. van Beusekom, "Individualism, Community, and Cooperatives in the Development Thinking of the Union Soudanaise-RDA, 1946—1960," p. 3.

非洲酋长并没有原本想象的那样具有剥削性，且更加具有代表性。梅兰对于开化精英阶层感到担忧："我们的担忧，除了野蛮主义的最后抵抗外，还必须加上变革先锋的背离。这些先锋中，我们发现有在我们学校受过教育的，我们将他们招募进我们的政府。突然与他们所在社会割裂开来，又未能适应他们的新环境，这些无根的非洲人忍受着孤立的痛楚，并为权力匮乏而苦恼。"①

梅兰采取措施承认酋长的传统权利，并向"开化精英"示好。1919年5月5日，梅兰创建了地区层面的贤人委员会（conseils de notables）。1920年12月4日，梅兰还颁布了一系列法令，增加非洲"开化精英"和酋长在总督（Governor General）和副总督（Lieutenant Governor）行政委员会的代表权，并且在乡村层面创设完全由非洲人组成的委员会，不过这些乡村委员会并不拥有真正权力。

1924年卡尔德接替梅兰担任总督之后，他进一步向酋长和"开化精英"作出让步。1925年，他为酋长和开化精英设立选举团。这一选举团可以参与各殖民地委员会和殖民总督府委员会的选举，而此前是由殖民总督府任命的。1928年，卡尔德进一步作出让步，允许非洲臣属担任此前保留给公民的行政职务。

三 "联合"政策的效果与影响评价

通过"联合"的概念，达喀尔接受了西非传统社会组织的正面形象，这表明法国殖民当局开始接受人类学家所提出的新观点，即西非殖民地有着独特的文化习俗，这些应当保存下来。殖民政府不再认为非洲酋长制度是剥削性的，而是值得尊重的。"联合"政策的形成，对于法属西非殖民地发展走向产生了深远影响：

第一，"联合"政策遏制了"开化精英"的政治诉求，并且赢得了此前反叛酋长的忠诚。

对于"开化精英"而言，"联合"政策只给他们提供了空洞承诺。在有效回应了"开化精英"的同化要求，并为殖民统治提供合法性的同时，

---

① Alice L. Conklin, "'Democracy' Rediscovered," p. 69.

殖民政府只将部分权力移交给"开化精英",而非他们所要求的完全平等。因此,殖民统治在20世纪二三十年代得以维持,而又不会被世界或帝国本土舆论视作顽固的种族主义者。

"联合"政策赢得了土著酋长对法国统治的坚定支持。1918年之后,西非殖民地的酋长们效忠于殖民政府,未再反抗殖民统治,这不仅是因为战争失败使得他们认识到反抗是徒劳的,而且因为法国殖民政府的"联合"政策。对于酋长而言,"联合"并非空洞的"特权",他们作为法国在非洲乡村地区的中间人,有机会积累起权力和财富。他们虽然表面上看似受到法国官员监管,实际上却有着很大的行动选择权,只要他们能够征收到当地殖民官员所要求的税赋劳役。在两次世界大战之间,法国在农业技术、资本和土地资源等方面给予酋长特殊照顾,意在利用他们向乡村地区推广新式农业技术。一些精明酋长利用这些机会来积累个人财富。非洲社会所经历的巨大社会变迁,使得传统酋长权威蒙受巨额损失。如同殖民政府一样,他们也非常痛恨年轻精英自我标榜为非洲人的代言人。对于这些传统精英来说,"联合"政策可以阻止他们个人威望的衰落。①

第二,殖民统治下的非洲社会变迁对于"联合"政策造成巨大冲击。

在殖民统治之下,随着非洲各殖民地之间的联系的加强,非洲年轻人可以迁徙到其他地区,靠在种植园打工赚钱。在回家之后,他们不愿意尊重家长权威,即便年长者不同意,他仍然可以负担得起结婚彩礼钱。而且,司法判例和教育增强了独立和个人权利的观念,导致家庭的解体以及大量年轻人离开农村来到城市。② 这一巨大的社会变迁使得酋长的统治难以维持,"联合"政策难以有效推行。

第三,"联合"政策导致酋长权威持续衰落。

法国所任命的酋长,通常是那些没有"传统"统治权的人,他们获得任命的唯一原因是与法国合作。特别是在两次世界大战之间,殖民联邦政府所推行的"开发"政策迫切需要确保农村精英的忠诚并维持他们的威望。"开发"政策的推行势必增加对非洲民众赋税和劳役的需求,法国

---

① Alice L. Conklin, "'Democracy' Rediscovered," p. 75.

② Monica M. van Beusekom, "Colonisation Indigene: French Rural Development Ideology at the Office du Niger, 1920—1940," *The International Journal of African Historical Studies*, Vol. 30, No. 2 (1997), p. 313.

无法"直接"获取这些资源,他们需要非洲中间人。而非洲酋长看来是最合适人选,因为他们只需要很少的报酬,而且对于非洲臣属非常熟悉。然而,这些酋长们所推动的"开发"政策,其结果是酋长和民众之间分歧的扩大,而这是"联合"政策最初所竭力避免的。

与此同时,尽管法国人试图通过这些所谓的"传统"酋长来维持统治,但法国人同时将这些习俗视作文明进步的障碍,并试图根除这些习俗。在将酋长转变成现代变革工具的同时,又试图维护其"传统"合法性,这显然是难以实现的。[①] 酋长威望持续衰落,他们的权力滥用不受制约。法属西非殖民官员注意到"联合"政策所导致的权威和社会凝聚力的衰落。尼日尔河中游地区和铁路沿线村庄的解体被认为是这一问题的主要征兆,官员将这形容为"道德和物质灾难"。

法国殖民政府也意识到"联合"政策存在着巨大缺陷,然而法国殖民统治的意识形态和政策却拒绝面对这一现实。布雷维(Joseph Jules Brévié)总督承认,这一危机意味着非洲新一代不再像20世纪20年代一样"处于控制之中",但是他并未质疑"联合"政策的基本假设,只是强调应当对于"联合"政策进行适当调整。例如,在乡村和行政区层面设立新的咨询委员会,以确保酋长与当地社会之间的联系;并且更加注重酋长的选拔与培养。

四 结语

自19世纪末殖民统治确立以来,法国在西非地区推行"同化"政策,其特征是"封建解放"和"直接接触"。然而到"一战"前后,法属西非政府意识到"同化"政策难以为继。随着殖民地开化精英阶层的出现,再加上法国文明使命观念的变化,以及帝国本土政治和文化的影响,殖民政府对于非洲传统统治者的态度发生了转变,而当时的民族志研究为这一转变提供了重要的理论支撑。"联合"政策有效遏制了"开化精英"的政治诉求,并且赢得了此前反叛的酋长的忠诚。尽管如此,殖民统治之下的非洲社会变迁对"联合"政策造成了巨大冲击。在非

[①] Ruth Ginio, "French Colonial Reading of Ethnographic Research," p. 341.

洲社会剧烈变迁的背景下,"联合"政策既要将酋长塑造成社会变革工具,又试图维持其"传统"合法性,这一内在悖论注定了"联合"政策难以实现。

(责任编辑:卢凌宇)

非洲经济与发展

非洲的经济发展:增长没有带来结构转型

[坦桑尼亚] 汉弗莱·莫施

【内容摘要】非洲在过去十五年间,国内生产总值和人均值均有增长。然而,相关增长既非包容性增长,也没有创造就业。这种增长没能缩小不同收入阶层和不同群体之间的不平等,没能带来结构的转型。过度单纯关注增长容易忽视发展中所缺失的上述要素,应该更多关注经济结构的转型,这是应对非洲不平等、失业和贫穷等挑战的必要条件。

【关键词】增长悖论 结构转型 包容性发展 城乡差距

【作者简介】汉弗莱·P. B. 莫施,经济学博士,达累斯萨拉姆大学经济学院经济学副教授,曾任坦桑尼亚联合共和国财政部长的经济顾问(1998—2000 年),2002—2004 年任总统经济政策顾问组(PEPAU)负责人和桑给巴尔总统的首席经济顾问。研究领域包括公共经济学、宏观经济学、金融公司治理、私营部门发展和中非关系。

一 引言

近来,地区和多边组织的大多数报告描述称非洲在过去十五年的社会经济发展"令人印象深刻",实际国内生产总值和人均国内生产总值均有增长。在这段时期,这些指标确实趋于上升,然而不应如此总结。原因如下:第一,相关增长既非包容性增长,也没有创造就业。第二,它没能缩小不同收入阶层和不同人口群体之间的不平等(城乡差距)。第三,它没能带来结构的转型。换言之，自然资源仍旧是国内生产总值的主要贡献者，制造业等产业鲜有增加。第四，大多数人生计主要依靠农业，其生产率的增长落在后面。第五，它没能解决非洲面临普遍缺乏基础设施的问题。

这些增长"遗漏项"显然说明，那些描绘非洲社会经济发展景观的人有意无意地低估发展关键要素的重要性，然而缺少这些关键要素，就难保经济增长的可持续和包容性。我们承认增长对提高人均收入很重要，但它不足以确保可持续和包容性发展。就此而言，过度单纯关注增长（沉迷于增长）往往容易忽视发展中所缺失的要素，其结果是无法应对非洲社会经济的挑战，我们将此称之为非洲增长的"悖论"。

在这篇文章中，我们试图分析非洲过去几年的增长表现，并且指出这种增长的似是而非之处。然而，我们更关注经济结构的转型，因为这是应对非洲不平等、失业和贫穷等挑战的必要条件。本文的主要结构如下。下一节是通过甄别上述"遗漏"和悖论等问题，分析非洲经济的增长及其质量。第三节分析结构的转型。最后一节提出一系列建议作结论。

二 非洲经济增长的质量

非洲经济委员会2014年报告称，2013年非洲区内生产总值增速放缓，从2012年的5.7%降到4.0%，不及发展中国家平均4.6%的水平。欧元区的金融和债务危机、一些新兴经济体的增长不力，以及大宗商品主要出产国特别是中部和北非地区的政治不稳定和国内动乱，导致全球需求疲软，这是非洲增长减速的主要原因。非洲大陆的增长继续受益于大宗商品价格较高、增强与新兴经济体的贸易和投资往来、以收入逐渐增长的城市化新消费者和公共支出兴修基础设施为支撑的国内需求增长等因素。经济治理和管理有所改善，反映为总体上稳健的财政和国际收支平衡，从而支持宏观经济的稳定，改善许多非洲国家的投资环境。

其他国际组织也认同非洲经济增长这种相当美好且乐观的表现。《2014年《非洲经济展望》》、非洲开发银行等都称非洲保持平均4%的增长率。不过，它们提醒在不同国家和地区，增长率差别很大。尽管如此，它们仍然预测2014年非洲经济将增长5.8%。这两个报告以及没有提及的其他许多报告都大为强调增长而忽视增长的质量，然而这才是判定相关增长是否可持续和能够带来结构转型的关键。我们将在后面段落中仔细看看增长的质量问题。

（一）增长的质量

为了分析过去十五年非洲经济增长的性质，我们选用一些指标，包括不平等、贫困、创造就业、资源动员和结构转型。

1. 贫困的现状

研究表明，许多非洲国家赤贫人口比例在下降，但非洲大陆未能达到大多数的千年发展目标。48%的非洲人，即近半数人口陷于赤贫，72%的年轻人每天生活标准不到两美元。在布隆迪、埃塞俄比亚、尼日利亚、乌干达和赞比亚，逾80%的青年人陷于贫困。

非洲人的体重不足率世界排名倒数第二，仅略好于南亚。全球其他地区有望实现饮用清洁水的人口占比目标，唯独非洲没有，而且没有达到改善卫生设施的目标：1990—2010年，相关覆盖面仅小幅上升4个百分点，而且城乡差距悬殊。整体上看，大多数非洲国家经济的快速增长仅使每天生活标准低于一美元的人口比例稍有下降，从47%减少到43%。

具体国别研究表明，尽管经济增长率高，但惠及面不够广泛，贫困程度依旧持高不下。坦桑尼亚2011年家庭调查结果显示，28.2%的人口贫穷，贫困发生率农村（33.0%）高于城市（21.7%）。这清楚地表明高增长（近十年来为5%—6.5%）并没有加快减少贫困率。人均收入增长一般，年均3.6%。在这方面，坦桑尼亚在47个撒哈拉以南非洲国家中排名第13位，比肯尼亚（1.04%）和乌干达（2.9%）高，但是远远低于排名前10的国家，如埃塞俄比亚（6.1%）、加纳（6.1%）和卢旺达（5.1%）。最近的研究表明，饥饿和营养不良在非洲依旧普遍，25%的撒哈拉以南非洲人口营养不良。

2. 更加不平等

增长对缩小贫富差距的影响同样也不令人满意。社会服务方面，性别、收入和城乡之间的不平等进一步拉大，许多非洲国家贫困加剧；其最穷的20%人口的收入往往占不到本国全部人口总收入的10%，最富的10%人口的收入占总收入的四分之一甚至一半。例如，在中非共和国、卢旺达、斯威士兰和乌干达，最富10%人口的收入占总收入的40%多，最穷 10% 人口的收入仅占总收入的 3%—5%。

2005 年,非洲的基尼系数(衡量收入分配公平程度指标)为 0.45,仅比 1980 年略微好些。然而,2008 年的基尼系数降到 0.442,成为仅次于拉美和加勒比地区的世界倒数第二差地区。应该指出的是,在性别不平等持久存在的非洲,不平等扩大一个百分点,贫困就加剧 2.2 个百分点。在阿尔及利亚、科特迪瓦和毛里塔尼亚,从事类似工作的女性,工资几乎比男性低一半。

在社会服务方面,性别与地位的不平等依然是一大挑战。例如,在最富的 20% 人口中,妇女分娩由专业医护人员助产的概率几乎是最穷的 20% 人口的 3 倍,住在城镇的妇女怀孕期间 90% 至少做过一次产前检查,农村妇女则只有 71% 的人做过检查。而且,最贫困家庭的儿童和青少年的辍学率至少是最富裕家庭孩子的 3 倍。此外,最贫困家庭儿童发育不良的比最富裕家庭儿童多一倍多,进一步增加辍学概率。

3. 就业机会

一些研究报告称非洲的增长是"没有增加就业的经济增长",指出失业是非洲的一大挑战。尽管 2008—2009 年劳动力市场指标趋向积极,2012 年就业增率稳定在 2.9% 且同年就业人口比率达到 65.1%,但是这些积极的指标往往掩盖了其他不令人满意的形势,详见下文。

第一,大多数非洲人困于低工资和低生产率的工作,随时可能失业。国际劳工组织强调,2012 年 46.5% 的非洲工人日工资不及 1.25 美元,失业危险始终大于其他地区。由于劳动力供给充足,同时又没有社会保障网,许多低技能的工人别无其他生计,很难靠劳动力市场生存。

第二,青年就业形势严峻,令人担忧。尽管非洲(北非除外)官方的青年失业率低于世界大多数地区,但比成人的就业率高许多(2012 年青年失业率为 12%,成人就业率为 6%)。换句话说,非洲拥有世界上最年轻的人口,并且年轻人口比世界上其他地区增长更快。然而,大多数人很难正式就业,大都不能充分就业,或在非正式部门和农业部门自谋生路。

研究文献认为,尽管年轻人普遍缺乏技能而难以进入劳动力市场,但失业的主要原因还是时常缺乏工作岗位和技能供求不平衡。例如,在埃及,70% 的失业者年龄在 15—29 岁,其中大约 60% 的人有大学学位,即"有知识的失业者"很多。突尼斯也有相同情况,国民极度不满,最终在

2011年引发革命。

第三，根据《非洲发展指标》，1990—2000年，67%的非洲国家又有更多大学毕业生离国而去。这十年间，人才流失最多的国家是几内亚比绍（增加231%）和圣多美和普林西比（增加115%），一些国家成功减缓人才外流，如莱索托（-49.7%）和南非（-38.2%）。我们想要强调的是，非洲留不住高技术人才，这些人在为他人创造就业机会、提供就业空间方面能起到关键作用，他们能在工作中创新、创建公司雇用他人，或因应用自身高技术制定政策和提供公共服务而提高经济增长率。

4. 资金的动员

根据《2012年〈非洲经济展望〉》数据，2001年以来流入非洲的外部资金增加四倍，2012年创历史新高。到2011年为止的十年中，外国直接投资和外国证券投资持续减少，2012年才有恢复。2012年外部资金流平均占低收入国家国内生产总值的18%，占中低收入国家国内生产总值的11%，占中高收入国家的4%。非洲海外侨民的侨汇款也同步增长，一直是处于不利影响下的许多人生存的一种重要资源，特别是穷人的救生索。

然而，半数非洲国家仍然依靠援助作为发展融资的最大外部资源。在这方面，官方发展援助（ODA）仍是低收入国家的主要融资方式，占外部资金流入总量的64%。高度依赖外援严重影响发展，一方面削弱非洲发展的自主权，另一方面导致非洲更加无力抵制捐助方强加的政策和战略条件，不足以解决非洲的发展问题。

尽管非洲宏观经济环境和治理机制有所改善，但相关指标揭示，这个地区有大量资本外逃和资金非法流出。虽然很难进行精确的估价，但是各种研究说明，非洲国家资本外逃可观，损失惨重。据联合国贸易与发展会议估计，1970—2004年非洲资本外逃累计6 070亿美元，几近本地区外债的三倍。

据Ndikumana等的研究，按不变价格计算，1970—2004年非洲资本外逃总额为4 440亿美元。这相当于非洲出口总额（按2007年价）的104%和非洲进口总额（按2007年价）的124%。这项研究还指出，2000—2008年每年有490亿美元资本外逃，能满足非洲54%的基础设施建设资金。这些数字实在惊人。这些流出资金超过非洲欠全世界的债务，因此非洲才是世界的"净债权国"。关键是，抑制非洲资本流出，足以成为动员用来脱贫和未来经济增长所需的最大资金来源。

资本外逃的主要渠道是偷税逃税、腐败、谎报交易和走私。为了吸引更多的外国直接投资而广为减免营业税收，这种政策尤其加剧资本外流。特别是在出口加工区（EPZs），税收优惠政策包括企业所得享有免税期、降低标准减收进口税和增值税（VAT）。研究证据表明，这类激励政策导致政府损失大量税收和加剧资本外逃。

（二）结构转型：理论基础

本节着重考虑两个方面的理论。第一，工业化是经济结构转型的关键组成部分。第二，技术升级和创新是保证生产率长期增长至关重要的因素，也是工业化必不可少的投入和产出。

我们首先要指出，从1950年以来，所有实现快速增长并赶上发达国家的发展中国家都成功跻身工业生产国和出口国之列。总体而言，那些落后的国家在工业方面都表现最差。过去五十年，制造业成为发展中国家经济增长的主要引擎。也就是说，经济发展成功的一个关键要素是从农业转变为工业的结构转型。林毅夫（2012年）讲到结构转型时认为，全球化为许多低收入国家实行工业化提供了几乎无限的潜力。他认为，基于开采自然资源或拓垦农地的经济增长最终会面临数量短缺的约束，而基于为全球市场生产制成品的发展战略会受益于单位生产成本逐渐下降的规模经济。如果这种说法正确，几乎任何国家都能找到自身拥有明显或潜在比较优势的产品，并且能够几乎毫无限制地增加生产规模，从而在全球市场开辟自己的一席之地。

虽然工业化及其对结构转型的作用如此重要，主流发展经济学对这个问题的关注却有限。这主要是由于20世纪60年代和70年代发展中国家的工业政策失败和"国家失灵"论，即国家实行不可持续的和社会代价高且扭曲的经济政策。虽然这一观点受到那些将东亚工业化成功归于地区国家积极推行产业政策的学者挑战，但是人们始终普遍质疑那些产业政策。

不过需要强调，世界各地产业结构和技术升级的模式不断变化，根据经验探寻其规律并非易事。然而无可置疑的是，实行工业化是发展中国家成功摆脱贫困的一个关键因素。

结构转型的第二个方面是技术升级和创新，这是保证生产率长期增长的关键因素。低收入国家的研发预算稀缺,产业定位远离技术前沿,技术升级和创新一贯采取吸收和改造已知技术的形式,而不是引进新技术。然而,有效的技术改造和传播取决于企业和国家的吸收能力。但是,有关技术借鉴、教育和研发战略模式的研究表明,创新战略是否恰当取决于要素禀赋结构和不同的发展阶段。

与结构转型有关的另一重要方面是经济的多元化。它不仅保护国家免受冲击,也反映出低收入国家不断抓住机遇重新分配资源的水平。高收入国家各部门生产力水平往往相当趋同,而低收入国家通常则相反。因此,对结构转型而言,经济持续增长既是其因也是其果。

三 缺失的关键因素

许多因素导致了所谓令人印象深刻的增长业绩中上述似是而非的问题。这些因素包括农业部门的低增长、采用资本密集型技术而非劳动密集型科技、在依附条件下采取新自由主义的发展模式、资源诅咒、发展最快部门的增长—脱贫弹性不强,等等。

上述因素可能以这样或那样的方式导致非包容性增长和社会指标的改善过缓,然而,我们坚信非洲经济中欠缺的关键因素显然是缺少有意义的结构转型。实际上,如果实现结构转型,大多数似是而非的现象不会持久。下面几节将详细讨论。

(一) 结构转型:工业化的重要性

鉴于工业化是结构转型的重要动力和产物,本小节试图表明工业化的重要性,并考察工业部门如何同非洲整体增长轨迹衔接贴合。(原文略—译注)

(二) 工业化为什么重要

有学者强调工业化在一个国家社会经济发展中的重要作用,"历史反复证明,区分富国和穷国的唯一最重要标准基本上就是前者的制造业能力较强、生产力水平通常较高,最重要的是制造业生产率往往(虽然并不总是如此)比农业和服务业的增长更快"。

这个说法仍然言之有据，东亚特别是金砖国家的经济发展的确为培育和发展制造业提供了有力的论证。因此，我们认为制造业的发展仍与非洲各国经济相关，可以解释当代经济增长的异常现象。毕竟有大量实证经验表明，制造业是经济增长和创造就业的关键。下列论据支持这个观点。

第一，证据不仅表明工业化与经济增长相关，而且制造业在农业社会的经济结构转型中可以发挥促进作用。制成品占世界出口的大头（2010年为70%），并且很少受外部冲击、价格波动、气候条件和不公平竞争政策的影响。在这方面，制成品的价格比其他商品更稳定。不公平竞争政策扭曲了世界市场的价格，限制了一些商品出口增长的潜力。

第二，制造业为对竞争力至关重要的技术开发、技能习得和学习营造外部条件。例如，制造业是技术开发和创新的主要载体，集中体现科技的进步。

第三，制造业对经济其他部门具有拉动作用。制造业的发展刺激更多更好的服务需求，例如金融、保险、通信和运输行业。

第四，生产的国际化普及了发展制造业的好处。跨国公司活动的地理分布有助于发展中国家的制造业部门比其他经济部门发展得更快。工业化国家生产活动纵向分离的趋势意味着包括非洲在内的发展中国家有更高的概率融入全球价值链。事实上，由于一般意义的工业化，尤其是制造业的这些重要属性，一国经济发展如果没有如此关键的组成部分，等于拥有一辆"没有引擎的汽车"。

（三）非洲的制造业表现

本节通过各产业部门对国内生产总值的贡献率、贸易的水平和内容、技术开发现状等，分析非洲经济转型的程度和范围。总的趋势是非洲经济结构转型的迹象有限。因此，无论从亚洲还是金砖国家的标准来看，非洲整体国内生产总值增长率都不高。1965年，撒哈拉以南非洲农业附加值占国内生产总值的22%，服务业占47%，工业占31%（其中制造业占17.5%）。2007年，据估计农业附加值仍然占到国内生产总值的15%，服务业占52%，工业占33%（其中制造业占15%）。在就业方面，情况也没有多大改观：非洲各国经济在1960年主要以农业为主，务农者占劳动力的85%。过去四十年，农村人口虽然逐步下降，到2000年仍占总人口的 63%，略高于黑非洲以外地区 1960 年的平均水平。

观察上述趋势，随着时间的推移，制造业对国内生产总值的贡献率减少：说明是逆工业化。根据联合国工业发展组织 2009 年报告，非洲（南非除外）在全球制造业生产的份额从 1980 年的 0.4% 下降到 2005 年的 0.3%，非洲制成品出口的全球份额也从 0.3% 下降到 0.2%。国内生产总值中的制造业比重，非洲大约是发展中国家平均水平的三分之一，与广大发展中国家相比，不断下降。人均制造业产出和出口分别不及发展中国家平均水平的 20% 和 10%。报告还指出，非洲出口的制成品及中高技术产品都很少。这些指标实际上自 20 世纪 90 年代以来几无变化。非洲制造业基础的退化伴随着当地制造业多样性和高级产品的减少。非洲现有生产数据中，18 个国家有 16 国的制造业 20 世纪 90 年代的产品比 80 年代的种类少、水平低。佩奇指出，特别是加纳、肯尼亚、坦桑尼亚和赞比亚等非洲早期工业化国家制造业的精密度尤为急剧下降。品种减少和精密度低的趋势明显反映出非洲在世界贸易中的边缘化，原因是竞争力下降、国内和国际市场上非洲制成品减少、未能在附加值和技术含量高的部门开发产业。

结构转型程度低的另一个指标是非洲区内的进出口。2012 年，非洲区内的贸易占非洲总贸易的 11.5%。1996—2011 年，非洲同世界其他地区的贸易增长 12%，超过非洲区内 8.2% 的贸易增速。原因在于大宗商品的价格高，非洲向世界其他地区出口的商品不同于非洲区内贸易，是以矿产、石油和其他金属制品为主的初级商品。

尽管非洲贸易受制于出口多元化程度低和对初级产品的高度依赖，但是在区内贸易方面，非石油出口国胜过石油出口国。因而，2007—2011 年，非洲石油出口国的区内贸易占比近 8%，非石油出口国的区内贸易占 16%。这意味着非洲内部的贸易更加多元化和工业化。2011 年，非洲同世界其他地区的制成品占非洲内部贸易的 40%，而在与世界其他地区贸易中只占 13%。因此，使生产基础多样化有望繁荣非洲区内贸易。

用技术发展现状指标所作的研究表明，撒哈拉以南非洲的制造业无论在数量还是科技含量方面都落后于人。据说某些传统产业，靠无技能的廉价劳动力和加工自然资源仍能保持竞争力。然而，这种基础逐步消蚀。几乎所有产业，竞争力涉及改变技术、创新组织方法、反应灵活、扩大网络、跨公司和跨地区整合生产体系。这种新的竞争要求每个国家提高科技水平，无论资源基础和地理位置如何，即便在并不处于创新前沿的国家也是如此。

　　根据有关研究，非洲制造业没有太多这种升级的迹象。其结构仍然以低水平加工本国资源和制造面向国内市场的简单消费品为主。在大小企业之间供给联系很少。生产率增长缓慢。产能利用率降到多年前的顶点之下；近年的增长主要靠利用已有产能，而非建设新产能。技术效率较低，几乎没有技术活力或创新。其他研究也指出这种状况，认为非洲公司不仅远低于国际"最佳实践"技术水平，而且低于其他发展中国家的水平。

　　以上引用的研究文献清楚地表明，撒哈拉以南非洲在高科技领域的份额最低，在以资源为基础的制造业领域份额最高。基于这种情形，非洲还未打破出口原材料的传统，这些不仅是世界贸易增长最慢的部分，而且最无力刺激产业结构、企业精神和技能技术的发展。考虑到非洲生产结构的特征是以科技发展水平低，完全有理由说，非洲的技术差距，以及随之而来的工业化程度低，大大阻碍了结构转型的进程。

　　因此，非洲技术发展的前景黯淡，突出表现为技术基础薄弱、研发和创新基础设施差、几乎不掌握简单技术，结论就是非洲社会（经济）发展显然缺乏产业活力和竞争力。

（四）非洲结构转型的潜力

　　鉴于非洲资源潜力大都尚未开发，以资源为基础的转型成功概率相当高。2000年以来，农产品、原木、金属、矿产和碳氢化合物大致占非洲经济增长的35%。2011年，以资源为基础的原材料和半成品占非洲出口产品的80%；巴西是60%，印度为40%，中国仅14%。同样地，大多数未开发地区的外国直接投资都流向与资源相关的行业。考虑到非洲相对来说地广人稀，资源的重要性几无悬念。换句话说，非洲在自然资源方面的比较优势很强，可以成为结构转型的一个重要驱动力。

　　而且，考虑到中国等新兴经济体对自然资源产品的需求依然很高，资源的价格居高不下，这就为非洲提供了好机会。面对未来的机遇，一大挑战是如何捕捉利用。下面，我们试图提供一个所需努力的路线图。起点是政策制定者和政治家认识到结构转型作为国家发展，乃至最终非洲社会发展主要驱动力的重要性。这种认识将引发他们的兴趣去分析结构转型的障碍，进而提出必要的政策和战略来解决问题。

　　应该采取一套政策加强初级产业部门，奠定结构转型的基础。特别是作为低技能劳动力最大雇主的农业部门,既是实现广泛基础结构转型的关键,也是包容性增长的驱动者。其实,其他地区的经验表明,这种转型是工业发展的先决条件[①]。他们的研究强调农业在几个方面引领结构转型的作用:一是为国内消费提供廉价食物,保障工业低成本劳动力的生存。二是提高农民的收入水平,以便他们消费这些工业产品;三是为工业和城市工作提供劳动力,并且为投资而积累储蓄。

鉴于大多数非洲国家资源丰富,政策的制定和实施必须确保资源开采与其他产业部门、特别是制造业紧密相联。采掘业不仅连接上下游产业,还能为国家创造丰裕收入,用以投资结构转型。不过要实现这一点,必须在收入调动和支出水平方面实施稳健的财政政策。特别要指出的是,对投资方实行过度的财政刺激,是适得其反的政策。同样,将收入用于消费,而不是投资于基础设施、教育和医疗领域,也会破坏结构转型。

近来,自然资源部门吸引了外国投资,带来过去稀缺的资本和技术。即便如此,还需要制定政策和战略确保投资按比例增加和技术的转移,以提高当地技术水平,引导投资逐步进入制造业,从而拓展本国经济的生产基础。然而,为了取得这些积极的成果,必须建立有利的经营环境。

四 结束语

本文认为,非洲国家过去15年所谓令人印象深刻的增长言过其实。非洲经济仍旧贫困,失业和贫富差距有增无减,制造业停滞和衰退。人们分析非洲社会经济发展时,似乎轻描淡写这一增长的悖论。然而,如果不解决这个问题,非洲很难、甚至不可能走上可持续和包容性增长的轨道,也很难快速赶上世界其他地区的发展。

产生这一悖论的原因,正是非洲发展没有进行结构转型。特别是,除非劳动力从生产率低的半自给农业流向生产率较高的制造或服务产业,否

---

① Johnston. B. F. and J. W. Mellor "The Role of Agriculture in Economic Development," *The American Economic Review*, Vol. 51/4, Pittsburgh, the American Economic Association, 1961, pp. 566 – 593. Henley, D. "The Agrarian Roots of Industrial Growth: Rural Development in Southeast Asia and Sub-Saharan Africa," *Development Policy Review*, Vol. 30, February, 2012, Issue Supplement, pp. 25 – 47.

则，农村和城镇整体生产力的提高、生活水平的改善和贫困的减少都不会实现。换言之，除非制造业驱动增长，相关悖论仍将持续。

非洲是一块自然资源丰富的大陆，并且大都尚未开发。就此而言，结构转型势必以这些初级资源作为基础和驱动。然而，为让这些资源在转型过程中发挥主要作用，必须制定和实施相应的政策和战略，以确保大幅提高农业部门的生产率；确保管理好开采资源并衔接好其他经济部门，筹措足够的资金用于结构转型。

（赵桂芝、舒展译，舒展校）
（责任编辑：胡美）

试论非洲新型工业化与产业聚集

梁益坚

【内容摘要】 虽然许多非洲国家进行了工业化和多样化的努力，但在多年努力之后，大多数非洲国家依然呈现以农产品为主或是以矿产品为主的单一经济结构。单一经济的发展模式使非洲国家深受其害。近年来，非洲经济获得了较快的增长，但从长期来看，非洲经济还没有走上良性的可持续发展之路，"去工业化现象"和"飞地效应"依然是非洲经济的重要特征。现阶段，非洲国家需要利用好比较优势和后发优势，走新型工业化的发展道路，在重点行业、重点领域内进行产业聚集，产生一批具有非洲特色的产业集群，靠集聚效应推进经济的较快增长，实现非洲新兴工业化与城市化齐头并进。

【关键词】 非洲；新型工业化；产业聚集

【作者简介】 梁益坚，博士，云南大学非洲研究中心副研究员，浙江师范大学非洲研究院非洲研究与中非合作协同创新中心兼职研究人员。（昆明，650091）

非洲的工业化之途艰难备至。大多数非洲国家在20世纪60年代获得政治独立之后，开始推进以"进口替代"为主的工业化政策。非洲国家希望通过实行"进口替代"政策来减少对发达国家的依赖，改变由单一初级产品出口所形成的脆弱经济结构，加速从农业经济向工业经济的转型，创造更多的就业岗位，实现经济的可持续增长。政府向相关产业提供大量的资金支持和政策保护，虽然不同非洲国家实施的政策有一定的差异,但一般都采取了以下经济政策:进口限制、关税壁垒、货币高估、利率补贴、外汇支持和国有控股等。[①] 这种在"进口替代"政策保护下的国有企业很少能形成真正的竞争力[②],通过对农业和出口商品征税补贴工业发展,又再进一步导致出口的减少和外汇的短缺。随着20世纪70年代石油危机和债务危机爆发,依靠政府支持的"进口替代"工业化政策在许多非洲国家均难以为继。20世纪80年代,非洲接受结构调整方案后纷纷实行自由化的经济政策,许多非洲国家放弃了产业政策和长期发展战略,部分国家出现了去工业化的现象[③]。

2000年以来,世界经济和地缘政治的变化正在极大限度地挑战和改变全球传统的权力结构。新兴经济体的崛起、资本的跨境流动和国际贸易的大幅增加、城市化的快速发展、大宗商品价格的上涨以及信息产业和电子商务的蓬勃发展等,为世界各国(特别是发展中国家)带来前所未有的发展机遇。在新的机遇面前,非洲需要思考如何制定更加适合本国比较优势的产业发展政策,实现经济结构的转型升级;如何能够通过跨越式的新型工业化发展,解决贫困、收入差距和青年人失业问题;如何能够利用好自身的资源禀赋,打造经济增长引擎,改善在世界经济中被边缘化的处境,增强抵御外部冲击的能力。在当前新的机遇面前,非洲国家需要抓住新兴经济体快速发展的机会尽快实现跨越式的新型工业化发展。

---

① Mkandawire T and Soludo C, *African Voices on Structural Adjustment: A Companion to Our Continent, Our Future*, Africa World Press, Inc. Trenton, 2003; Wangwe S and Semboja H, "Impact of structural adjustment on industrialization and technology in Africa", In Mkandawire T and Soludo C, eds. *African Voices on Structural Adjustment: A Companion to Our Continent, Our Future*, Africa World Press, Inc. Trenton, 2003.

② Wangwe S and Semboja H, "Impact of structural adjustment on industrialization and technology in Africa," in Mkandawire T and Soludo C, eds. *African Voices on Structural Adjustment: A Companion to Our Continent, Our Future*, Africa World Press, Inc. Trenton, 2003.

③ Soludo C, Ogbu O and Chang H, *The Politics of Trade and Industrial Policy in Africa*, Trenton, Africa World Press, 2004.

一 非洲工业化历程与"去工业化现象""飞地效应"

(一) 非洲早期的国有化政策既限制了工业发展,又制约了农业发展

20世纪60年代,非洲国家实行的工业发展政策主要可以分为三个阶段:进口替代阶段、结构调整阶段和减贫战略阶段。独立之后,为了改变原材料供应者的国际分工角色,许多非洲国家开始推行以"进口替代"为主的工业化经济政策,政府大力推进国有企业的发展,为这些国有企业提供了大量的人力、物力和财力,提供一系列的政策配套措施(关税壁垒、外汇限制等),并试图通过国有企业来解决劳动力就业问题,但是,这一阶段大多数国家缺乏企业管理经验和配套服务能力,多数企业竞争力缺乏,甚至成为国家的负担,许多非洲国家在70年代末出现了经济滞胀和债务危机。[1] 为帮助非洲国家应对正在发生的经济危机,国际货币基金组织(IMF)和世界银行在20世纪80年代实施了结构调整方案。它们坚持,政府的行政干预是低效的,市场配置则是市场活动中的有效因子,要求非洲国家撤回了对企业的扶持,完全实行自由化的经济政策,甚至在市场失灵的情况下政府也不进行必要的干预,许多非洲国家放弃了产业政策和长期发展战略,这在某种程度上又侵蚀了非洲国家的工业基础,导致大量国有企业倒闭,失业率飙升,使得部分非洲国家出现了去工业化的情况。[2] 在2000年以后,为了减轻巨额外债的偿债负担,非洲国家接受了发达国家提出的减贫战略文件,将资源从可以推动可持续发展的生产部门转移到基础教育和公共卫生领域。[3] 在长期缺乏产业政策的情况下,许多非洲国家要在现有的全球体系结构中实现产业价值链提升和可持续发展是非常困难的。

---

[1] Lall S. and Wangwe S., "Industrial Policy and Industrialisation in Sub-Saharan Africa," *Journal of African Economies*, No. 7, 1998, pp. 70 – 107.

[2] Sundaram J and von Arnim R, Economic liberalization and constraints to development in sub-Saharan Africa, DESA Working Paper, No. 67, 2008; Mkandawire T, "Maladjusted African economies and globalization," *Africa Development*, Vol. 30, No. 1, 2005, pp. 1 – 33.

[3] Soludo C, Ogbu O and Chang H, *The Politics of Trade and Industrial Policy in Africa*, Trenton, Africa World Press, 2004.

让世界银行和国际货币基金组织意想不到的是，自上而下的国有化改革反而制约了许多非洲国家工业化进程。许多非洲国家在独立初期积极推动国有化，希望通过政府的力量尽快完成工业化来实现经济的快速增长，一些国家在条件不允许的情况下盲目推进、贪大求全，片面强调国民生产总值的增长，但贫困人口并未从中获益。非洲许多国家为了自上而下的推动工业化进程，一方面通过农业资金反哺工业，导致农业发展长期资金投入不足，农业生产长期停滞，其结果加剧了农村的贫困状况，农民购买力下降，加剧了粮食的严重供给不足；另一方面通过举债来发展工业，因为这些项目的失败使非洲国家陷入了外债缠身的噩梦，并形成了20世纪80年代的债务危机。在这一发展过程中，非洲不应以牺牲农业为代价来发展工业，而应积极利用工业与农业部门之间的潜在互补性，实现工业与农业发展的紧密联系和相互促进。

与此同时，国有化政策在一定程度上又制约了非洲国家的农业生产，它甚至被认为是造成独立以来非洲农业发展缓慢的一个根本性原因。非洲国家通过压低农产品的价格来为国民经济的其他部门提供资金。例如，以远远低于国际价格的标准从农民手里收购农产品，从中赚取"剪刀差"，并利用这一差价来发展工矿业和其他公共部门。同时，以这种手段为城市提供廉价的食物，努力维护城市的基本稳定等。随后，通过高估汇率、构筑贸易壁垒、高关税等手段来实施"进口替代"的经济政策，将生产的工业产品以高于国际市场的价格卖给农民。另外，臃肿的政府机构和公共部门的经费开支也在进一步加重农业的负担，抑制农业的发展，也使得工业化停滞不前，整个国家的经济陷入畸形发展的泥潭。

（二）非洲产业结构情况

虽然非洲国家也进行了工业化和多样化的努力，但在多年努力之后，大多数非洲国家依然是以农产品为主或是以矿产品为主的单一经济结构。单一经济的发展模式使非洲国家深受其害：几种出口农矿产品的畸形发展，一方面加深了非洲国家对世界市场的依赖，经济脆弱程度增加；另一方面，无法较好地发展制造业，扩展效应有限，经济长期处于落后状态。

非洲国家的产业结构明显的特征是农业所占的比重较高，而制造业和服务业所占的比重低于世界平均水平。这与非洲经济的发展历程有一定的关系，非洲国家独立后，其经济发展思路是：忽视农业，重视工矿业。许多非洲国家将大量的资金投向工矿业,农业在很长一段时间内只占到投资比例的10%左右。但非洲农村人口占到总人口的60%—70%,这使得农业占国内生产总值的比重远远高于世界平均水平。一般来说,农业部门占国内生产总值的比重越大,说明它的经济结构转型越缓慢,它的人均收入可能就越低。因此,只需要看一看非洲农业在国内生产总值中所占的比重,就能大概了解非洲经济结构转型的情况和人均收入的情况。与此同时,非洲国家重视工业的发展,但主要集中于采掘业,制造业一直处于较低的发展阶段。从表1中经济活动人口的职业结构可以看出,非洲大部分的劳动人口集中在第一产业,从事第二、第三产业的比重很小。非洲产业结构的主体是农业和采掘业,制造业和服务业发展缓慢、整体薄弱,经济结构较为单一。这种相对畸形的产业结构影响了非洲经济的较快发展。

表1　　　　　　　撒哈拉以南非洲与世界产业结构对比　　（单位:百分比）

	农业			工业			制造业			服务业		
年份	2003	2010	2012	2003	2010	2012	2003	2010	2012	2003	2010	2012
世界	3.74	3.04	3.09	27.9	27	2.69	17.4	16.1	16.1	68.4	70	70
撒哈拉以南非洲	19.1	15.2	14.8	30.5	28.3	28.5	13	11.2	10.8	50.3	56.1	56.2

资料来源:世界银行,2015年世界发展指标数据库。

虽然过去十几年来非洲经济获得了较快的增长,非洲的整体状况也在不断好转,21世纪被认为是非洲国家实现经济腾飞的关键时期,从长期来看,非洲的产业结构的变动将逐渐实现均衡发展,但从短期来看,非洲的产业结构调整的过程还将经历较长的一个发展阶段。

第一产业在国民经济中的比重将缓慢下降。随着非洲国家进行的农业改革和非洲服务业的快速上升,农业在国民经济中的比重不断下降。撒哈拉以南非洲地区的农业占国内生产总值的比例从2003年的19.1%下降到2010年15.2%和2012年14.8%,从纵向来看虽然出现了较大的降幅,但与世界平均水平的3.09%还有很大的差距,要全面提升非洲农业发展水平还需要较长的一段时间。

第二产业在国民经济中的比重在短期内难有提升,采掘业是主体,制造业是未来发展的重点,非洲产品的技术含量在不断上升,虽然劳动力密集型产业的发展有所下降，但未来发展潜力很大。非洲第二产业的内容，采掘业产值依然占工业产值的绝大部分，制造业有望成为最具活力和潜力的部门。但目前的情况并不乐观，非洲的制造业在全球制造业的份额在1991年为0.95%、2000年为0.75%、2005年为0.97%、2010年为1.18%、2012年为1.22%。[①] 非洲制造业在全球制造业的生产和贸易所占的比例虽然有所上浮，但依然太低，处于边缘的位置。近年来，非洲制造业的技术水平有所上升，技术含量较高的产品在非洲制造业附加值中的比例从2000年的25%上升到2010年的30%，技术含量较高的产品的出口份额也从2000年23%上升到2010年的33%。这表明技术在非洲制造业附加值增长中发挥越来越重要的作用，随着技术的外溢效应，技术将推动相关产业的进一步发展。而传统的资源产业和劳动力密集的低技术产业将面临越来越激烈的竞争。作为拥有劳动力优势的大多数非洲国家，正处于工业化的早期阶段，本期望通过劳动力密集型低技术产业来积累资金和技术，在产业发展的初级阶段实现较快的发展，但是目前非洲主要的三个劳动力密集型低技术产业是金属制品、纺织和服装。非洲在劳动力密集型低技术产业拥有巨大的国内市场，有很大的发展空间，是未来非洲制造业发展的重点领域。随着非洲中高端技术产业的进一步发展，非洲的产业链将逐步完善，并带动产业结构的转型。但目前非洲第二产业产值的主体依然是资源型产业。

第三产业在国民经济中的比重将进一步加大。非洲的服务业占国民生产总值的比重从2003年的50.3%上升到2012年的56.2%，虽然离2012年世界平均水平70%还有一定的差距，但是快速发展的非洲服务业，特别是电子通信服务业，为其他产业的发展提供了便捷的服务。非洲大陆也在积极推动"信息高速公路"的建设，大多数非洲国家已经覆盖了基本的移动通信和网络通信。近年来，非洲的旅游业也获得了较大的发展，虽然2008年国际金融危机以来欧美的游客有所减少，但亚洲国家的游客明显增加。

（三）非洲各国制造业情况和"去工业化现象"

虽然非洲的制造业整体水平不高，但非洲各国的情况有一定的差别。

---

① 资料来源：世界银行，2015年世界发展指标数据库。

根据世界银行发布的制造业增加值（manufacturing value added，MVA）的相关数据，只有 10 个非洲国家具有较好的制造业基础，其中有塞舌尔、突尼斯、埃及和纳米比亚 4 个国家近年的人均年制造业增加百分比超过 2.5%。而 70% 的非洲国家（36 个国家）的制造业发展较为缓慢。根据制造业增加值的相关数据，可以将非洲国家分成五类：

第一类：先驱型。这类国家在经历长期持续的经济增长之后，制造业获得了较好的发展，人均年制造业增加值超过 2.5%。埃及、纳米比亚、塞舌尔、突尼斯 4 国是非洲制造业发展较好的国家。第二类：成就型。这类国家也取得了较好的发展，但人均年制造业增加值低于 2.5%。20 世纪 90 年代南非大约占非洲制造业产值的 1/3，但近 20 年南非的制造业发展较为缓慢，1990—2010 年南非人均年制造业增加值仅为 0.26%，整体工业增长显著下降。斯威士兰约为 1.9%，摩洛哥和加蓬分别为 1.6% 和 1%。毛里求斯已经在化工、机械、医疗、精密和光学仪器等制造业上取得了一些发展，并在一定程度上减少对纺织服装等技术含量低的行业的依赖。第三类：追赶型。这类国家具有较好的发展前景，经过一段时间的发展能获得较好的发展。安哥拉和苏丹依靠丰富的石油资源，在制造业上也取得了一定的成绩。莫桑比克和乌干达虽然人均制造业增加值不高，但增速较快。莱索托依靠劳动力密集型、低技术产业，近年来的发展也较为稳定。追赶型国家的人均制造业增速高于非洲国家的平均水平。尽管取得了较好的增长表现，但追赶型国家的人均制造业产值低于 100 美元，这意味着这些国家还需要一段时间才能形成一个强大的制造业。第四类：落后型。这类国家的工业化水平较低，缺乏必要的工业增速。大多数的非洲国家属于这一类别，人均年制造业产值较低、人均年制造业增速低于 2.5%。这类国家大多数是依靠农矿初级产品的出口，缺乏深加工的制造业。坦桑尼亚和尼日利亚则积极发展技术密集型产业，并在化工、电气机械和汽车等行业取得了一定的成绩。第五类：最不发达型。这类国家的人均制造业产值低于 20 美元，大多数被列为最不发达国家（LDCs）的国家。此类国家包括刚果（金）、卢旺达、布隆迪、马里、塞拉利昂、利比里亚、尼日尔、几内亚、几内亚比绍、吉布提和埃塞俄比亚等。这些国家在全球化中面临被进一步边缘化的风险。

图 1　非洲各国制造业情况

资料来源：UNIDO，UNCTAD，*Economic Development in Africa 2011*，UNITED NATIONS PUBLICATION，p. 47.

"去工业化现象"是 20 世纪 80 年代以来非洲工业的一个明显特征。非洲制造业对国内生产总值的贡献率在 1990 年达到峰值之后就一直在下降。1975 年非洲制造业占国内生产总值比例为 17.6%，此后不断下降，制造业占国内生产总值比例在 1990 年为 15.4%、2000 年为 13%、2010 年为 11.2%、2013 降至 10.9%。有趣的是，自 1990 年以来全非洲的制造业占国内生产总值比例都在下降，东非的比例从 1990 年的 13.4% 下降到 2008 年的 9.7%，西非的比例从 13.1% 下降到 5%，南非的比例从 22.9% 下降至 18.2%，北非的比例从 13.4% 下降到 10.7%。非洲在全球制造业中所占的比例很低，非洲继续在全球制造业贸易中被边缘化。非洲占全球制造业的比例一直都不高，从 2000 年的 0.75% 到 2012 年的 1.22%，而亚洲的发展中国家制造业占全球的比例则从 2000 年的 13% 增长到 2008 年的 25%。非洲占全球制造业出口的比例从 2000 年 1% 增长到 2008 年 1.3%。非洲制造业的滞后既有"进口替代"等经济政策失误因素的影响，也有基础设施差、人力资本不足、市场规模小等结构性因素的制约。

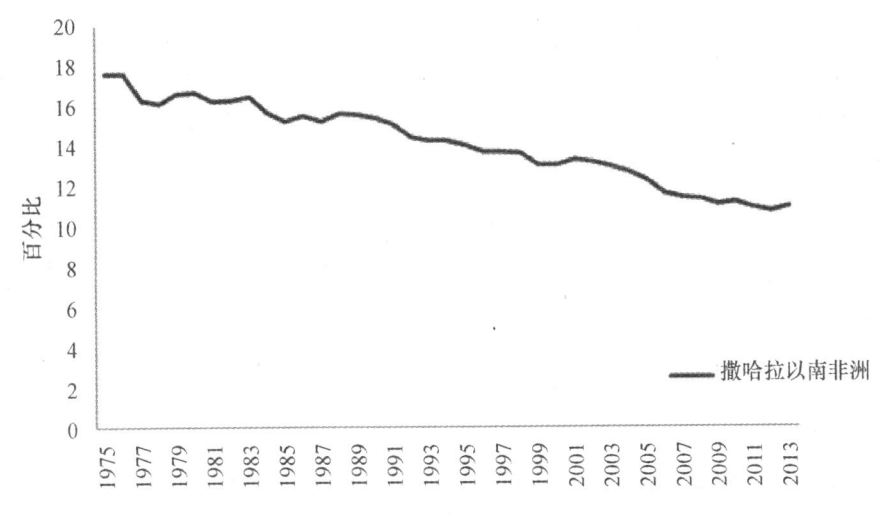

图 2　1975—2013 年撒哈拉以南非洲制造业占国内生产总值比例图

资料来源：世界银行，2015 年世界发展指标数据库。

（四）"飞地效应"与产业链缺失

"飞地效应"也普遍存在于一些非洲国家的产业发展中。许多非洲国家的初级产品出口部门蓬勃兴旺，却没能实现发展。也就是说，少数产业的"飞地效应"，无法带动其他行业的发展，这是非洲经济发展中的一个困境。[1]

非洲的能源矿产业、经济作物种植业等初级产品生产部门，对于许多

---

[1]　[美] 吉利斯、波金斯、罗默、斯诺德格拉斯：《发展经济学》（第四版），中国人民大学出版社 1998 年版，第 456 页。

非洲国家来说是一块"飞地"。这些广泛存在于非洲的"飞地"仅仅只是向世界市场提供原材料，而深加工产业和消费市场都不在非洲，使得繁荣的能源矿产部门对其他行业缺乏带动作用，无法刺激农业和其他产业的发展。而且能源矿产业属于资本密集型产业，而非劳动密集型行业，对劳动就业的吸纳量有限。虽说能源矿产业也修建了一些基础设施，但是这些基础设施远离人口密集区域，对其他产业的促进作用也非常有限。尼日利亚的石油产业就是一个明显的例子，作为非洲石油资源最丰富的国家，尼日利亚同时也是世界上汽油最短缺的国家，必要产业链的匮乏让尼日利亚在过去数十年里只能大量出口原油，而无法通过修建本国的炼油厂来形成完整的石油产业。非洲的初级产品生产部门很少产生后向联系和消费联系，缺乏对原材料的深加工，不能很好地将其原材料与最终消费品联系起来。

部分发展中国家通过制定一些税收措施和政策来限制初级产品的直接出口，鼓励在国内进行初加工和深加工，提升初级产品的附加值，带动相关产业的发展，解决劳动力就业问题。比如，一些矿产、木材出口国，都在尝试以加工后的产品替代原材料出口，同时将一部分产品用于国内相关产业的深加工，带动一个产业链的兴起。出口税和出口限制可以降低初级产品在国内市场上的价格，为相关加工产业提供一个更大的利润空间，也能通过国家的规定来改善相关工人的待遇。现在，加蓬、喀麦隆、冈比亚等一些非洲国家已经禁止原木直接出口，鼓励外国直接投资在非洲建立深加工工厂，鼓励胶合板和家具业，带动相关行业的发展。这种以资源为基础的农业现代化和工业化战略，在推进农业发展、扩大工业基础、增加自然资源的收益上，从一些发展中国家的经验来看，是较为成功的。

目前，非洲工业化发展所处的困境是：一方面，在缺乏资金、技术的情况下，要获得经济增长只能依赖自然资源；另一方面，边际效应递减使得自然资源对经济的促进作用递减，要获得同等的经济增长水平，将会加剧生态环境的进一步恶化。这种单纯依靠自然资源的增长方式是难以为继的，它们的生存依赖于身边的自然环境，但同时它们也是自然环境退化和破坏首当其冲的受害者。所以，要实现非洲的可持续发展，必须突破这种"环境——贫困恶性循环"，发挥非洲现有的比较优势，积极利用非洲的后发优势，实现非洲国家比较优势的动态升级，不再仅仅局限于初级产品的供应，而是创建全方位、高水平、高附加值的全新的比较优势，改变非洲在国际分工中的不利地位，实现非洲经济的可持续发展。

二 非洲新型工业化与产业聚集

（一）非洲需要新型工业化

20世纪80年代后期之后，非洲的工业部门既没有富有意义的增长，也没有有效的结构转变。简言之，非洲制造业部门对非洲可持续发展的贡献很小。非洲国家的经济增长依然高度依赖自然资源开发，事实上已经成为非洲经济的一种增长模式和产业框架。而在亚洲和拉丁美洲，制造业被看作快速增长的发展中国家优先发展的部门。随着全球化新阶段的到来，非洲受到的冲击更大，国际市场上几乎没有非洲的工业制成品。更糟糕的是，随着国际分工和自由贸易体系的形成，现有的制造产业正越来越多地跨越国家的界限，形成跨国的产业链，由于非洲国家没有能力通过其他自由贸易机制与来自其他国家的工业产品竞争，因此非洲国家的社会经济发展受到了严重的制约。非洲工业增长速度的显著减退，工业化的降低反映了一种变化的结构关系。这种依赖自然资源的经济增长模式，会形成产业发展惯性，进而阻碍产业结构的升级和发展。大量自然资源的出口，会使汇率估值过高，这反过来又会削弱本国制造业在世界市场的竞争力，削弱这个国家的后续发展能力。开掘业的过量投资，会削弱制造业的投资。相对于自然资源开采业来说，制造业投入较大、周期较长，但制造业可提供更大的外部性增长，提高本国的学习能力，为可持续发展打下基础。现在跨入新兴经济体行列的国家，无一不受益于大规模工业化的进程。因此，非洲要想实现可持续发展，必须走新型工业化之路，非洲也具有实现新型工业化的诸多优势。

新型工业化是非洲国家的重要发展方向。因为非洲的产业结构调整一直较为滞后，农业在许多非洲国家的国内生产总值中所占比例过高，2014年农业占国内生产总值比例超过30%的非洲国家有14个，超过20%的非洲国家有27个，而世界的平均水平为3.1%。非洲的工业比例虽然高于世界平均水平，但大部分都是以采掘业为主，制造业明显滞后，制造业高于世界平均水平的非洲国家只有5个。大规模依赖出口石油、天然气、磷酸盐、铀、铁、钻石等资源的资本密集型产业，缺乏相关产业链的深加工，也没能培养起劳动力密集型的产业，面对每年2000万新增劳动力大军的就业问题束手无策。这说明长期的经济发展没有让非洲国家摆脱单一产业为主的经济结构，依然严重依赖农业和采掘业，以原始农业和能源、矿产资源开采为主。单一的产业结构极易受到外部环境的影响，一旦国家大宗商品市场出现价格变动，非洲国家的经济发展将受到严重冲击。

非洲新型工业化的关键在于利用好非洲的比较优势和后发优势，形成非洲国家的国际竞争力。在经济全球化、信息化的背景下，在一个日益自由、开放、竞争的全球经济中，发展中国家要顺利实现工业化、现代化，关键在于要在一些领域形成比发达国家更强的国际竞争力。只有充分发挥出非洲国家的比较优势和后发优势，走新型工业化道路，才能够解决好非洲的工业发展问题，提升非洲国家的工业化水平。新型工业化的发展，有助于推动非洲国家转变经济增长方式，尽快结束依靠初级产品出口来获得经济增长的发展阶段，加强对初级产品的深加工，减少对外依赖度，增强经济快速增长的内在驱动力，摆脱非洲经济增长在很大程度上受国际原材料价格影响的经济格局。通过发挥比较优势，非洲将在特定区域内形成产业聚集，依靠集聚效应推进经济的较快增长，实现非洲新兴工业化与城市化齐头并进。

具体来讲，非洲新型工业化就是要发挥比较优势和后发优势。比较优势在本质上是着眼于在国际经济分工中找到自己的位置，建立起与自己资源匹配的有竞争优势的产业。而后发优势战略的着眼点则在于引进学习中不断模仿和创新，后来居上。非洲国家的基本发展思路是按照比较优势原则，建立和巩固一批优势产业，形成特色经济，同时利用后发优势，缩短在技术、物质资本、人力资本和市场制度等方面与先发国家或地区的差距。发挥后发优势，一方面可以一定程度上缓解比较优势战略实施的约束条件，另一方面也能先导性地建立一些具有长远利益的新产业，以后发优势带动比较优势，超脱传统比较优势的束缚，形成动态的比较优势，使产业结构既具有自己特色，又可获得不断地向上升级的空间。这样才能缩短与发达国家或地区的差距，达到后来居上的战略预期。

（二）产业聚集是实现非洲新型工业化的重要路径

实现产业聚集是非洲国家充分发挥比较优势和后发优势的重要路径。

由于非洲大多数国家都是小规模经济体,实现产业聚集能够充分发挥非洲的比较优势在特定区域内进行产业聚集。这种聚集是以专业化分工和协作为基础,相同产业或同一产业链的企业通过地理位置上的集中或靠近,形成上、中、下游结构完整、外围支持产业体系健全、具有灵活机动等特性的有机体。世界上产业聚集较为密集的地区往往就是经济富有活力的地区。学者们通过研究普遍认为,产业聚集能够通过获得空间集聚效应和分工协作能力,降低生产成本,产生较强的竞争优势。[1]

非洲需要通过产业聚集来实现出口形式的提升。发展中国家在国际分工中主要包括五种出口形式:初级商品出口、出口加工装配、零部件供应转包、原始设备生产和原始商标制造。从20世纪60—90年代中期,东亚新兴工业国在这五种出口形式方面都有参与,并有向后三种出口形式集中的趋势;东南亚、南亚和拉丁美洲的大多数国家则主要表现在前三种上,表现为初级商品和工业制成品的混合出口结构;而撒哈拉以南非洲地区主要集中在前两种出口形式上,依赖初级产品和原材料出口。[2] 虽然发展中国家都努力推动出口形式的提升,实现由初级产品向工业制成品的结构转化,但除了东亚部分国家之外,其他大部分发展中国家仍然难以真正实现出口形式的升级。

对于非洲国家来说,产业聚集能明显带来以下几个方面的好处:第一,可以推动实现"内生式"经济增长。非洲国家在推动经济发展的过程中,不仅要通过不断改善基础设施条件来吸引外国直接投资,更为重要的是积极培育区域经济内部的力量来实现"内生式"经济增长。第二,有利于促进非洲产业结构优化。非洲现有的资源型产业结构在某种程度上制约了新的产业结构升级和优化。部分非洲国家已经形成的资源开发型产业结构造就的产业模式,形成了产业发展的惯性。在此基础上进行升级,会面临由现有产业结构所带来的限制和阻碍。第三,能够推动非洲城市化进程,增加城市就业人口比例,加快劳动力的聚集和人力资本积累,实现

---

[1] 学者们对产业集群的产生、原因、竞争优势、成长过程做了大量的理论研究。马歇尔(1890)认为产业集聚的产生是企业追求外部规模经济的结果;韦伯(1909)认为聚集能够有效降低运输成本和劳动力成本,使企业获得收益;以克鲁格曼为代表的新经济地理学者认为,聚集受到规模收益递增、运输成本和要素流动等因素影响。

[2] [英]芭芭拉·思多林斯主编:《论全球化的区域效应》,重庆出版社2002年版,第122—123页。

技术外溢和创新，推动相关产业发展。产业集群能够为城市化进程的推进提供产业基础，城市化建设又能为产业集群的进一步发展提供了劳动力、基础设施等方面的保障。第四，可以创造更多的就业岗位。非洲国家政府面临的一个主要难题就是如何创造更多的就业岗位，非洲人口增长率居高不下，每年都有上千万的年轻人进入劳动力市场。第五，可以进一步推动非洲国家工业园区的建设。近年来，许多非洲国家都先后建立了工业发展园区。新型工业化建设避免由于企业恶性竞争和园区后期优惠政策减少导致工业园区难以为继现象的发生，使区域内产业集群在分工协作的基础上产生规模经济，形成核心竞争力。

（三）非洲进行产业聚集的优势和不足

非洲还是一个尚未完全开发的地区，在推动产业聚集建设上具有广阔的潜力和空间。由于非洲辽阔的土地面积、丰富的自然资源和10亿人口的巨大市场，非洲存在着未被开发出来的、可以进行产业聚集建设的巨大潜力。这主要表现在三个方面：第一，资源禀赋优势。包括非洲的矿产资源、农业资源、劳动力资源、土地资源以及旅游资源，等等。第二，后发优势。非洲国家推动产业集群建设可以借鉴发达国家的经验教训，避免或少走弯路，通过引进吸收先进国家的技术、设备和资金，在较高的起点上推动工业化进程，缩短初级工业化的时间。第三，承接产业转移优势。产业转移是经济发展的必然规律。随着新兴经济体劳动力成本的提高，一些劳动密集型和资源密集型产业主动开始向外围地区转移。通过承接产业转移，吸收和培育资金、人力资本、技术等增长要素，努力增强自主创新能力，培育和发展能够发展自身优势的产业集群，并辐射到相关产业和周边区域，全面推动经济发展。

目前，非洲产业集群发展中存在的主要障碍有：第一，产业链缺失，基础配套能力较弱。与发达国家或者新兴经济体的成熟产业集群相比，非洲发展产业集群缺乏较为完善的产业链，许多企业进行独立的采购、生产、销售，彼此之间缺少有效的协作，基础配套能力较弱，不利于生产和交易成本的降低，难以发挥共享购销网络的规模经济效益，企业间的分工协同深度还有待加强。第二，资金缺乏，企业规模较小、产值低。资金缺乏是非洲企业普遍存在的问题，而且绝大多数非洲本土企业规模都比较小，许多还是作坊式生产，产量不高，导致其在区域行业内竞争力较弱，无力与大品牌、大企业争夺市场份额，在当地销售都存在一些困难，更难以向周边国家和地区扩展市场。第三，缺乏先进生产技术，缺少知名品牌。产业集群的发展需要有龙头企业以先进的生产技术进行规模生产，目前非洲企业大多缺乏先进的生产技术，受到规模的限制，也缺少知名品牌，难以生产具有较高附加值的产品。第四，企业生产设备较为落后，难以体现后发优势。非洲许多企业的生产设备都是西方国家淘汰的产品，设备老化、技术落后现象较为严重，落后地区的后发优势未能充分发挥。

（四）如何推进非洲产业集群

非洲很多地方都具有建设产业集群的条件，这需要非洲政府充分认识到产业集群对充分发挥非洲比较优势的重要意义，加强产业集聚的专业化分工、中介组织建设、外部环境的培育，需要制定长远规划和措施，进而产生一批具有非洲特色的产业集群。

非洲的产业聚集要与非洲的地理环境相结合。目前，非洲国家的产业结构有明显的地理空间分布特点。航运交通便利的北非地中海沿岸、西非的国家以工业为主，例如几内亚、尼日利亚、安哥拉、加蓬、阿尔及利亚、利比亚等国；河网密集、水资源丰富的非洲中部的国家以农业为主，例如乍得、中非、刚果（金）等国；非洲南部国家以服务业和工业为主，例如南非、摩洛哥、莫桑比克、纳米比亚等国；沿海的非洲国家，特别是北非地中海沿岸、西非的国家拥有较好的工业基础，对外航运较为方便，矿产资源开采水平较高，工业及制造业等有一定的基础，在产业聚集上具有明显的发展优势；而内陆的非洲国家以农业生产为主导，应积极推动绿色规模农业的发展，推动产业结构的升级转型。

作为欠发达地区，非洲要推动产业聚集，未来需要从以下三个方面加强建设：

1. 依托现有的比较优势和资源优势，集中力量在相关产业实现聚集

对于非洲地区来说，在缺乏必要的基础设施、高素质人才和资金来源的情况下，大量的小微企业要充分利用丰富的农产品资源和劳动力资源，推动与农业相关的小微企业形成以劳动密集型、低技术的产业集群，通过增加技术引进和人力资本培育实现对传统产业的技术升级，增加产品的附加值，延伸产品的产业链，提高生产效率和经济效益。同时，还可以在农村地区用集群的方式来对自然资源和农业资源进行规模开发和传统工艺的

产业化生产，降低生产成本，减少对环境的破坏。当产业聚集形成一定规模之后，就会对其他生产要素产生一种集中效应，实现资金和劳动力的集中，吸引更多的企业向产业聚集区集中，使产业得到延伸，经验范围得到扩大，进而实现自我完善、自我组织和自我转型。学者对肯尼亚、加纳和南非的六个产业集群的考察也发现，非洲的产业集群也是基于当地的优势条件形成的，在内部结构和产业化水平上都存在着很大的差异。[①] 既有捕鱼业的产业聚集，也有汽车零部件和电脑等高科技产业的聚集。[②]

在北非和西非一些具备一定制造业基础的国家，有可能在进行适当培育之后形成产业集群，国家要积极促进相关企业实现产业聚集。通过各种优惠政策来促进现有产业实现集聚，还要努力在产业聚集园区推动新生企业的诞生，吸引更多优秀的人才来园区创业，并逐渐成长成为企业家，使产业聚集区具有朝气蓬勃的活力。政府要积极加大基础设施和公共服务设施的投入，创造良好的制度环境，提供金融服务和财税优惠，不仅吸引本国的企业，也吸引外资企业参与到产业聚集园区，促进本国企业的快速成长。

在中部非洲地区的传统农业国家要积极推动农业的集约化、规模化生产。通过集约化、规模化的生产增加农业的生产效率和农作物的产量，降低对环境的破坏，防止土地荒漠化。政府需要在这一过程中发挥积极的作用推动农业的集约化、规模化生产，加强农业部门的科技研发和创新，引进和推广新的农业生产技术和经验，结合当地地理特点选择适当的农作物物种，并加强管理和投入，建立和完善农业基础设施，改善交通状况，为农民提供小额信贷和农业技术的培训（特别是加强对农村妇女的技术培训），建立适当的经济补贴和奖励，完善和规范相关的法律法规。[③] 埃塞俄比亚的花卉种植业就是一个较好的集约化、规模化发展的例子。在埃塞俄比亚政府的支持下，花卉业已成长成为具有全球竞争力的产业，目前已拥有100多个大型花卉农场，雇员达8.5万名，约85%为女性，年创汇2

---

① D. McCormick, "African Enterprise Clusters and Industrialization: Theory and Reality", *World Development*, 1999, Vol. 27, No. 9, pp. 1531 – 1551.

② Zeng D Z. ed, *Knowledge, Technology, and Cluster-Based Growth in Africa*, International Bank for Reconstruction and Development, World Bank, Washington, D. C, 2008, pp. 1 – 12.

③ Pretty J. Toulmin C and Williams S, Sustainable intensification in African agriculture, *International Journal of Agricultural Sustainability*, Vol. 9, No. 1, 2011.

亿美元。这得益于政府的强力支持、低廉的劳动力成本、广泛的花卉种植者和贴近消费市场等因素的优势,使得埃塞俄比亚如今成为非洲新鲜农产品出口的重要国家。①

2. 依靠产业聚集来打造联系非洲小微企业的产业链和贸易协作网络

小微企业是非洲制造业的主体,规模较小、孤立无援是小微企业的主要特征。目前,导致非洲地区小微企业之间分工协作的程度不高的原因包括产业整体环境较差、产业之间联系少、企业之间缺乏沟通、彼此信任度较低等,这明显增加了交易成本和不确定性。通过产业聚集的方式能够推动小微企业实现分工协作,构筑产业链和贸易协作网络,增加企业的活力,避免出现由于"技术锁定"等因素导致企业发展停滞不前的问题。其他国家的例子和经验已经表明,产业聚集能够给小微企业带来巨大的发展优势,促进企业之间实现合理分工,提升生产效率,减低产品成本。对于推动非洲小微企业进行分工协作,可以作以下几个方面的努力:第一,建立民间的行业协会,通过行业协会将小微企业联系起来,实现内部协调、沟通和解决问题,为产业的发展作出全局性的努力,实现技术共享。第二,完善基础服务设施,通过完善公共产品来减低小微企业的运营成本,增加企业的竞争力。第三,构筑产业链和协作网络,通过加强小微企业之间以及小微企业与外界企业的联系,构筑和完善产业聚集的产业链,延伸产业的上下游产业,建立分工细化的企业协作网络。第四,形成诚信经营的商业环境,通过在企业之间形成诚信经营、相互信任的商业环境,加强产业之间的联系,夯实分工协作的产业基础,降低企业经营的成本,提高企业协作的效率。

3. 依托后发优势,推动产业聚集内部的技术创新,实现跨越式发展

作为欠发达地区,非洲在产业发展与技术引进方面具有明显的后发优势,可以努力实现跨越式发展。但是在这一过程中也要防止"技术锁定"效应的出现,通过多种渠道来加强产业集群内企业与集群外企业的联系,促进产业集群企业积极探索技术创新和提升管理水平。在以资源为基础的产业聚集中,尤其要注意新技术的吸收和创新,防止在资源衰竭的时候出现产业难以为继的局面。"技术锁定"效应在非洲的产业集群发展一段时

---

① Sutton J and Kellow N, *An Enterprise Map of Ethiopia*, International Growth Centre, London, 2010, pp. 15 – 32.

候之后会成为一个主要的问题,企业往往不愿意放弃现存的生产技术,不愿进行产业的升级换代,也就是对技术创新产生了"惰性",这不利于产业集群的整体提升和产业链的升级,将会使得产业集群的发展失去活力和竞争力。创新是产业聚集发展的关键,虽然非洲有后发优势,但如果不积极吸收新技术实现技术创新,一段时间之后就会出现"技术锁定"效应。

对于非洲目前的产业状况来说,培育产业聚集、扩大企业规模无疑是一种有效的产业优化发展方式。非洲的制造业大多是规模较小的小微企业,产品技术含量低,产量有限,企业之间的联系较弱,难以形成规模经济,需要从横向和纵向两个方面扩大小微企业的经营规模、延伸企业的产品链,实现企业之间分工协作,降低生产成本。小微企业的聚集要防止由于过度竞争所导致的"柠檬市场",因为小微企业的聚集会加剧企业之间的无序竞争、盲目模仿,过度竞争会使企业竞相降低产品的质量来获得市场份额,类似的无序竞争会毁掉整个产业发展。所以,政府要发挥积极的作用,维护市场的竞争秩序,制定行业标准,加强质量监督,通过成立行业协会来加强企业之间的分工协作,提高整个产业集群的产品质量。

非洲国家需要因地制宜地发展符合本地情况、具有比较优势的产业,政府又针对性地推进实现产业聚集,进行更有效地聚集资本和人力资本,并以资本和人力资本的聚集为契机,进一步提升产业的聚集水平,通过技术引进和创新来保持产业聚集的健康可持续发展。

与此同时,也应该认识到,工业化并非非洲发展的最终目标,也不是治疗不发达的灵丹妙药,但它对于非洲现阶段的发展有重要的推动作用。一方面,工业化能够带来较高的生产率,提高产品的质量,降低产品的单位成本,让人民获得更丰富的产品和更丰厚的收入;另一方面,工业化能够为"出口导向"的产业发展提供更高的产品附加值和更强的市场竞争力,这是传统行业难以做到的。但在这一过程中,切忌为了工业化而工业化,非洲新型工业化的推进应该是在重点行业、重点领域和充分发挥现有比较优势和后发优势的基础上开展。

(责任编辑:胡美)

瘟疫的创痛：评析埃博拉对西非三国经济社会的影响

唐溪源　唐晓阳

【内容摘要】席卷几内亚、利比里亚、塞拉利昂的埃博拉疫情至今已持续一年有余，造成了大量人员感染与死亡，三国社会经济遭受沉重打击。如今，疫情的防控已呈现良好态势，西非三国有望于2015年内送走埃博拉。本文将从经济、社会、国内政治、国际关系四个方面入手，全面评估埃博拉对西非三国的影响，并展望三国在"后埃博拉"时代的发展。

【关键词】埃博拉；几内亚；利比里亚；塞拉利昂；影响

【作者简介】唐溪源，清华大学发展中国家项目博士研究生；唐晓阳，清华大学国际关系学系副教授。

盖凯杜（Guéckédou），一个名不见经传的几内亚小城，位于几内亚、利比里亚、塞拉利昂三国交界的森林之中。自从2013年12月第一起埃博拉病例在此被发现以来，一场席卷三国的埃博拉疫情由此开始。

这场自埃博拉病毒被发现以来最严重的一次，如今爆发已持续一年有余，西非三国付出了沉重的代价。根据世界卫生组织（WHO）的报告，截至2015年5月24日，西非三国已累计发现27 013例埃博拉确诊与疑似病例，其中几内亚3 641例，利比里亚10 666例，塞拉利昂12 706例；造成死亡11 134例，其中几内亚2 420例，利比里亚4 806例，塞拉利昂

3 908 例①。在造成大量直接感染者的同时,埃博拉疫情还引发了广泛的恐惧情绪,进而引发一系列连锁反应,使三国的社会生活秩序受到严重影响,经济蒙受沉重打击,并在政治、外交与国家安全领域产生深远影响。

值得庆幸的是,进入 2015 年以来,在几内亚、利比里亚、塞拉利昂境内每周新增的确诊病例以及死亡的病人数量都出现了明显的下降,其中利比里亚的防控形势最令人欣慰,该国自新年以来每周确诊人数始终在 20 例以下,3 月以来更是出现了数周零确诊的情况②。利比里亚发现的最后一名埃博拉患者于 3 月 20 日出现症状,3 月 27 日死亡,3 月 28 日被埋葬。自这名患者被埋葬后的 42 天之内该国未出现新增的埃博拉病例,达到世界卫生组织解除疫情的标准。5 月 9 日,世界卫生组织发布公报,宣布利比里亚埃博拉疫情结束,西非三国抗击埃博拉疫情的斗争取得阶段性胜利。几内亚、塞拉利昂两国也呈乐观态势,最新的数据显示,在五月的第三周内,两国总计新增确诊病例仅为 12 人,这与 2015 年年初时动辄突破 200 例的每周确诊人数相比已大为下降。几内亚自 2015 年 1 月开始每周确诊病例基本控制在 100 人以下,进入 4 月以后该人数始终控制在 30 人以下,最低时每周新增病例仅为 7 人;塞拉利昂 2015 年 1 月时每周确诊人数逼近 300,但随后便迅速下降,进入 4 月以后每周确诊人数始终控制在 12 人以下,最低时每周仅新增 2 人。③ 这些数据表明对疫情的控制正继续向好的方向发展,一位联合国官员在接受媒体采访时曾预测,本轮埃博拉疫情可能于 2015 年 8 月结束④。在即将送走埃博拉这位不速之客的前夜,我们有必要认真盘点这场灾难所造成的影响,以此展望西非这三个国家在"后埃博拉"状态下的发展前景。

经济:非致命性的重创

本轮埃博拉疫情对几、利、塞三国经济的沉重打击是显而易见的。三

---

① World Health Organization, *Ebola Situation Report* (May 27, 2015), p. 1.
② World Health Organization, *Ebola Situation Report* (April 8, 2015), pp. 2 – 10.
③ World Health Organization, *Ebola Situation Report* (May 27, 2015), p. 1.
④ Smitha Mundasad, *Ebola outbreak "over by August"*, *UN suggests*, http://www.bbc.com/news/health – 32009508, 2015.03.24.

国虽然位居世界上经济最不发达国家之列,且利比里亚、塞拉利昂都曾饱受内战苦难,经济基础极为薄弱,但进入21世纪第二个十年以来,三国的经济都出现了快速增长的良好态势。在埃博拉疫情爆发之前,外界曾预测2014年几内亚国内生产总值的增长率为4.5%,利比里亚为5.9%,塞拉利昂则高达11.3%。但在埃博拉爆发后,根据世界银行的数据,几、利、塞三国2014年实际国内生产总值增长率分别骤降至0.3%,1.0%与7.0%[①]。同时,世界银行还对三国2015年的经济增长速度持悲观态度,对几内亚2015年国内生产总值增长率的预测从疫病爆发前的4.3%跌至-0.2%,利比里亚从8.9%跌至3.0%,塞拉利昂2015年的增长预期在埃博拉爆发前曾高达8.9%,2014年年底跌至-2.0%[②],2015年4月又猛跌至-23.5%[③]。非洲开发银行在其发布的2015年《非洲经济展望》中称,受埃博拉疫情影响,几、利、塞三国2014年购买力平价国内生产总值低于2014年《非洲经济展望》所预计的金额,缺口达14亿美元,其中塞拉利昂7.75亿美元,几内亚4.6亿美元,利比里亚1.65亿美元。这意味着塞拉利昂人均收入与预期相比减少了130美元,几内亚与利比里亚则减少了40美元[④]。

在疫情的影响下,三国政府的财政承受着巨大的压力。据估计,仅在2014年,埃博拉疫情在三国造成的财政影响就高达约5亿美元。相较于疫情爆发前的预测而言,几内亚的财政收入比预期减少了9 300万美元,支出却增加了1.06亿美元,所产生的财政影响超过国内生产总值的3%;利比里亚的财政收入减少了8 600万美元,支出增加了6 200万美元,所产生的财政影响占国内生产总值的6%强;塞拉利昂的财政收入减少了8 500万美元,支出增加了4 300万美元,财政影响占国内生产总值的2.5%[⑤]。从财政影响所占的国内生产总值比例看,利比里亚的财政系统

[①] World Bank Group, *Update on the economic impact of the 2014 Ebola epidemic on Liberia, Sierra Leone, and Guinea* (April 15, 2014), p. 3.

[②] World Bank Group, *Update on the economic impact of the 2014 Ebola epidemic on Liberia, Sierra Leone, and Guinea* (December 2, 2014), p. 2.

[③] World Bank Group, *Update on the economic impact of the 2014 Ebola epidemic on Liberia, Sierra Leone, and Guinea* (April 15, 2014), p. 3.

[④] African Development Bank Group, *African Economic Outlook 2015*, Overview, p. 3.

[⑤] World Bank Group, *Update on the economic impact of the 2014 Ebola epidemic on Liberia, Sierra Leone, and Guinea* (December 2, 2014), p. 2.

遭受的冲击最为严重。虽然在国际社会的援助下，三国政府在 2014 年的财政缺口都得到了填补，但应对埃博拉所花费的大量资金势必影响政府当年在经济领域的投资，使其未来几年内的经济增长缺少应有的铺垫和伏笔。此外，由于埃博拉疫情仍在持续，且即便在疫情结束后仍需大量资金用于缮后重建工作，故而在三年之内其政府开支中将仍有很大一部分用于与埃博拉防治相关的项目，而国际援助则未必能如疫情爆发之初那样充足与及时，西非三国在未来几年内可能长期处于财政困难的局面，基础设施建设与经济项目投资面临资金长期短缺。

　　埃博拉疫情对社会经济活动的影响同样是巨大的。世界银行估计此次疫情在 2015 年结束之前将在疫区三国造成 16 亿美元的经济损失[1]。在国内经济的诸多领域中，受到冲击最为严重的为运输业、零售业与旅游业。在疫情高峰期，政府采取了限制人员和车辆流动的措施，在交通要道设立检查站，严格控制车辆往来。甚至连运送药品与人道救援物资的车辆也曾一度被关卡的检查人员禁止进入疫区。如此严格的限制措施严重阻碍了交通运输业的运营，从而进一步加大了物流成本，导致了一些地区的商品稀缺。零售业是西非地区城市内吸纳就业人口的一个重要领域，众多低收入人口从较大的批发店进货，再以游商形式兜售，以此为生。埃博拉疫情导致人们减少了外出，使零售业顾客数量大为减少，一部分零售业者出于安全考虑也暂停了商业活动。此外，受交通运输不畅影响，零售业的进货渠道也部分中断，使一些上游分销商被迫歇业。旅游业所遭受的影响最为直观与明显。疫情所造成的恐惧使得全世界游客都对西非三国敬而远之。数家国际航空公司曾一度中断飞往疫区三国的航班，宾馆入住率极低。以几内亚首都科纳克里为例，大部分宾馆的入住率在 2014 年不足 20%[2]。此外，大部分国际公司撤出或部分撤出了其在疫区三国的员工，一些基础设施项目陷于停滞。

　　上述事实表明，几内亚、利比里亚、塞拉利昂三国经济在此次埃博拉疫情中遭受了重创，但我们也应当看到，此次疫情所造成的经济影响绝非

---

[1] World Bank Group, *World Bank Group Ebola Response Fact Sheet*, http：//www.worldbank.org/en/topic/health/brief/world-bank-group-ebola-fact-sheet, 2015.04.15.

[2] World Bank Group, *Update on the economic impact of the 2014 Ebola epidemic on Liberia, Sierra Leone, and Guinea* (December 2, 2014), p.10.

致命性的,几、利、塞三国完全有可能在一个可预见的期限内恢复元气,这主要得益于以下几个方面:

第一,三国经济恢复的速度与疫情控制的情况有着直接的联系。在世界银行对三国2015年国内生产总值增长速度的估计中,只有利比里亚仍然被期望获得3%的增长,与其他两国的负增长呈现极大反差。这主要基于利比里亚疫情控制情况较好的原因。只要能及时控制并消灭疫情,三国全部回归正增长,甚至高速增长并非难事。其实,塞拉利昂在疫情爆发前的2012年和2013年,国内生产总值增长速度曾分别高达15.2%与20.1%[①]。而目前西非三国对于疫情的控制都呈现良好的态势,在2015年内消灭疫情并非天方夜谭。

第二,当地经济支柱产业抗埃博拉干扰能力高于预期。几、利、塞三国同属马诺河流域,此间矿产资源丰富,采矿业一直是该区域内的支柱产业之一。塞拉利昂盛产铁矿、金矿、金红石和矾土,该国还曾以出产"血钻"而知名于世。利比里亚经济中矿业也占重要地位,美国、中国等大国都在此开设大型矿场,矿藏出口占其出口总量的一半以上,主要出产铁矿与黄金等。几内亚的采矿业不如上述两国突出,但矾土依然是其出口的主要货物之一。埃博拉疫情爆发后,一些跨国企业为保证其员工安全暂时关闭了矿场并撤出了外国员工,同时计划扩建的几个矿场也暂时搁置,但埃博拉疫情对这些矿场造成的影响十分有限,部分矿场在经历短暂关闭后已经重新开始生产。数据显示利比里亚矿业出口数据依然强劲,2014年已基本完成出口520万吨的预定计划,比2013年增加50万吨;几内亚矾土的产量在2014年获得了约5%的增长,增长幅度虽然不大,但在其他主要产品产量均出现下降的大背景下,这些增长显得格外亮眼[②]。塞拉利昂矿业的情况则相对复杂,该国经济十分依赖两个主要铁矿的生产:Tonkolili铁矿与Marampa铁矿。此次埃博拉疫情恰逢国际铁矿石价格整体走低,仅2014年铁矿石价格就下跌了50%,至2015年该价格已跌至10年来的最低点。在2014年埃博拉疫情肆虐之时,上述两个铁矿基本保持

---

① World Bank Group, *global economic prospect 2015 - sub Saharan Africa* (January 2015), p. 8.

② World Bank Group, *Update on the economic impact of the 2014 Ebola epidemic on Liberia, Sierra Leone, and Guinea* (December 2, 2014), pp. 3 - 9.

了生产，这也使得塞拉利昂 2014 年国内生产总值仍然取得了 7.0% 的高速增长，高于外界曾预计的 4.0%。但进入 2015 年以来，两个铁矿都再难以承受由矿价低迷而造成的亏损，Marampa 铁矿于 4 月宣布暂时停产，Tonkolili 铁矿也因管理重组与股权争夺问题而停产。受此影响，世界银行将塞拉利昂 2015 年国内生产总值增长预期猛然下调至 -23.5%，并警告该国经济有衰退的危险。我们必须看到，世界银行此次的估计是建立在两个铁矿于 2015 年全年停工的假设上而做出的，若两矿能恢复生产，则该国经济增长速度必将迅速回升。塞拉利昂的情况固然较为严峻，但其原因主要与国际矿价及矿场自身管理有关，与埃博拉疫情的关联不大。

总体而言，马诺河地区采矿业受埃博拉疫情的影响小于人们之前的预期，保持了基本坚挺的趋势，这为三国经济的稳定与复苏提供了重要保障。农业是该地区的另一个支柱产业，之前外界曾担忧疫区农业生产将会受严重影响，进而有引发饥荒的危险。但现在看来，农业所受的影响轻于之前的预计。在疫情高峰期，确实有一部分农民因埃博拉疫情而中止了农作，但农田并未因此而彻底撂荒，在最初的恐惧过去后，大部分农民还是回到了农田。水稻收获基本完成，产量虽有所下降，但并未造成致命性影响。以农业大国几内亚为例，2014 年水稻产量约下降 20%，食品价格略有上涨但仍在可控范围内[1]，没有出现饥荒的迹象。农业的稳定给疫区社会生活的稳定吃了一颗定心丸，保证了当地基本的社会生活秩序。

第三，国际社会的经济援助目前依然有力。自埃博拉爆发以来，国际社会给予了西非三国较有力的经济援助。联合国曾呼吁国际社会为三国提供价值约 15 亿美元的援助，以满足三国政府在 2014 年 10 月至 2015 年 3 月应对埃博拉的紧急需求。此项呼吁得到了各方的响应，至 2014 年 12 月 22 日，由各国政府与组织提供的可用资源总价值已达 12 亿美元，国际社会承诺提供的捐助金额则已达 43 亿美元[2]。2015 年 4 月 17 日，世界银行

---

[1] World Bank Group, *Update on the economic impact of the 2014 Ebola epidemic on Liberia, Sierra Leone, and Guinea* (December 2, 2014), p. 9.

[2] Giuseppe Ippolito, Vincenzo Puro, Pierluca Piselli, *Ebola in West Africa: who pays for what in the outbreak?* New Microbiologica, 2015 (38), p. 2.

再次宣布将在未来的 12—18 个月内为疫区三国提供 6.5 亿美元经济援助[①]。此外还有一系列后续的援助措施，联合国秘书处将在 2015 年 7 月 10 日举行高规格认捐会，呼吁各方继续援助疫区。由于几、利、塞三国的经济体量与财政收入规模都不算大，2014 年三国的财政缺口基本上都由国际援助成功填补，2015 年财政缺口预计都在 2 亿美元上下，通过援助补足的难度不大。国际社会的大力援助为三国在短期内的疫情防控与灾后恢复提供了有力的资金支持。

简言之，虽然此次埃博拉疫情对西非三国经济造成了十分严重的伤害，但从目前的情况来看，西非三国的经济在灾难面前表现出了一定的抗打击能力。在疫情得到有效控制的大环境下，采矿业的坚挺与农业的平稳都使人看到了经济复苏的希望，国际援助更是解了疫区的燃眉之急。因此，我们有理由对几、利、塞三国在未来 3 年内的经济复苏情况保持信心。

社会：不可逆转性损失中的"埃博拉遗产"

埃博拉对社会的伤害，不仅仅在于它对被感染者所造成的痛苦，它的伤害是全方位的。从 2014 年 4 月至今，可以说西非三国整个社会生活的关键词就是"埃博拉"，正常的社会秩序受到严重的扰乱。由埃博拉引发的骨牌效应，在社会的各个方面造成了严重的损失，而令人沮丧的是，这其中很多损失是不可逆转的。

首先，是埃博拉造成较大数量人员死亡。埃博拉的易感人群以成年人为主。研究表明，15—45 岁的成年人感染埃博拉病毒的概率是儿童的 3 倍，45 岁以上的中老年人感染的概率则是儿童的 4 倍[②]。在因埃博拉致死

[①] World Bank Group, *Ebola: World Bank Group Provides New Financing to Help Guinea, Liberia and Sierra Leone Recover from Ebola Emergency*, http://www.worldbank.org/en/news/press-release/2015/04/17/ebola-world-bank-group-provides-new-financing-to-help-guinea-liberia-sierra-leone-recover-from-ebola-emergency, 2015.04.17.

[②] United Nations Development Programme, *Recovering from the Ebola crisis-A summary report*, 2015, p.10.

的一万多例被感染者中，15—44 岁的死者占 53.3%，大于 45 岁的死者占 27.3%[1]。这意味着数千个家庭将会因失去一个或多个经济支柱而陷入困境。同时，青壮年的死亡又诱发了"埃博拉孤儿"问题，世界银行估计埃博拉在西非三国造成了约 9 600 名儿童失去父母中的一人甚至双亲[2]，联合国教科文组织则估计有约 17 000 名儿童在此次疫情中失去父母之一或双亲，或者失去其他直接抚养者[3]。从绝对数字上看，这些孤儿的数量相对于三国的总人口并不算大，他们有可能被当地的亲友网络收养。但即便被亲友接纳，他们所能接收到的照顾质量与教育质量都难免出现下滑。

对于那些被感染但却成功逃离死神魔爪的病人而言，我们可以说他们是"幸运"的，但这种幸运却是书写在不幸的大背景下。从目前的治疗情况来看，埃博拉病人在治愈后的身体健康状态还不明朗，但大多数埃博拉治愈者都面临如何继续未来生活的困境。持续数月没有工作加剧了他们的贫困，作为曾经的"埃博拉病人"，他们在返回社会时难免遭到歧视与误解。在埃博拉疫情的防控过程中，受知识水平与传统观念的束缚，普通群众对于一切与埃博拉相关的人与事都采取避之唯恐不及的态度，甚至连进入村庄进行防控的医务人员都曾被村民称为"瘟疫的来源"。而对于这些曾经携带埃博拉病毒的患者，在没有政府与社会力量干预和帮助的情况下，要想重新融入原来的生活面临重重困难。

医疗系统在此次疫情中也遭遇了重大损失。由于缺乏必要的防护措施与相关的培训，很多医疗工作者在治疗和处理埃博拉病例时遭受感染，截至 2015 年 4 月 5 日，在西非三国已有 869 名医务工作者被确认感染埃博拉病毒，其中 507 人死亡[4]。这对于本来就十分脆弱的当地医疗系统而言，显然是雪上加霜。即使在埃博拉并未爆发的时期，当地的医疗系统就面临着处理能力不足的问题，此次埃博拉爆发更是直接摧垮了许多基层医疗点。仅仅在几内亚一国，就有 94 个诊所和 1 个地区医院因埃博拉而关闭，亟待重开。许多非埃博拉的医疗机构，如一些妇幼保健院也因为安全

---

[1] David K. Evans, Anna Popova, *Orphans and Ebola: Estimating the Secondary Impact of a Public Health Crisis*, Policy Research Working Paper 7196, World Bank Group, February 2015, p. 2.

[2] Ibid.

[3] United Nations Development Programme, *Recovering from the Ebola crisis-A summary report*, 2015, p. 10.

[4] World Health Organization, *Ebola Situation Report* (May 27, 2015), p. 3.

考虑暂时关闭。一些非埃博拉的病人出于对感染的担忧也选择在近期不去医院就诊,这有可能直接导致病情的恶化。在埃博拉肆虐的同时,还有其他传染病正在悄悄蔓延,却没有引起足够的重视,或者说即使引起了重视,目前三国政府也无暇顾及。有证据表明疫区内正在流行麻疹,同时一些传统的传染病依然肆虐,例如疟疾和艾滋病,在目前的情况下,这些疾病难以得到有效的防控。

受疫情的影响,三国政府都选择了暂时关闭大批学校,学生们暂时停课。由于此次停课的时间较长,故而增加了学生们因此次停课而辍学的风险。在西非地区,学龄儿童在停课期间往往要分担家里的劳动,或者出去从事简单的工作以补贴家用。在埃博拉对经济造成影响的大背景下,一部分学龄儿童在参与家里的农活或开始打工之后,就很难再回到学校。同时,有数据显示此次停课期间疫区低龄孕妇数量有增加的趋势,这也使得一部分女性学生难以再回到课堂。据报道,4月中旬塞拉利昂宣布学校复课之时,只有大约一半的学生回到了学校。这一方面是有些家长仍然担心埃博拉会在学校传播,另一方面是则是因为一部分学生已经不可逆转地流失了。

在为这些不可逆转性损失而扼腕的同时,我们也应看到此次疫情的洗礼也给西非三国以及国际社会留下了一笔宝贵的"埃博拉遗产"。此次疫情在三国的防控工作,也是一次医疗卫生知识的全民普及,它冲击着非洲传统村落社会对医疗卫生的固有观念,一定程度上使普通民众认识到了传统丧葬习俗的危害,在他们脑中初步植入了基本的卫生意识,也使他们对防控隔离措施有了了解。三国政府应当充分利用此次机会进一步增强全民卫生意识,培养科学的生活习惯。

针对本次疫情中暴露出来的问题与不足,一些国际组织推出了相应的改进项目,这些项目不仅有利于埃博拉的防控,客观上还能改善当地的民生。例如,联合国发展署推荐的WASH项目[①]向人们广泛宣传洗手等卫生习惯,同时还努力为居民提供洁净的水源和卫生设施。世界卫生组织提出的医疗人员培训计划,不仅能补充当地医疗人员在抗击埃博拉过程中的损失,还有可能使当地医务工作者的水平提升一个台阶,拓展当地医疗系统的处理能力。同时,在医疗系统的重建过程中,三国政府也势必加强对基

---

① Water, sanitation and hygiene 即"水、卫生设施与卫生习惯"项目。

层医疗点的扶持，并在此次埃博拉防控体系的基础上着手建立有力的全国疫情防控机制。

本次埃博拉防控工作的另一个亮点是社会力量的广泛参与，许多民间组织召集志愿者，积极参与到宣传与疾病防控工作中。以利比里亚为例，该国的 MTM（More Than Me，"不仅只有我"组织）、COPTA（Citizens Organized for the Promotion of Transparency and Accountability，促进透明与问责制公民组织）、The Accountability Lab（问责制实验室）等组织，动员数以千计的志愿者，通过逐户走访宣传、协助搜索感染者等方式参与疫情防控，弥补了政府部门人力的不足[1]。这些民间组织通常与政府保持着良好的合作关系，在普通居民之间又有着深厚的人脉与血缘关系，民间志愿者的工作缓解了政府与民众之间的不信任，使疾病防控工作更易推行。民间组织也通过自己的行动积累了社会声望与活动经验，为其在日后的社会生活中发挥更重要的作用奠定了基础。

埃博拉与国内政治：催化剂与弥合剂

当埃博拉疫情吸引全社会关注之时，西非三国的国内政治也自然而然地与埃博拉挂钩，贴上了"埃博拉标签"。受贫困问题、腐败问题与内战遗留问题的影响，此三国国内矛盾一直十分尖锐，普通民众对政府的信任度较低。在此次埃博拉疫情防控过程中，三国政府为应对埃博拉而纷纷采取了紧急措施，这些措施引发了反对派的不满，进而催化了社会矛盾。另一方面，埃博拉的防控与灾后的重建工作又为三国政府提供了一个契机，如果它们能够充分听取国际社会的建议，以得力的措施控制疫情，提振灾后经济，与基层民众及反对派开展广泛的对话，那么这次共渡难关的经历将有助于弥合社会分歧。

在埃博拉疫情爆发之初，国际社会主要担心几内亚、利比里亚、塞拉利昂三国政府过于软弱，缺乏执行能力，无力对疫情进行有效控制。这也是这几个西非政权给人们留下的一贯印象。然而，事实却与人们的想象相

---

[1] Kelly Ann Krawczyk, *Community & Citizen Engagement: Liberian Civil Society Advance the Battle to End Ebola*, 2014, pp. 3 – 10.

反,三国都采取了较为严厉的管控措施。塞拉利昂、利比里亚与几内亚分别于 2014 年 8 月 1 日、6 日与 14 日宣布进入"紧急状态",时间持续约三个多月。几内亚于 2015 年 3 月又对西北部的 5 个地区实施新一轮为期 45 天的"紧急状态"。在紧急状态下,大批军警参与到了病人的搜寻、隔离与秩序维护工作中,全国普遍实行禁行措施,大量学校与公共设施关闭,任何隐瞒病情或转移尸体的行为都将被指控为犯罪。塞拉利昂动员近 2.6 万名志愿者挨家挨户查看是否有隐瞒病患或死亡病例,其他两国也采取了类似的措施。管控措施还拓展到了舆论领域,在塞拉利昂,一名记者因涉嫌批评政府被捕,他被指控在抗击疫病的工作中发表"诽谤政府、煽动民众的言论"①。这些强制性措施遭遇了民众与反对派的激烈反弹,在三国境内都出现了暴力示威事件,示威人群与安全部队对峙,在镇压中出现了人员的伤亡②。

此次埃博拉疫情还与三国的国内选举不可避免地联系在了一起。在救援中不断传出政府官员和议会成员为获得选票而将救援物资优先发放至其所属选区的消息。除此之外,埃博拉疫情还为当局调整选举安排提供了依据。在紧急状态期间,任何公共集会都被禁止,其中自然也包括反对派组织的政治集会。利比里亚将 2014 年议会选举时间从 10 月 12 日推迟到了 12 月 16 日,选举活动和选举站周围的交通均需符合新的安全条例规定,选民在排队投票时需相隔三英尺并自带签字笔,候选人的拉票活动也受到了限制。由于新规定的限制以及对安全因素的担忧,参加此次投票的选民人数大为下降③。几内亚也推迟了国内选举,几内亚国家独立选举委员会 (la Ceni) 宣布 2015 年总统大选将定于 10 月 11 日,而地方选举将于 2016 年 3 月底举行,这招致了反对派的强烈反应。目前,几内亚反对派与当局的对话已经中断。2015 年 3 月 20 日,几内亚前总理、反对派领导人塞卢·达兰·迪亚洛 (Cellou Dalein Diallo) 宣布其阵营下的 49 名议员将不再

---

① Monica Mark, *Sierra Leone*: *Journalist arrested after questioning official Ebola response*, http://www.theguardian.com/world/2014/nov/05/ebola-journalist-arrested-over-criticism-sierra-leone-government-response, November 5, 2014.

② The Economist, *Ebola's legacy*: *After the passing*, http://www.economist.com/news/middle-east-and-africa/21637391-virus-will-have-long-lasting-impact-already-poor-countries-after, December 30, 2014.

③ Ibid.

参与国会的工作,并不再承认几内亚国家独立选举委员会①,当局与反对派的关系呈现紧张态势,这为大选的平稳进行埋下了隐患。

疫区三国政府的强制措施虽然招致了"破坏民主"的批评,使一些人担心当局可能走向威权主义的道路。但不得不承认这些措施在防控埃博拉疫情的过程中确实发挥了至关重要的作用。几内亚、利比里亚、塞拉利昂三国之所以长期落后,有一个重要的原因就是政府执行力过低,对基层和边远地区的管控能力弱。此次埃博拉疫情使人们看到了政府在面临紧急状况时的进步,也为政府进一步提高动员与执行能力奠定了基础。在疫情过后的重建工作中,仅仅指望社会力量与国际援助是远远不够的,三国政府应该牵头提出一揽子重振计划,包含医疗系统的重建、基层行政组织的加强、经济投资的落实等。如果当局能积极与基层民众以及反对派展开开放性对话,制定一个科学合理的重振方案,并认真执行,那么将是一次重获民心的绝好机会,民众对政府的巨大不信任有望缓解,社会裂痕便能看到弥合的希望。

国际关系:历史渊源与区域合作

埃博拉疫情的恶化得到了全世界的关注,各国政府与国际组织纷纷伸出援手,给予了物资、金钱与人力方面的帮助。在援助中呈现出的一些现象特点也值得我们注意。

一是美、英、法三国所援助的对象十分有针对性,扮演了特殊角色。美国主要援助利比里亚,英国主要援助塞拉利昂,法国则对口几内亚,不难看出这三个西方国家与三个非洲国家的对应关系与历史密切相关。利比里亚是由美国黑人返回非洲而建立的国家,此次疫情又恰逢黑人总统奥巴马在任期间。因此,美国对利比里亚的援助力度不小。美国国防部曾在2014年度海外紧急基金中安排两轮各5亿美元资金,为抗击埃博拉提供

---

① AFP, Guinée: entre l'opposition et le pouvoir, le dialogue est-il rompu?, Jeune Afrique, http://www.jeuneafrique.com/Article/ARTJAWEB20150320171640/guin-e-opposition-guin-enne-pr-sidentielle-guin-e-2015guin-e-entre-l-opposition-et-le-pouvoir-le-dialogue-est-il-rompu.html, Mars 20, 2015.

紧急的人道主义援助①。美军在利比里亚建立了抗击埃博拉部队的联合总部，最多时部署了3000余名军事人员，2015年3月又派遣第48核生化旅前往利比里亚，在该国埃博拉的防控与治疗工作中发挥的重大作用。塞拉利昂以前曾是英国的殖民地。英国这次向塞拉利昂派遣了近千名军事人员，拨款2.25亿英镑用于抗击埃博拉，帮助塞拉利昂建立了一个治疗中心和一家培训学院。而法国则对其前殖民地几内亚表现出了特别关照，法国总统奥朗德于2014年11月访问几内亚，成为埃博拉爆发后访问疫情中心国家的第一个西方领导人。同时，法国还提供了1.25亿美元用于抗击埃博拉，并在几内亚建立了一座军队医院。虽然这些行动的直观目的是防控埃博拉疫情，但大量外国军事人员的进入可能对三国的国家安全造成隐患，而且也造成了更多的依赖。

二是与此相对照，中国在此次埃博拉疫情的援助中坚持了不偏不倚、一视同仁的策略，对于三国的援助较为平衡。在疫区三国国家元首与世卫组织总干事发出呼吁后，中国作为区域外大国第一个紧急驰援，第一个派出包机将援助物资送到疫区，反应十分迅速和积极。随后，中国向三国各派出了一支医疗队，并于2014年4月、8月、9月、10月向疫区国家提供了4轮总价值7.5亿元人民币的紧急人道援助，同时还根据疫区国家的需要，在塞拉利昂和利比里亚分别援建了生物安全实验室与治疗中心。从横向上看，中国此次的援助力度足以与美、英、法中的任何一家相媲美，且中国在分配救援力量与物资时更加注重照顾各方的利益，没有厚此薄彼。从纵向上看，这也是新中国成立以来支持其他国家和地区应对公共卫生危机持续时间最长、规模最大、力度最大的一次援助。从传统上看，中国不像美、英、法那样与疫区三国存在特殊历史渊源和盘根错节的利益关系。而这次能以这样大的力度援助疫区国家，得到了国际的一致好评。非盟卫生部门的高级官员朱达拉耶·本杰明（Djoudalaye Benjamin）博士曾对笔者说："中国和其他援助国不一样，中国提供资助时不附带条件，你拿到钱后可以立刻做你要做的事……其他援助国会要求各种文件、计划、保证和限制。比如，美国承诺了捐给非盟一千万美元，但至今只有一百万

---

① 美国国务院：《美国提供的抗击埃博拉疫情的援助继续送达利比里亚》，http://iipdigital.usembassy.gov/st/chinese/article/2014/09/20140922308713.html#axzz3XYIsqRnq，2014.09.22。

到位。"① 中国的援助突出的扶危救困的人道主义精神和急人所难、实事求是的态度又进一步加深了中非人民之间的感情。可以说，在共同抗击埃博拉病毒的过程中，中国扮演了与其国际地位相称的负责任大国角色，这些得力举措也受到了国际社会的广泛好评。

三是本次疫情对西非区域一体化也起到了推动作用。此次疫情起源于几、利、塞三国交界地区，又同时在三国蔓延。三国同属"马诺河联盟"，本次疫情的蔓延也从一个侧面反映出，三国属于不可分割的命运共同体，推动地区一体化与深度合作亟待进行。在2014年的马诺河峰会中，共同对抗埃博拉疫情成为了理所当然的议题。2015年2月召开的马诺河联盟非常规峰会上，三国开始讨论在"后埃博拉时代"通过区域一体化计划重振经济。疫情的爆发成为了三国加速推进区域一体化的契机。西非国家经济共同体（ECOWAS）在此次埃博拉疫情中也发挥了重要作用，担任了主要的协调机构。疫情爆发后，西非国家经济共同体建立了危机委员会，用于制定防控策略，动员防控力量。在2014年第45届西非经济共同体峰会上，各国领导人同意建立"团结基金"，注资100万美元，用于西非地区防控埃博拉。在建立基金的同时，作为区域大国的尼日利亚还宣布单独捐赠300万美元给予疫区三国、西非卫生组织以及西非贫困基金。西非国家在此次疫情中以实际行动加强了区域内国家之间的团结，有效地遏制了疫情向周边国家蔓延。

总　结

本次西非埃博拉疫情虽然是一次令人痛惜的灾难，给几内亚、利比里亚与塞拉利昂的经济、社会造成了重大损失，给三国的国内政治增加了不稳定因素，加深了三国对西方大国的依赖。但我们仍应当看到事物的积极一面：西非三国的经济在疫情打击面前呈现出了较强的抵抗能力，经济复苏存有较大希望；埃博拉病毒给当地社会进行了一次艰难的洗礼，使人们逐渐改变不卫生的生活习惯与习俗，并推动了新生社会力量的兴起；三国

---

① 访谈, Dr. Djoudalaye Benjamin, Senior Health Officer. African Union, Addis Ababa, Ethiopia, 2015.02。

政府在疫情防控中表现出了不同以往的较强执行力，为改进其国内治理创造了条件；国际社会给予了三国空前的关注与强有力的援助，为其尽快走出疫情阴影提供了坚实的外部保障。我们有理由相信几、利、塞三国有能力在未来 3—5 年内重振国内经济，并充分吸收利用本次埃博拉疫情所留下的遗产，使其国家与社会获得长足的进步。

（责任编辑：舒展）

参考文献

人民网：《美国向利比里亚部署核生化旅援助抗击埃博拉》，http：//www. chinanews. com/gj/2015/03 – 11/7119066. shtml. 2015. 03. 11.

新华网：《法国帮助几内亚培训人员抗击埃博拉疫情》，http：//news. xinhuanet. com/world/2014 – 10/28/c_ 1112998673. htm. 2014. 10. 28.

中国新闻网：《英国在塞拉利昂建新实验室增强埃博拉检测能力》，http：//www. chinanews. com/gj/2014/11 – 03/6743258. shtml. 2014. 11. 03.

AFP. Guinée：*entre l'opposition et le pouvoir，le dialogue est-il rompu?*，Jeune Afrique，http：//www. jeuneafrique. com/Article/ARTJAWEB20150320171640/guin-e-opposition-guin-enne-pr-sidentielle-guin-e – 2015guin-e-entre-l-opposition-et-le-pouvoir-le-dialogue-est-il-rompu. html，2015. 03. 20.

David K. Evans，Anna Popova，*Orphans and Ebola：Estimating the Secondary Impact of a Public Health Crisis*，Policy Research Working Paper 7196，World Bank Group，2015. 02.

Kelly Ann Krawczyk，*Community & Citizen Engagement：Liberian Civil Society Advance the Battle to End Ebola*，2014.

LIPPOLITO Giuseppe，Vincenzo Puro，Pierluca Piselli. *Ebola in West Africa：who pays for what in the outbreak?* New Microbiologica，2015（38）.

Monica Mark. *Sierra Leone：Journalist arrested after questioning official Ebola response*，http：//www. theguardian. com/world/2014/nov/05/ebola-journalist-arrested-over-criticism-sierra-leone-government-response. 2014. 11. 05.

The Economist，*Ebola in graphics.* http：//www. economist. com/blogs/graphicdetail/2015/04/ebola-graphics. 2015. 04. 09.

The Economist，*Ebola's legacy：After the passing.* http：//www. economist. com/news/middle-east-and-africa/21637391-virus-will-have-long-lasting-impact-already-poor-countries-after. 2014. 12. 30.

United Nations Development Programme, *Recovering from the Ebola crisis*. 2015.

WILKINSON Annie, *Mellissa Leach. Briefing: Ebola- Myths, realities, and structural violence*. African Affairs, 2014. 12. 04.

World Bank Group, *global economic prospect 2015 – sub Saharan Africa*. 2015. 01.

World Bank Group, *Reviving Agriculture in Ebola-hit Guinea, Liberia and Sierra Leone*. http://www.worldbank.org/en/topic/agriculture/brief/reviving-agriculture-in-ebola-hit-guinea-liberia-and-sierra-leone. 2015. 02. 12.

World Bank Group, *Surveys Show Continued Economic Progress in Liberia; a More Uneven Picture in Sierra Leone*. http://www.worldbank.org/en/news/press-release/2015/04/15/surveys-show-economic-progress-liberia-uneven-picture-sierra-leone. 2015. 04. 15.

World Bank Group, *Update on the economic impact of the 2014 Ebola epidemic on Liberia, Sierra Leone, and Guinea*. 2014. 12. 02.

World Bank Group, *Update on the economic impact of the 2014 – 2015 Ebola epidemic on Liberia, Sierra Leone, and Guinea*. 2014. 04. 15.

World Health Organization, *Ebola Situation Report*. 2015. 04. 08.

World Health Organization, *Ebola Situation Report*. 2015. 05. 27.

Xinhua, *Mano River Union states agree on post-Ebola economic revival plan*, http://news.xinhuanet.com/english/africa/2015 – 02/17/c_ 134004136. htm. 2015. 02. 17.

非洲社会文化与教育

只教农民种地：英属喀麦隆初等教育（1916—1961年）的去殖民化批判

[喀麦隆] 罗兰·尼德尔

【内容摘要】教育和人力发展有着必然的联系。每个社会不同的教育方式决定该社会期望培养的人力的类型，从而决定该社会未来建立的经济类型。在这方面，有大量著作讨论英国殖民当局在其殖民地推行作为人力发展基础的初等教育，以及这种类型的教育对殖民地经济各部门有效（低效）培养合格人材的作用。但据作者所知，此类著作未曾提及英国在其统治45年的喀麦隆所实施的教育政策。本文分析英国在喀麦隆的初等教育方法，旨在填补这一空白，并质疑英国对喀麦隆人的整个教育政策的动机、意义和影响。作者运用历史研究的方法，主要根据喀麦隆国家档案局的原始资料以及去殖民化的理论文献进行分析。

【关键词】英国殖民政策；农村小学教育；适应性原则

【作者简介】罗兰·尼德尔（Roland Ndille），喀麦隆布埃亚大学历史学者；研究方向：教育政策、课程设置与教学

引　言

第一次世界大战期间，经过长达两年（1914—1916年）的征战，英国和法国击败殖民喀麦隆的德国。英法两国联合行政未果后，转而于

1916年瓜分喀麦隆。两国各自在所管辖地区设立行政当局，并于1922年向国际联盟承诺以确保"和平、有序、良治、促进当地人民物质与精神福祉，以及社会进步"的方式实行管理[①]。这包括提供教育设施，提高人民生活条件，培养他们管理自身事务的能力[②]。这些想法直接或间接地影响着为南部喀麦隆人民所提供的教育模式，以及对其殖民领地预期的发展。

然而，根据对当地实行殖民教育及其影响的研究，正如怀特海德所言，至今仍是一个有争议的话题[③]。一些（主要受现代化理论影响的）学者认为，西方学校教育推动了思想启蒙以及现代社会的产生，更值得肯定的是，它们出于良治观或开明家长制的理念和动机[④]。与此同时，现代化理论学者坚信这种教育是通过灌输殖民心态而固化服从意识的手段。本文赞同第二种观点[⑤]。

[①] Tazifor, T. (2003). Cameroon History in the 19th and 20th centuries. Buea: Educational Books Centre. p. 148.

[②] Colonial Office. (1925). Memorandum on Education policy in British Tropical Africa, London: HMSO. Vol. 3.

[③] Whitehead, C. (1995). The Medium of Instruction in British colonial education: a case of cultural imperialism or enlightened paternalism? *History of Education: Journal of the History of Education Society*, 24 (1), 1–15.

[④] Kallaway, P. (2005). Welfare and education in British colonial Africa and South Africa during the 1930s and 1940s. *Paedagogica Historia: International Journal of the History of education*, 41 (3), 337–356; Kallaway, P., (2009). Education, health and social welfare in the late colonial context: the International Missionary Council and Educational transition in the interwar years with specific reference to colonial Africa. *History of Education: Journal of the History of Education society*, 38 (2), 217–246. Hall, C., (2008). Making Colonial Subjects: Education in the Age of Empire, *History of Education: Journal of the History of Education Society*, 37 (6), 773–787. Whitehead, C. (1995). The Medium of Instruction in British colonial education: a case of cultural imperialism or enlightened paternalism? *History of Education: Journal of the History of Education Society*, 24 (1), 1–15. Whitehead, C. (2005). The historiography of British Imperial education policy, Part II: Africa and the rest of the colonial empire. *History of Education: Journal of the History of Education Society*, 34 (4), 441–454. Ball, S. J. (1983). Imperialism, School Control and the Colonial Curriculum in Africa, *Journal of Curriculum Studies*, 15 (3), 237–263.

[⑤] Ndille, R. N. (2014) Teacher Training in British Southern Cameroons 1916–1961: Educational Historiography in Postcolonialism. *African Journal of Social Sciences: A Multidisciplinary journal of Social Sciences*. 5 (2). Aissat D. and Djafri Y. (nd). *The Role of Education in Retrospect: The Gold Coast in the Era of Imperialism*. University of Andelhamid, Ibn Badis, Algeria. Bude, U. (1983) The Adaptationist Concept in British Colonial Education. *Comparative Education*, 19 (3), 341–355.

笔者学习生活在南方,并且受到英国殖民喀麦隆后果的影响(穿鞋的人才知道其夹脚),因此选取以下前提作为本文的基调,即英国殖民者自征服非洲以来从文化、话语和认识论方面系统地统治和剥削非洲人民,他们在南喀麦隆的作为,包括基础教育政策,仅仅是这个大结构中的一部分。这种统治模式继续导致南喀麦隆和其他前殖民地在底层煎熬,照旧沿袭北方工业化国家强加的规范法则,根本无法进入世界权力体系[1]。鉴于此,本文从去殖民化的思路出发,虽然接受存在殖民叙事模式的现实,但全面质疑英国在南喀麦隆的做法具有人道、教化和实现现代化的诚意,并用英国在喀麦隆的初等教育政策的相关资料证明这一观点。

英国在喀麦隆的教育政策

1916 年,英国接管喀麦隆南部。为了便于行政管理,英国将此地纳入其尼日利亚殖民地。英国接管喀麦隆之时,世间有人认识到殖民教育被深深地打上了英美教育的烙印。这些批评来自 1910 年在爱丁堡召开的世界宣教会议(World Missionary Conference)和 1919 年在巴黎召开的泛非大会(Pan-African Congress)。这两次会议都强调亟需调查殖民教育体系[2]。调查得到费尔普斯·斯托克斯基金会(Phelps-Stokes Trust)的资助。该基金会由卡洛琳·费尔普斯·斯托克斯(Caroline Phelps-Stokes)女士于 1911 年设立,旨在推进非洲和美国的黑人教育。北美和欧洲的九个外国传教社团(Foreign Missions Societies,FMS)据此建议成立了费尔普斯·斯托克斯调查委员会[3],并分别于 1920 年和 1921 年两次派人到非

---

[1] See Ndlovu-Gatsheni, S. J. (2013b). *Coloniality of power in postcolonial Africa: the myth of decolonization.* Dakar: CODESRIA.

[2] See Aka, E. A. (2002). *The British Southern Cameroons 1922 – 1961: A study in Colonialism and underdevelopment.* Platteville MD: Nkemnji Global Tech.

[3] Jones, Thomas Jesse. (1925) Education in Africa: A Study of West, South, and Equatorial Africa by the African Education Commission, under the Auspices of the Phelps-Stokes Fund and Foreign Mission Societies of North America and Europe. New York: Phelps-Stokes Fund. p. xxvi Available online on http://www.archive.org/details/educationinafric00afriuoft, accessed on 04/04/2015, 9:51AM.

洲实地调查。

第一个调查组到访尼日利亚和喀麦隆等英属西部和中部非洲殖民地，走访了城镇和乡村的学校，采访农夫、教师、学生、家长、殖民官员以及其他管理人员等各界人士。调查报告证实了欧洲各国政府和驻非使团专为非洲本地人制定的教育政策屡屡失败，"皆因教育没有适应当地生活"[①]，欧美教育者坚持要求……学校课程应该培养青少年能够明智有效地处理本国当代人面临的问题。……日本早就如此要求，中国和印度也开始发声支持。显然，教育适应当地情况的计划必须包括非洲国家及其国民的参与[②]。

斯托克斯委员会赴非洲调查教育的1922年，国际联盟永久托管委员会（Permanent Mandates Commission，PMC）与英国签订有关托管协议，严谨地指出：

> 不仅是非洲政府有道义责任帮助非洲人充分发挥自身才能，并尽量为更多的人打开接受先进教育和汲取知识的大门，而且当地人民的整体进步也要依靠……受过高等教育的非洲各界精英。[③]

据此，作为行政当局的英国签订了托管协议，也就是承诺确保教育将成为提升喀麦隆人管理自身事务能力的主要工具。为了兑现承诺，1923年11月，英国殖民部设立了热带非洲殖民地本土教育咨询委员会（Advisory Committee on Native Education）。委员会负责就英属非洲国家的本土教育相关事宜向殖民部国务大臣提供建议。一年半后，委员会于1925年的3月3日提交了第一份教育备忘录称：

> 考虑到人们普遍认为非洲的教育结果不尽如人意，本委员会认为教育应适应不同人的智力、才能、职业和习俗等……教育的目的是使个人在任何条件下都能很好地适应生活；并通过发展农业和本土产

---

① Jones, Thomas Jesse. (1925) Education in Africa: A Study of West, South, and Equatorial Africa p. 17.

② Ibid..

③ File Ba/a/1935/6. (1935). Notes for the Cameroons Report for the League of Nations for 1935. NAB, p. 45.

业、改善健康、培养管理自身事务的能力和公民权利及义务意识,以便促进社会整体的进步。教育必须包括培养具有能力、值得信赖和热心公益的本族领袖。①

可以清楚地看到,咨询委员会的大部分建议都是小心地重复斯托克斯委员会的建议。福斯特认为,"英国殖民政府全盘接受了费尔普斯·斯托克斯报告的意见,因此咨询委员会形成的政策在很大程度上都与那个美国组织的结论相似"②。

喀麦隆初等教育运用的适应性原则

除了一些次要细节外,英属喀麦隆整个殖民时期的所有教育发展政策都把适应性作为核心原则。对教育作为解决非洲经济社会落后问题的方法这段历史感兴趣的人来说,无一例外都对适应性这种高尚和启发性观念留下了深刻的印象。然而,理念与其被应用是两码事,尤其在殖民背景下更是如此。仔细考察这个理念在喀麦隆初等教育中的应用,英国不只是为了兑现其对国际联盟的承诺,也不只是为达到其所谓人道、教化和现代化的殖民目标。适应当地的理念在喀麦隆的实践远非理想,偏离目标太远。事实上这些理论辜负了南喀麦隆人的期望。

适应性方针区别对待城镇和乡村,从而建议设立双轨制学校体系,一类为农村学校,一类为城镇学校。城镇提供完整小学教育,而农村全是初级小学。首先,农村小学的最高年级是标准四年级,只有上得起完小的人才能读满六年。这就意味着农村学生没有机会参加最后的学业考试,即初级毕业证书考试(the First School Leaving Certificate Examination)。当地人只有通过这个考试,才能有机会在行政、教会、商业等部门就业,或继续接受中等教育。其次,农村学校限于初小水平,适应性教育通过独特的课程,强调学习农村生活技能和知识,以便维持农村学校的存在。唯此,这

---

① Colonial Office. (1925). Memorandum on Education policy in British Tropical Africa, London: HMSO. p. 4.

② Foster, P., (1971). Education and Social Change in Ghana. London: Routledge. p. 156.

种适应性教育就不用担心农村孩子会向往其他生活方式，只会安于周边的农村生活。

最后，整个英属南喀麦隆领地在尼日利亚境内，都被划为农村地带①。因此，当地教育大多只限于初级小学。1927 年，随着 1926 年《尼日利亚教育条例》（Nigerian Education Ordinance）开始在喀麦隆实施，南喀麦隆的报告证实：

> 当年中改变了课程内容……花了相当大的努力转变教学重点，尽量减少学术性……因此教育……致力于解决喀麦隆社区问题和需求的务实性。②

除此之外，英国殖民当局颁布了新的教学大纲，阐明要恪守适应性原则。每周每门课程的课时数取决于殖民当局对该门课程的重视程度。因此，实用农业和手工艺课程一周有六个课时，英语和算术五个课时，自然课和卫生课时更少。农村初小一周有 32 个课时，高小有 30 个课时。高小的殖民教育侧重培养殖民当局的助手，因而侧重传统的读写能力。

分析一下库如莫地方学校（Kurume Native Authority School）1938 年的课表，有助于进一步了解适应性原则的应用范围。该学校是位于当时南喀麦隆四个区之一的昆巴区（Kumba）一所农村初小，有四个年级：幼儿一级和二级，标准一级和二级。这一时期，其中的一个年级就能满足南喀麦隆的需求③。早上八点至十点，幼儿年级学习算术、英语和品德/宗教课程。其余的时间用于学习与农村生活有关的课程，如园艺、手工、洗涤、自然。早上课程时长为 25 至 30 分钟，而农村课程的时长为 35 至 40 分钟。幼儿班正午结束，初小年级则到下午 1：30，有更多的时间进行农村教育课程练习。周五下午专门用于园艺和手工学习。学校甚至会花整天

---

① See Aka, E. A. (2002). *The British Southern Cameroons 1922 – 1961: A study in Colonialism and underdevelopment*. Platteville MD: Nkemnji Global Tech.
② File Ba/a/1927/1. (1927). Cameroons Province Annual Report for 1927. NAB, p. 93.
③ File Sb/a/1934/2. (1934). School Syllabuses, Schemes of Work and Time tables, Cameroons Province, NAB, pp. 73 – 74.

时间用于学习农业实用技能，农忙时节更是如此①。

满足适应性的原则不仅需要分配大量农业和手工艺的学时，而且需要确保这些课程的内容符合学校当地环境，符合学生毕业后的特定社区生活。学校通过园艺、自然、实用农技、观察、阅读等课程教会孩子掌握技能，费尔普斯·斯托克斯委员会称之为"土壤和动物的利用"。学校提供园艺课程，是因为园艺乃掌握土壤耕作的必备技能，而土壤又是世界最大的资源之一，计划对园艺学习提供这样的指导②。

尼日利亚南部农业部门编写的小学农学教材详尽叙述学校园艺价值、耕作方法、作物保护、害虫防治等，并在喀麦隆广泛使用。作为社区服务的一种形式，教学大纲要求学校农田成为示范田，教师和学生要下到农村为农民提供技术咨询③。1934年，教育厅长托尔福瑞（W. N Tolfree）视察省内几所学校后强调：

> 农村提高农业产量需要转换方式，不能竭尽开垦土地并任由自然本身恢复。农村学校必须带头提供这种社区服务。校长必须为这门课程制定详细方案。此外，每个教室要张贴图表，表明不同作物在校园和本地区的种植、发芽、开花、结果的时间。同时，任课教师必须认真设计并按时实施适应课堂和大田的教案。含糊的教案毫无价值。如果一个班级每年有40堂课，每堂课都应该有明确的教学主题。我们视察时，要比较日常教学日志和教案④。

由于教育厅长如此强调，大多数学校开辟了菜园，而且大部分农村开展蔬菜种植。据说喀麦隆省的学校还建立了经济作物农场（可可和咖

---

① A Provincial School Syllabus for Infants' Section and Elementary Schools up to Standard IV of Southern Nigeria. Lagos: CMS Bookshop, p. 3.

② Jones, Thomas Jesse. (1925) Education in Africa: A Study of West, South, and Equatorial Africa, p. 17.

③ A Provincial School Syllabus for Classes I and II Middle Schools or Standards V and VI Primary Schools of Southern Nigeria. Lagos: CMS Bookshop, p. 7.

④ File Sb/a/1934/2. (1934). School Syllabuses, Schemes of Work and Time tables, Cameroons Province, NAB, p. 33.

啡)。巴门达省(Bamenda Province)的学校还开建果园[①]。

通过进行教学大纲强调的实用野外活动,孩子们从自然课中不仅了解到花草树木,虫鱼飞鸟等生物的主要特征,同时还领略到学校周边田园的自然美景。教学大纲还鼓励开设植物保护课程,收集树叶、花朵、羽毛、种子、贝壳等,做成标本挂在教室墙上。大纲还提醒教师不要用植物学和动物学的冗长名称,以免孩子难以理解[②]。

据称所有学校都教授乡村产业,主要体现在手工和绘画课程。从创立伊始,手工课就被定为乡村社区第二重要的课程。手工课以村社或村落简单的手工制作为基础,而非城镇作坊需要长期学徒掌握的高等技艺。费尔普斯·斯托克斯委员会曾指出:

> 非洲本土所需的初级手工是指每位老师和当地工匠到小村落教村民更好地利用木头、黏土、藤条、兽皮、铁器等其他日常有用的产品。正式的手工培训(城镇学徒)通常脱离普通人的日常生活,并无大用[③]。

这个领域的实践课包括用陶土或黏土制作罐、壶、杯、碗等;用草、拉菲亚草、藤条制作绳索、篮子、包、垫子、小托盘等;棉纺纱与印染,渔网编织,以及竹子制品和木制品(削编)。1927年8月,一位木工师傅被派往学校巡回教授适应性课程[④]。手工课根据学校所在区域的手艺,当地取材。每个孩子都有所贡献,按村落、集市和学校搞合作社。绘画课从低年级孩子在板上自由作画到高年级孩子的技艺或地图绘画。这些活动为孩子提供机会用自己的作品满足家庭和农场的实际需要[⑤]。

[①] See United Kingdom. (1958), Cameroons Under United Kingdom Administration: Report for the year 1958. London: Her Majesty's Stationery Office.

[②] Southern Nigeria. (1930b), A Provincial School Syllabus for Classes I and II Middle Schools or Standards V and VI Primary Schools of Southern Nigeria. Lagos: CMS Bookshop. p. 16.

[③] Jones, Thomas Jesse. (1925) Education in Africa: A Study of West, South, and Equatorial Africa p. 21.

[④] See File Ba/a/1927/1. (1927). Cameroons Province Annual Report for 1927. NAB.

[⑤] See Report by His Majesty's Government in the United Kingdom of Great Britain and Northern Ireland to the General Assembly of the United Nations on the Administration of the Cameroons under United Kingdom Trusteeship for the year 1949. London: His Majesty's Stationery Office.

就农村家庭而言,适应性教育倡导者抱怨常规学校体系(识字课程)很少考虑承担帮助培养有用年轻人的责任。斯托克斯委员会强调:

> 家庭是人类社会的基本制度,负有对所有人的各种重要的责任,而为当地人开办的学校必须教育人们承担这些责任。即便文明家庭能够自立,但必须看到原始家庭缺乏大量健康家庭生活所必要的条件,包括通常缺乏教育孩子的行为准则。因此,学校要计划好利用每种活动培养居家生活所必需的本质[1]。

满足理家所需的家政课包括缝纫、洗熨及烹调[2]。尽管教学大纲要求开设缝纫课程,但查看农村学校课程表并未发现。那是城镇学校的课。低年级缝纫课教授缝补、做手绢、托盘布、靠垫套和台布,高年级缝纫课较为复杂,包括卷边、抽补和平式缝接、针织、图案设计、刺绣、缝纫机的维护以及缝制简单服装、内衣、衬衫和睡衣。喀麦隆省的城镇学校早在1923年就设家政老师教授缝纫[3]。这些学校的家政课还包括烹调、烘焙面包糕点、沏茶、洗衣和打理家务。到1958年,殖民政府在南喀麦隆的八所高小开办了八个家政中心[4]。

即便是历史和地理等课程,费尔普斯·斯托克斯委员会也发现:

> 即使平常的课程也不能避免适应个人及社区需要的考验。过去,这些课程主要采用基于欧美的城市和商业活动需求的传统教学方法。教学奴役表现在两个方面:保留某些传统科目而排斥更加实用的科目,教学内容则长期拒绝接受与社区学生生活相关的现代研究成果[5]。

---

[1] Jones, Thomas Jesse. (1925) Education in Africa: A Study of West, South, and Equatorial Africa p. 22.

[2] File Sb/a/1934/2. (1934). School Syllabuses, Schemes of Work and Time tables, Cameroons Province, NAB p. 73.

[3] See File Ba/a/1927/1. (1927). Cameroons Province Annual Report for 1927. NAB.

[4] See United Kingdom. (1958), Cameroons Under United Kingdom Administration: Report for the year 1958. London: Her Majesty's Stationery Office.

[5] Jones, Thomas Jesse. (1925) Education in Africa: A Study of West, South, and Equatorial Africa p. 23.

低年级课程突出学校和社区环境。教学内容包括制作学校和社区建筑的黏土模型和沙盘作业、当地作物及其种植方法、野生动物名称及其习性、喂养家畜、当地树种特性及其利用、讨论当地市场及其方位基点。二年级教授当地自然现象的知识，如干湿两季的风向，及其对当地农作季节甚至对房屋建造的影响。这个阶段的历史与地理课也讲农作物的种植、收割时间和不同耕作方法。三年级主要教授尼日利亚乡村的组织形式。四年级学习非洲、印度、澳大利亚最原始野蛮部落人群如何进化文明。这些教学内容与工业国家的课程形成鲜明对比，后者侧重工业社会如何塑造孩子的学习环境[1]。费尔普斯·斯托克斯委员会强调：

> 所有说明本课程的例子都应该是孩子们知晓的，课程实际应该明确孩子生活中尚未明确的概念。

在高级小学，历史和地理的教学重点从让农民识字转为了解有关大英帝国、欧洲和西方世界的知识。教育目的也发生了改变，从维持人们所在的农村环境到服务于殖民当局及其传教和商业利益。因此，传授关于西方的知识是有助于殖民者征服、支配当地人，并灌输恭顺和奴性观念，唯此才能让当地人为殖民当局效劳。高小学生学习世界各区域的地理：热带森林、热带草原、炎热的沙漠、季风地带、地中海、温带森林、白人及其从事的各种职业尤其是工业，以及西方的季节等。高年级学生的历史课从史前史、采集狩猎时代、旧石器时代的人类史进而到大英帝国历史。

影响:适应性原则和教育发展

适应性原则十分成功地维持了确保农民接受教育和生存的小学教育结构和课程设置。将近三十年，小学教育的结构从未发生显著变化，课程设置亦如此。除了学说英语和做些算术，南喀麦隆大多数上过农村小学的人只学会了种好农田和生产家常用品。大部分南喀麦隆人没有取得毕业证

---

[1] Southern Nigeria. (1930b), A Provincial School Syllabus for Classes Ⅰ and Ⅱ Middle Schools or Standards V and Ⅵ Primary Schools of Southern Nigeria. Lagos：CMS Bookshop. p. 20.

书，尽管上过学，但在城市生活以及为政府工作方面仍旧无知。适应性原则就是为了让他们不去关注不属于农村生活的事物，在这方面的确相当成功。

但是这一成就对谁有益？对南喀麦隆及其人民有何影响？仔细考虑一下独立之时当地的教育与发展现状，无疑不难回答这些问题。1954年喀麦隆独立后，显而易见，在喀麦隆的尼日利亚和英国的人员都需立即离开。南喀麦隆新政府评估形势后哀叹，无论在数量还是质量上，南喀麦隆都没有足够的人才为政府效力。总体人才稀缺与英国成功推行限制就读高级小学的政策不无关系。1954年内部自治时，南喀麦隆地区358所小学中只有八所完全小学①。此前没有建新学校，即1945年至1954年，在已有三所完小的基础上，仅有另外三所小学升格的申请获得批准（其中一所后来被地方当局接管）②。

因此，适应性原则大大限制了南喀麦隆完整小学教育的发展，使绝大部分的孩子无法获取初级毕业证书，从而限制了他们寻找白领工作以及继续升学的机会。1954年所有在校生为37 307人，但是五年级和六年级只有1 753人③。殖民政府通过适应性政策限制每年只有不到0.1%的学生进入最高年级且参加毕业证书考试④。超过35 554名学生分布在其余350所农村学校，只学习农业专门知识⑤。大部分地方当局办的学校和教会学校自1922年建立以来，30多年不论怎么努力，最多还是标准四年制初级小学。到1954年，没有一所地方学校提供八年制小学课程⑥。

1926年的《尼日利亚教育条例》保证初小满足条件后可以升为高小⑦。但是由于英国实行适应性教原则，这些条件很难达标。初小要想升格高小，需要证明本校拥有法定教授高小能力的二级教师等条件。但

---

① United Kingdom. (1954). *Cameroons Under United Kingdom Administration*: *Report for the year 1954*. London: Her Majesty's Stationery Office, p. 114.

② See File Sb/a/1958/4. (1958). *Secret Educational Matters*, Southern Cameroons, NAB.

③ West Cameroon Ministry of Education and Social Welfare (1962): *Education Department Statistics at 31st December 1962*. Buea: Government Press. p. 16.

④ ibid. .

⑤ United Kingdom. (1954). *Cameroons Under United Kingdom Administration*: *Report for the year 1954*. London: Her Majesty's Stationery Office, pp. 112 – 113.

⑥ Ibid, p. 115.

⑦ See File Ba/a/1927/1. (1927). *Cameroons Province Annual Report for 1927*. NAB.

是在 1944 年之前，喀麦隆没有培训二级教师的机会。即使昆巴小学培训中心（Elementary Training Centre，ETC）升为高等小学培训中心（Higher Elementary Training Centre，HETC）后，每年也只培训 12 个二级教师[1]。

上述情况还耽误了中等技术教育的发展，因为后者生源需要大量获得初级毕业证书的孩子。1954 年，南喀麦隆两所教会中学只有 426 名学生[2]，并且整个殖民时期，学生很难获得升入高等教育及专业培训的机会[3]。根据英属西非的标准，由于英国成功实施适应性原则，南喀麦隆是教育浪费最严重的地区。行政机关的非洲化进程不仅缓慢甚至在某些部门实际上根本不可能推行。到 1961 年，因为英国严格执行适应性教育，南喀麦隆的大学毕业生不到 20 人[4]。国家政治经济的领导权以及国家的命运交给了最多受过 14 年教育的那些人。总理是一名二级教师，而其行政和立法委员会的 90% 成员具有相似甚至更低的学历[5]。项目失败、贪污和政治失误成为西部（前南部）喀麦隆行政当局高层的常态[6]，因为他们在适应性学校体制内大都没有接触过政府管理的基础知识。

从去殖民化的视角看适应性原则的合理性

鉴于喀麦隆以农业经济为主，有人会把保证喀麦隆农民接受农村教

---

[1] Ndille, R. N. (2014). *Teacher Training in British Southern Cameroons 1916 – 1961: Educational Historiography in Postcolonialism.* African Journal of Social Sciences: A Multidisciplinary journal of Social Sciences. 5 (2), p. 20.

[2] United Kingdom. (1954). *Cameroons Under United Kingdom Administration: Report for the year 1954.* London: Her Majesty's Stationery Office, p. 116.

[3] See Aka, E. A. (2002). *The British Southern Cameroons 1922 – 1961: A study in Colonialism and underdevelopment.* Platteville MD: Nkemnji Global Tech.

[4] File Sb/a/1958/1. (1958). *Statistics on Southern Cameroons Scholars January 1954 – 31st December 1958*, NAB, p. 13.

[5] Aka, E. A. (2002). *The British Southern Cameroons 1922 – 1961: A study in Colonialism and underdevelopment.* Platteville MD: Nkemnji Global Tech. p. 146.

[6] See Dervish, V. (1968). *Report of the Commission of Inquiry into the Activities of the West Cameroon Development Agency from 1959*, Buea: West Cameroon Government Press.

育看作英国坚持面向非洲人的教育要适应当地实际。然而,南喀麦隆作为联合国托管领地将来可能实现自治,英国推行的适应性教育却起到消极的作用。这也可以从另一个角度理解英国在殖民地教育政策方面很快便接受和复制了费尔普斯·斯托克斯委员会的意见。从认识论来看,这说明现代西方教育主张强调启蒙和现代社会的发展,同时也暴露其"殖民统治的初衷大多出自良治政府和开明家长式统治观"的不合理性[1]。

在采取农村教育政策时,英国殖民当局想当然地以为农业经济的发展会使得殖民地人民需要这种教育[2]。这是基于古老的帝国主义偏见,认为非洲社会是停滞不变的传统社会[3],当地人"平庸无能、缺陷很多"[4],"天生懒惰、道德败化和缺乏知识[5]。他们以为,适应农村环境的教育适用于这些天然特性。然而不幸的是,这种臆断猜想只是用于掩盖新自由主义说法的策略,称殖民主义的经济动机是为"宗主国工业生产加油"[6]。卢加德勋爵从一开始就精确地阐明,英国殖民主义负有"双重使命",不能视之为:

> 只是表达人道主义良知情感。因为殖民绝不忽视欧洲众多人口要分享热带自然物产的权利,或者说这是那些在非洲投入资本和精力以

---

[1] Whitehead, C. (1995). The Medium of Instruction in British colonial education: a case of cultural imperialism or enlightened paternalism? History of Education: Journal of the History of Education Society, 24 (1), p. 15.

[2] Bude, U. (1983). The Adaptationist Concept in British Colonial Education. Comparative Education, 19 (3), pp. 341 – 355.

[3] See Mukherjee, D. (2003). Development Policies, Problems and Institutions, Kolkata: New Central Book Agency.

[4] Ndlovu-Gatsheni, S. J. (2013). The Entrapment of Africa within the Global Colonial Matrices of Power: Eurocentrism, Coloniality, and Deimperialization in the Twenty-first Century, Journal of Developing Societies. 29 (4), p. 337.

[5] See Mac Ojong, T. T. (2008). Philosophical and Historical foundations of Education in Cameroon 1884 – 1960. Limbe: Design House.

[6] Aissat D. and Djafri Y. (nd). The Role of Education in Retrospect: The Gold Coast in the Era of Imperialism. University of Andelhamid, Ibn Badis, Algeria. p. 4.

期收获回报的人们正当与合适的权利①。

满足这些要求意味着大幅度重组生产体系,殖民地人民必须充当为欧洲工厂提供原料的初级生产者和购买欧洲制成品的消费者。在殖民权力矩阵中,只有通过农业和手工业教育才能培养当地人履行这种责任的能力②。费尔普斯·斯托克斯报告明确指出"学校教育必须频繁地为商业环境提供需求"③。

恩戈麦④认为,当时昆巴区恩雅索索(Nyasoso)和恩杜姆(Ndum)两地小学的农业教学促进了当地的农业生产,这些学校的毕业生回到自己村落成为"社区技术推广人员",他们种的农田是琼斯所说的"示范农田"⑤,他们的老师是"农业巡视员"。在恩戈看来,在他们的影响下,"南喀麦隆对英国和德国的农业出口稳步增长"⑥。就像埃塞特和德加弗里一样,人们不难发现,将南喀麦隆的经济从属于欧洲工业之所需,英国若要修改学校体系并非最佳的利益选择,可能有碍上述经济发展模式。

从另一个角度看,"对人的殖民"表明欧洲人把美国黑人、非洲人和其他所有殖民地人都划归为劣等人,罪孽深重的人,"世上该受苦的人"⑦。欧洲人进而认为适合其中某个群体的也适用于其他人。他们出于这种观念把美国黑人社区的教育导向引进非洲。在美国黑人那里,教育仅限于掌握农业和地方技能,以改善物质生活条件。然而,正如金所指出

---

① Lugard, F. (1965). *The Dual Mandate in British Tropical Africa.* London: Archon Books. p. 151.

② Grosfoguel, R., (2011). *Decolonizing Post-Colonial Studies an Paradigms of Political-Economy: Transmodernity, Decolonial Thinking, and Global Coloniality*, Transmodernity: Journal of Peripheral Cultural Production of the Luso-Hispanic World 1 (1), pp. 1 – 19

③ Jones, Thomas Jesse. (1925). *Education in Africa: A Study of West, South, and Equatorial Africa* p. 20.

④ Ngome, E. N. (2014). *The impact of colonialism and religion on traditional Authority in Mwetugland, Cameroon* Unpublished MA Thesis in History, University of Buea.

⑤ Jones, Thomas Jesse. (1925). *Education in Africa: A Study of West, South, and Equatorial Africa* p. 20.

⑥ Ngoh, V. J., (1987). *Cameroon 1884 – 1985: A Hundred Years of History.* Limbe: Navi-Group. p. 177.

⑦ See Maldonado-Torres, N. (2007). *On the coloniality of being: Contributions to the development of a concept.* Cultural Studies, 21 (2 – 3), March/May, pp. 240 – 270.

的，更多的是"利用课程设置的手段扩散潜在的社会冲突"，而非在政治上平等对待黑人和白人①。这种做法被引入非洲，旨在维持非洲人与欧洲人地位不同的现状，就像美国黑人与白人地位不同一样②。

适应一种社会需求的教育体系不一定满足另一社会的需求，除非两个社会在标准、社会经济发展模式、政治抱负等方面完全相同。因此，适应性教育在喀麦隆的失败就在于将截然不同的两个社会相提并论的错误观念。作为国际联盟的B类托管地，南喀麦隆人和美国获得解放的黑奴政治期望不同。源于这种虚假类比，适应性原则忽视准备自治地方的独特需求，如人力开发。在两次世界大战之间的年代，喀麦隆英国殖民当局的确没有预计到这片领地独立的前景，但是到20世纪40年代后期和20世纪50年代，他们开始面临民族主义高涨和要求自治的现实。1948年，喀麦隆省的居民甚至公开声称，无论当时还是将来，非洲裔美国人生活的社会都与喀麦隆等联合国托管地区并不相同③。英国当局没有根据上述变化决定修正学校体系，令人质疑其在喀麦隆实行良治和自治的承诺。

"二战"之后，甚至殖民当局也明白，"殖民地学校的吸引力基础"已经改变④。从20世纪40年代后期到整个20世纪50年代，南喀麦隆的绝大多数地方的区镇、市郊和沿海城镇经济扩展，吸引着当地人。他们看到殖民经济的管理、传教、和商业部门的就业机会增多。在这种不断变化的环境下，学校应该从致力于提高农业技能转而满足上述领域的就业要求。然而，这种调整并未发生。

除此之外，还有很多例子表明当地人反对适应性原则，而英国人却仍然反应迟钝。1920年，费尔普斯·斯托克斯委员会成员访问喀麦隆时发现，大多数受过教育的非洲人十分反对任何背离当时常规学校体系的做

---

① See King, K. (1971). *Pan-Africanism and Education.* Clarendon, Oxford.

② See Mac Ojong, T. T. (2008). *Philosophical and Historical foundations of Education in Cameroon 1884 – 1960.* Limbe: Design House.

③ See United Kingdom. (1948). *Report by His Majesty's Government in the United Kingdom of Great Britain and Northern Ireland to the General Assembly of the United Nations on the Administration of the Cameroons under United Kingdom Trusteeship for the year 1948.* London: His Majesty's Stationery Office.

④ See Ball, S. J. (1983). *Imperialism, School Control and the Colonial Curriculum in Africa,* Journal of Curriculum Studies, 15 (3), pp. 237 – 263.

法，担心对黑人实行（种族）隔离。因为以往的经历证明，"有别于白人的方法往往意味着对黑人不利的规定"①。因此，他们"很自然地怀疑适应性教育是实行教育隔离的开端，从一开始就反对这种做法"。委员会成员与学生交谈中还发现，英语、算术和写作是最受欢迎的科目，以及并没有开设卫生、自然或农学等课程②。该报告进一步说明，"而这对学生及家长来说似乎并无不妥，因为正好符合他们希望未来成为职员、教师和农产品购买者的需要，他们并不想当农民、木匠或铁匠"。甚至连英国殖民当局都在抱怨：

> 大部分教师并没有得到作坊产业方面的培训。根据经验来看，乡村工艺在农村比在学校能得到更好的发展。在该省制作诸如染草、垫子、包、棉花、长矛和弯刀、陶器和篮子等产品又好又便宜，乡村男女手工艺匠人根本不需要从学校教师甚至欧洲人那里学习……农学依旧是学生最不喜欢的科目③。

第二次世界大战后，英国殖民当局对农村教育的冷漠日益严重。1944年，艾略特高等教育委员会访问此地，喀麦隆青年联盟（Cameroon Youth League，CYL）责备英国通过实行农村适应教育政策而忽视人力发展的教育，并要求废止这项政策。喀麦隆青年联盟列举数据，指出该政策导致南喀麦隆人中只有很少一部分人担任高级行政职位，警告如果继续实施该政策，人力危机即将来临。青联呼吁把南喀麦隆的所有小学升级为完全小学，修改农村课程设置，拓宽学术知识。青联还力主政府开办中学和技术学校④。

十多年后，即1954年，国际复兴开发银行的评估团仍然报告喀麦隆

---

① Jones, Thomas Jesse. (1925). *Education in Africa: A Study of West, South, and Equatorial Africa* p. 18.
② Ibid, p. 17.
③ File Ba/a/1925/5. (1925). Report for the League of Nations 1925, Cameroons Province, NAB. p. 45.
④ See Southern Cameroons. (1944). *Memorandum of Evidence presented by the Cameroons Youth League (CYL) to the Visiting Elliot Commission of Higher Education in the Southern Cameroons.*

的人力严重短缺问题①,并呼吁立即修正教育体制,以利人力发展。当时,当地这种情况本来可以说服英国放弃适应性原则,然而英国坚持着费尔普斯·斯托克斯委员会的想法,认为"绝大多数非洲人必须仍以土地为生,教学培训必须保障这一重要的生活要素"②。到20世纪40年代,尼日利亚的经验表明,经济无法吸纳学校培养的所有毕业生。因此,殖民当局使用适应性课程设置和学校结构以控制失业率③。然而,由于教育的落后性,南喀麦隆直到独立也没出现这种状况。

在喀麦隆人力极度匮乏之时,英国仍然坚持农村导向教育,这成为证明适应性原则是维持控制当地社会的殖民策略的有力论据。与认为适应性政策旨在解决失业问题的观点相反,从去殖民化的角度来看,大多数人认为这一政策之所以持续是因为殖民当局"害怕产生心怀不满、伪称有知识的无产阶级,或是只会一味攻击政府的'先生(babu)'阶级,要吸取印度的前车之鉴"④。殖民当局担心识字教育成为当地人争取政治和文化解放的工具,因而竭力维持农村式教育。因此,适应性原则是一种伪装,实则企图不让非洲人获得教育,从而形不成反对力量。

对适应性政策的主要批评是它分别在优势地区为白人建立了现代化规则,却在劣势地带为黑人建立了殖民化规则⑤。甚至连适应性原则的精神之父杰西·琼斯(Jesse Jones)也唯恐"他的教育理念反而激活了黑人的政治激情,而他本来希望能予'避免'发生"⑥。艾伯纳西(D. Abernathy)认为,殖民体制很难容纳……受过良好培训的非洲人……也不能设

---

① See Ndille, R. N. (2014). *Teacher Training in British Southern Cameroons 1916 – 1961*: *Educational Historiography in Postcolonialism*. African Journal of Social Sciences: A Multidisciplinary journal of Social Sciences. 5 (2).

② Jones, Thomas Jesse. (1925). *Education in Africa*: *A Study of West, South, and Equatorial Africa* p. 18.

③ See Ball, S. J. (1983). *Imperialism, School Control and the Colonial Curriculum in Africa*, Journal of Curriculum Studies, 15 (3), pp. 237 – 263.

④ Whitehead, C. (2005). *The historiography of British Imperial education policy*, Part II: *Africa and the rest of the colonial empire*. History of Education: Journal of the History of Education Society, 34 (4), p. 442.

⑤ Santos, Boaventura de Sousa (2006). *Beyond Abyssal Thinking*: *From Global Lines to Ecology of Knowledges*. Eurozine, p. 45.

⑥ Bude, U. (1983). *The Adaptationist Concept in British Colonial Education*. Comparative Education, 19 (3), p. 351.

想英国殖民机构雇用大量非洲人。那样会威胁到英国管理人员的就业保障并破坏白人的威望[1]。因此，从这一立场出发，怪不得英国殖民当局直到1954年把权力移交给当地人之前一直主张适应性教育，并始终立为官方教育政策。

结 论

本文旨在表明，除了殖民叙事模式普及的有关英国教育政策解读，还可以选择从客观认识论来分析。同时本文揭示，适应性教育限制乡村只能办初级小学以及课程设置只培养农民而非未来的当地领袖，阻碍了南喀麦隆的发展。这绝非偶然，而是19世纪欧洲人精心考虑的结果，他们根据对非洲和非洲人的了解来规划自己与非洲的关系。他们从一开始就没有平等看待非洲人。这不仅说明殖民时期非洲方方面面都遭遇严重破坏，而且欧洲人还在结束殖民后将全世界框入区别优等人和劣等人的新殖民主义等级制体系[2]。

因此，人们完全可以得出以下结论：根据欧洲的人道主义、教化使命、良治和发展立场，适应性教育是西方式现代化的得力助手，却给非洲带来厄运和维持殖民权力的秩序[3]。从喀麦隆实施适应性政策的历史看，教育政策改革应该吸取下列重要教训：第一，任何社会，若不能为所有人平等地提供教育机会，区别性教育体制势必固化劣势群体的不利地位。[4] 第二，如上文所援引布德（U. Bude）所提醒的，适应性原则等功利式教育理念不会培养学生的政治责任和个人自主意识，将最终导致更多的依附心态和强化剥削。如果摒弃自立标准，那么进步教育理念也会变成约束性

---

[1] Abernathy, D. (1969). *The Political dilemma of popular education: An African case*. California: Stanford University Press, p. 165.

[2] Grosfoguel, R. (2007). *The Epistemic Decolonial turn: Beyond political - economy paradigms*. Cultural Studies, 21 (2 – 3), March/May, pp. 211 – 223.

[3] See Ndlovu-Gatsheni, S. J. (2013b). *Coloniality of power in postcolonial Africa: the myth of decolonization*. Dakar: CODESRIA.

[4] Bude, U. (1983) *The Adaptationist Concept in British Colonial Education*. Comparative Education, 19 (3), pp. 341 – 355.

教育政策的工具。

(黄佳静译；舒展译校)

(责任编辑：李育球)

参考文献

Abernathy, D. (1969). *The Political dilemma of popular education*: An African case. California: Stanford University Press.

Aissat D. and Djafri Y. (nd). The Role of Education in Retrospect: The Gold Coast in the Era of Imperialism. University of Andelhamid, Ibn Badis, Algeria.

Aka, E. A. (2002). *The British Southern Cameroons 1922 – 1961*: A study in Colonialism and underdevelopment. Platieville MD: Nkemnji Global Tech.

Ball, S. J. (1983). Imperialism, School Control and the Colonial Curriculum in Africa, *Journal of Curriculum Studies*, 15 (3), pp. 237 – 263.

Bude, U. (1983). The Adaptationist Concept in British Colonial Education. *Comparative Education*, 19 (3), pp. 341 – 355.

Colonial Office. (1925). Memorandum on*Education policy in British Tropical Africa*, London: HMSO.

Dervish, V. (1968). *Report of the Commission of Inquiry into the Activities of the West Cameroon Development Agency from 1959*, Buea: West Cameroon Government Press.

File Ba/a/1925/5. (1925). Report for the League of Nations 1925, Cameroons Province, NAB.

File Ba/a/1927/1. (1927). Cameroons Province Annual Report for 1927. NAB.

File Ba/a/1935/6. (1935). Notes for the Cameroons Report for the League of Nations for 1935. NAB.

File Sb/a/1958/1. (1958). Statistics on Southern Cameroons Scholars January 1954 – 31st December 1958, NAB.

Foster, P., (1971). *Education and Social Change in Ghana*. London: Routledge.

Grosfoguel, R. (2007). The Epistemic Decolonial turn: Beyond political – economy paradigms. *Cultural Studies*, 21 (2 – 3), March/May, pp. 211 – 223.

Grosfoguel, R., (2011). Decolonizing Post-Colonial Studies an Paradigms of Political-Economy: Transmodernity, Decolonial Thinking, and Global Coloniality', *Transmodernity: Journal of Peripheral Cultural Production of the Luso-Hispanic World* 1 (1), pp. 1 – 19.

Hall, C., (2008). Making Colonial Subjects: Education in the Age of Empire, *His-*

tory of Education: *Journal of the History of Education Society*, 37 (6), pp. 773 - 787.

Hall, C., (2008). Making Colonial Subjects: Education in the Age of Empire. *History of Education*: *Journal of the History of Education Society*, 37 (6), 2008, pp. 773 - 787.

IBRD, (1955). International Bank for Reconstruction and Development: *The Economic development of Nigeria*. Washington: The John Hopkins' Press.

Jones, Thomas Jesse. (1925). *Education in Africa*: *A Study of West, South, and Equatorial Africa by the African Education Commission, under the Auspices of the Phelps-Stokes Fund and Foreign Mission Societies of North America andEurope*. New York: Phelps-Stokes Fund.

Available onlinehttp://www.archive.org/details/educationinafric00afriuoft Last accessed on 04/04/2015, 9:51AM.

Kallaway, P. (2005). Welfare and education in British colonial Africa and South Africa during the 1930s and 1940s. *Paedagogica Historia*: *International Journal of the History of education*, 41 (3), pp. 337 - 356.

Kallaway, P., (2009). Education, health and social welfare in the late colonial context: the International Missionary Council and Educational transition in the interwar years with specific reference to colonial Africa. *History of Education*: *Journal of the History of Education society*, 38 (2), pp. 217 - 246.

King, K. (1971). *Pan-Africanism and Education*. Clarendon, Oxford.

Lugard, F. (1965). *The Dual Mandate in British Tropical Africa*. London: Archon Books.

Mac Ojong, T. T. (2008). *Philosophical and Historical foundations of Education in Cameroon 1884 - 1960*, Limbe: Design House.

Maldonado-Torres, N. (2007). On the coloniality of being: Contributions to the development of a concept. *Cultural Studies*, 21 (2 - 3), March/May, pp. 240 - 270.

Mbile, N. N. (1999). *The Cameroon Political story*: *Memories of an AuthenticEye Witness*. Limbe: Presprint.

Mbua, F. N. (2002). *Educational* planning: Issues and perspectives. Limbe: Presprint.

Ndille, R. N. (2014). *Teacher Training in British Southern Cameroons 1916 - 1961*: *Educational Historiography in Postcolonialism*. African Journal of Social Sciences: A Multidisciplinary journal of Social Sciences. 5 (2).

Ndlovu-Gatsheni, S. J. (2013a). *The Entrapment of Africa within the Global Colonial Matrices of Power*: *Eurocentrism, Coloniality, and Deimperialization in the Twenty-first Cen-*

tury, Journal of Developing Societies. 29 (4), pp. 331 – 353.

Ndlovu-Gatsheni, S. J. (2013b). *Coloniality of power in postcolonial Africa: the myth of decolonization.* Dakar: CODESRIA.

Ngoh, V. J., (1987). *Cameroon 1884 – 1985: A Hundred Years of History.* Limbe: Navi-Group.

Ngome, E. N. (2014). "The impact of colonialism and religion on traditional Authority in Mwetugland, Cameroon" Unpublished MA Thesis in History, University of Buea.

Santos, Boaventura de Sousa (2006). Beyond Abyssal Thinking: From Global Lines to Ecology of Knowledges. *Eurozine*, pp. 1 – 33.

Southern Nigeria. (1930a). *Provincial School Syllabus for Infants' Section and Elementary Schools up to Standard IV of Southern Nigeria.* Lagos: CMS Bookshop.

Tazifor, T. (2003). *Cameroon History in the 19th and 20th centuries.* Buea: Educational Books Centre.

Thompson, A. R. (1981). *Education and Development in Africa.* London and Basingstoke: Macmillan Publishers Ltd.

United Kingdom. (1948). *Report by His Majesty's Government in the United Kingdom of Great Britain and Northern Ireland to the General Assembly of the United Nations on the Administration of the Cameroons under United Kingdom Trusteeship for the year 1948.* London: His Majesty's Stationery Office.

West Cameroon, (1962). *West Cameroon Ministry of Education and Social Welfare: Education Department Statistics at 31st December 1962.* Buea: Government Press.

Whitehead, C. (1995). The Medium of Instruction in British colonial education: a case of cultural imperialism or enlightened paternalism? *History of Education: Journal of the History of Education Society*, 24 (1), pp. 1 – 15.

Whitehead, C. (2005). The historiography of British Imperial education policy, Part II: Africa and the rest of the colonial empire. *History of Education: Journal of the History of Education Society*, 34 (4), pp. 441 – 454.

World Bank. (1989). *Education in sub-Saharan Africa: Policies for adjustment, revitalization and expansion.* Washington DC: World Bank.

近年来我国非洲教育研究成果综述及趋势展望

——基于"非洲高等教育国别研究"评介

李俊丽　陈明昆

【内容摘要】近年来,随着中非关系的全面发展,国内关于非洲教育研究的成果越来越多,浙江师范大学开展的"非洲高等教育国别研究"占据相关研究的主体。这些研究主要集中在非洲高等教育的管理体制、高等教育质量问题、性别平等问题、经费投入问题以及私立高等教育发展等方面。但目前在非洲高等教育研究方面尚存在国别的数量需扩大、研究质量需提高、研究力量需加强等关键问题。在研究视阈上,今后应更多关注在华非洲留学生、中国对非教育援助、孔子学院发展等方面的研究。

【关键词】非洲高等教育;国别研究;质量与公平

【作者简介】李俊丽,浙江师范大学非洲研究院硕士研究生,研究方向为非洲教育;陈明昆,浙江师范大学非洲研究院副院长,教授,博士,硕士生导师,主要研究方向为非洲教育、职业教育。浙江师范大学非洲研究院(金华,321004)

进入21世纪以来,在千年发展目标激励下,非洲大陆的各级各类教育都有了较快发展,很多国家的高等教育改革取得积极成效,越来越引起国内外学者的关注。2007年,浙江师范大学受教育部委托,启动了"非洲高等教育国别研究工程"。该项目开展多年来,取得了一系列研究成果,产生了广泛影响,在国内非洲教育研究领域独树一帜。下面拟以

"非洲高等教育国别研究工程"的研究为基点,对自项目启动以来国内非洲教育研究成果进行统计,对非洲高等教育研究进行评析,以总结成绩、发现不足、展望未来,以期引起国内外专家学者的进一步关注。

一 近年来国内非洲教育研究成果的统计分析

在中非关系进一步发展、中非合作论坛举措顺利实施的大好背景下,浙江师范大学于2007年启动了"非洲高等教育国别研究"项目,经过多年的努力,目前已出版七个国家的高等教育研究著作,分别是埃及、南非、喀麦隆、尼日利亚、肯尼亚、埃塞俄比亚和坦桑尼亚。在一期项目顺利结题的基础上,学校于2010年启动了二期研究项目,计划对塞内加尔、赞比亚、摩洛哥、津巴布韦、乌干达、纳米比亚、博茨瓦纳和阿尔及利亚等八个非洲国家的高等教育情况进行为期三个月的实地调研,并完成相关研究。目前,二期项目正在积极推进,前期调研和资料整理工作已完成,其中有两个国家的高等教育研究著作已出版。除了著作,关于非洲高等教育的论文已发表近百篇,并有多篇学位论文通过答辩。

据初步统计,从2007年到2014年年底,浙江师范大学研究人员已出版非洲高等教育研究专著、译著、编著二十余部,在核心期刊发表研究论文七十余篇,完成硕士学位论文二十余篇。就发表论文来看,主要期刊分布情况如下:

期刊名称	比较教育研究	外国教育研究	西亚非洲	教育发展研究	浙江师范大学学报	高等教育研究	全球教育展望	世界教育信息
论文数	32	9	8	5	5	4	2	1

论文选题涵盖南非、肯尼亚、尼日利亚、埃塞俄比亚、博茨瓦纳等14个国家。与此同时,研究人员通过到非洲国家进行实地调研、资料收集以及参加学术交流活动等,在开展非洲高等教育研究的同时,也带动了非洲基础教育、职业和成人教育、教师教育、教育援助、非洲孔子学院等方面的研究。这些研究成果(期刊论文和学位论文)的初步统

计如下：

2007—2014年国内关于非洲教育研究成果的分类统计：[①]

教育类型	基础教育	职业和成人教育	教师教育	教育援助	孔子学院	总　计
期刊论文	33	26	20	13	20	112
学位论文	13	5	6	5	5	34
小　计	46	31	26	18	25	146

以上成果中，学位论文34篇，期刊论文112篇，以浙江师范大学为通讯单位的有65篇，占44.5%，其他通讯作者的单位分别是西南大学、华东师范大学、华中师范大学、南京师范大学、浙江大学等。若按年度进行统计，则2007—2014年的成果分布情况如下：

年　份	2007	2008	2009	2010	2011	2012	2013	2014
期刊论文数	9	10	11	20	19	13	14	16
学位论文数	1	1	2	2	5	11	10	2
总数	10	11	13	22	24	24	24	18

由上表可以看出，国内关于非洲教育的研究虽刚刚起步，但自2007年浙江师范大学启动"非洲高等教育国别研究"项目以来，带动了国内非洲教育研究的发展，年度研究成果呈上升趋势。其中，浙江师范大学研究人员开展的关于非洲高等教育国别研究系列成果，无疑具有开国内先河的历史意义，推动和引领了国内非洲教育研究的发展路向。下面仅就浙江师范大学的非洲高等教育研究成果尤其是已发表的研究论文进行观点评析。

---

① 文献检索分别以浙师大"非洲高等教育国别工程"选定的15个国家名为"篇名"进行检索，再以"非洲"和"撒哈拉以南非洲"为篇名进行检索，然后进行筛选。时间跨度为2007—2014年年底。

二 非洲高等教育研究成果评析

本部分根据学术期刊网收集到相关论文的研究观点及其他出版成果进行梳理,主要从高等教育的管理体制、质量问题、性别平等、教育经费以及私立高等教育发展等方面进行分析,以期为相关研究提供借鉴。

(一) 关于非洲高等教育管理体制的研究

非洲很多国家是在二战以后才开启了高等教育的发展之路,在办学体制和管理制度方面更多是照搬欧美国家的模式。这种从西方移植过来的高等教育体制长期以来"水土不服",加之在办学经费、教师、课程等方面过度依赖西方的援助,直到20世纪末,很多非洲国家的高等教育规模都很小,发展缓慢。进入21世纪以来,非洲经济出现较快发展,同时带动了高等教育的发展,一些非洲国家的高等教育体制改革也提到了议事日程。

南非是非洲大陆较为发达的发展中国家,教育体系在非洲也最为发达,教育资源相对丰富。研究者认为,南非在1994年成立新民主政府之后,在高等教育领域实行的是"合作型管理"模式,这种管理模式具有独特的南非特色,发挥了重要作用。合作型管理依据联合型原则,允许政府外部力量和各种教育协会或者机构的介入,在政府和高教系统之间发挥积极作用。[1] 南非高等教育合作型管理模式并非一成不变,在实践过程中,政府会不断对它进行调整和完善,以便更好地促进南非高等教育的发展。

进入21世纪以来,埃塞俄比亚高等教育的规模不断扩大,原有的教育管理模式越来越不适应,于是,埃塞俄比亚政府着力从政策法规、经费体制、管理机制等方面推进改革,并已取得积极成效。[2] 坦桑尼亚政府在1994年出台了达累斯萨拉姆大学《发展战略计划》,旨在把长期以来政府管理大

---

[1] 方婷、李旭:《南非高等教育合作型管理的发展进程及其启示》,《比较教育研究》2013年第6期,第18页。

[2] 陈明昆:《埃塞俄比亚高教管理体制研究》,《西亚非洲》2009年第3期,第49页。

学的权限下放到大学理事会,由大学理事会来决定大学的发展问题。① 尼日利亚政府则着手从办学许可证制度、专业认证制度和年度督导制度方面入手,积极引导本国私立高等教育的健康发展,并取得了一定的成效。

(二) 关于非洲高等教育质量问题的研究

近年来,非洲国家的高等教育在获得较快发展的同时,质量问题却日益突出,各国政府相继出台措施,促进高等教育的质量发展。埃及政府启动了高等教育质量保障和认证计划。该计划的主要目的是提高大学毕业生的质量,增强就业竞争力,降低失业风险,促进社会融合。但该项计划在具体的实施过程中还面临着诸多困难和挑战。②

新南非政府致力于构建更加完备的高等教育质量保障体系,包括南非资格局、国家资格框架和成立高等教育质量委员会。该体系在理念上具有创新性,在价值取向上具有多元性,在程序和策略上具有互补性。尽管该保障体系实施情况良好,但在质量与公平之间仍存在冲突。③

进入 21 世纪,埃塞俄比亚从原有的两所国立大学发展到九所,另有 13 所地方性大学和一所开放式大学也已相继建成。规模的急剧扩大无疑给教育质量带来了风险与威胁。研究者从高校招生人数、师生比、教师素质等方面描述了埃塞俄比亚高等教育质量的现状,剖析了埃塞俄比亚高校因经费、师资等短缺所带来的质量下降问题,并从建立质量保证机构、聘请外籍教师等方面提出对策建议。

尼日利亚政府对本国高等教育的质量相当重视,认为提高高等教育的国际形象是提高其国际地位的重要举措之一。在《尼日利亚大学教育质量保障体制改革的分析》一文中,作者分析了尼日利亚在大学质量保障体制构建中获得的经验,探讨了对发展中国家推进高等教育发展的借鉴意义。④

---

① 许序雅:《坦桑尼亚高等教育研究》,中国社会科学出版社 2009 年版,第 83—84 页。
② 季诚钧、徐少君:《埃及高等教育质量保障和认证计划》,《外国教育研究》2009 年第 3 期,第 11 页。
③ 牛长松、顾建新:《南非高等教育质量保障体系:框架、特色与挑战》,《比较教育研究》2007 年第 12 期,第 45 页。
④ 楼世洲、岑建:《尼日利亚大学质量保障体制改革的分析》,《全球教育展望》2008 年第 10 期,第 84 页。

(三) 关于非洲高等教育性别平等问题的研究

一直以来，性别平等问题困扰着非洲国家高等教育的健康发展。独立后，非洲各地区经济发展极不平衡，加上受历史、文化及宗教信仰的影响，非洲女性接受高等教育的比例一直很低。据统计，2010 年撒哈拉以南非洲 19 个国家中，成人文盲超过 1000 万的国家有三个，超过 100 万的国家有 13 个，其中女性占大部分。① 联合国千年发展目标提出促进两性平等并赋予妇女权利的指标，要求 2015 年之前消除初等教育、中等教育和高等教育中的性别平等问题。但美好愿望再一次落空，就在 2015 年 6 月 14 日开幕的非盟第二十五届峰会上，再次提出了"妇女赋权"的主题，提出要重点加强对青年特别是妇女的技能培训，为他们创造有利的就业和学习环境。

在《政策关照下的埃塞俄比亚高等教育性别平等问题》一文中，作者从文化、风俗、传统观念、价值和信仰等社会因素分析了埃塞俄比亚妇女接受高等教育比例偏低的原因。② 由于接受高等教育的女性比较少，这直接影响到高校女教师的数量。据作者统计，在埃塞比亚的公立高校中，女教师的人数仅占 7%。为此，埃塞俄比亚政府采取降低女生入学分数等措施来提高女性入学的比例。

文化差异和经济贫困是造成高等教育性别不平等的主要原因，但相关法规政策的缺失也是造成性别不平等不争的事实。万秀兰教授等在回顾肯尼亚女子高等教育发展历程的基础上，指出肯尼亚女子高等教育在法规、制度等方面存在局限性，建议通过政府的政策干预来解决肯尼亚女子教育发展的问题。③

有学者以赞比亚大学为例，通过分析赞比亚大学女生就学的情况，指出赞比亚高等教育中尚未实现性别平等，并且在某些学科领域性别不平等

---

① 陈明昆、梁帅:《撒哈拉以南非洲成人与青年识字情况研究——基于教科文组织相关报告的数据分析》,《世界教育信息》2014 年第 1 期，第 46 页。

② 陈明昆:《政策关照下的埃塞俄比亚高等教育性别平等问题——基于对得巴布大学的女生分析》,《比较教育研究》2008 年第 11 期，第 19 页。

③ 万秀兰、余小玲:《肯尼亚女子高等教育发展：问题及对策》,《比较教育研究》2009 年第 5 期，第 30—31 页。

问题仍然较为严重。[1] 但不可否认的是，因为赞比亚政府高度重视教育的性别平等问题，在国家宏观教育政策的指引下，加上高等教育机构的努力和争取，赞比亚高等教育领域的性别不平等问题出现了积极变化。

随着性别平等问题在高等教育领域受到越来越广泛的关注，非洲各国政府纷纷采取措施来提高女性的入学率，但专业分布、校园安全等问题仍然严重影响女性接受高等教育的机会。总之，在教育公平和性别平等的道路上，很多非洲国家还有很长的路要走。

（四）关于高等教育经费问题的研究

非洲是贫穷的大陆，财政危机是影响非洲高等教育发展的重要因素。非洲高等教育经费在很大程度上依赖政府财政和外部援助。受经济不景气的影响，20世纪八九十年代，绝大多数非洲国家都被迫实施了结构调整计划。在世界银行等国际组织的建议下，非洲很多国家开始大幅度减少高等教育经费的投入，与此同时，一些国家也开始对高等教育经费制度进行改革，由原来的政府大包大揽转向"成本分担"。这些都促使非洲国家高等教育的财政体制发生转型。现有研究对此多有关注。

由于长期实行免费的高等教育政策，埃及政府不堪重负，背上了沉重的经济负担。为摆脱重负，埃及政府从世纪初开始推行"高等教育发展资助计划"。该计划旨在通过在公立高校中引入竞争性财政机制，激发高等教育机构的办学活力，提升质量和效率，推动高等教育的健康发展。[2] 另有学者对埃塞俄比亚高等教育"成本分担"制进行了研究。这项计划的内容是：学生将承担学习期间的全部食宿费用和15%的学费，在毕业一年后以"毕业税"的形式缴纳。这项计划促进了教育的公平，增强了教育的财政后劲，在一定程度上缓解了埃塞俄比亚高等教育在发展中面临的经费困境。[3]

有研究者从体制转型的角度，对肯尼亚公立高校的经费问题进行了探

---

[1] 周志发、林海鸥：《赞比亚高等教育中的性别平等问题研究——以赞比亚大学为例》，《比较教育研究》2011年第4期，第43页。

[2] 季诚钧、徐少君：《埃及高等教育发展资助计划述评》，《比较教育研究》2009年第5期，第35页。

[3] 陈明昆：《埃塞俄比亚高等教育"成本分担"制研究》，《比较教育研究》2007年第12期，第51页。

讨。作者在对肯尼亚公立高等教育财政体制转型的原因进行全面剖析的基础上，指出肯尼亚高等教育财政体制的改革应注意协调高等教育规模、结构和质量的关系，调整各类创收活动的结构，提高创收人员的创业素质。① 在《尼日利亚大学财政体制的困境与改革评析》一文中，作者分析了尼日利亚国家大学财政体制的变迁轨迹，但长期以来由国家包揽大学经费的财政政策，也使得尼日利亚的高校普遍面临经费来源单一、国家投入严重不足、经费使用目的不明确等诸多困境。②

非洲国家为了解决高等教育办学经费问题，相继出台改革措施，但需注意的是，有些措施不尽合理，简单照搬别国经验难免"水土不服"，在实施过程中还会遇到诸多障碍，缺乏可持续性。因此，非洲各国应该根据本国国情，制定适合本国高校发展的财政经费体制。

(五) 关于非洲国家私立高等教育的发展研究

长期以来，非洲国家的公立高校一家独大，私立高等教育的出现比较晚，而且发展缓慢。直到 20 世纪 80 年代，结构调整、解除管制、政府财政危机等因素诱发了高等教育的市场化改革，私立高校开始出现，并得到初步发展。就南非来看，其私立高等教育的发展大致经历了这样几个时期：初建时期（1829—1917 年）、公私立高等教育分化时期（1918—1947 年）、私立高等教育艰难发展时期（1948—1990 年）和 1990 年以后私立大学迅速发展时期。③

进入 21 世纪以来，肯尼亚的私立高等教育也得到了良好发展，有研究者从可持续发展的角度，提出了私立高等教育所面临的挑战，全方位展现了肯尼亚私立高等教育发展的概貌。④ 尼日利亚政府鼓励私立高校的发展，积极为私立学校的建立提供便利条件，并且建立了一套严格的制度体

---

① 万秀兰：《肯尼亚公立高等教育财政体制转型与高校市场筹资》，《高等教育研究》2007 年第 11 期，第 102 页。

② 楼世洲、岑建：《尼日利亚大学财政体制的困境与改革评析》，《比较教育研究》2008 年第 6 期，第 40—41 页。

③ 牛长松：《南非私立高等教育的发展及政策干预》，《教育发展研究》2007 年第 9B 期，第 68—69 页。

④ 孙小丽：《肯尼亚私立高等教育的发展和挑战》，《教育发展研究》2007 年第 9B 期，第 73 页。

系，规范和引导私立高校的发展。① 另有研究者进一步分析了尼日利亚私立高等教育之所以得到发展的原因，总结了尼日利亚私立高等教育发展的特色，如办学主体多样性等。楼世洲教授通过回顾尼日利亚私立大学发展的历程，指出了尼日利亚私立大学发展所面临的各种困境。② 在《赞比亚私立高等教育发展及其影响因素分析》一文中，作者介绍了赞比亚私立高等教育发展的历程，并分析了影响赞比亚私立高等教育发展的背景因素。③

总体上看，非洲国家的私立高等教育起步较晚，在办学机制、质量管理、课程设置等方面仍存在不足，需进一步加强。

除上述研究选题外，另有学者对非洲远程高等教育的发展、非洲高校招生政策的演变、非洲高校的教师教育、非洲高等教育的国际化等问题也有所关注。

三 对非洲教育研究的不足和趋势前瞻

相比发达国家对非洲教育的研究而言，国内在非洲教育研究方面还刚刚起步，虽取得了一定的成果，初步形成了以浙江师范大学为主要力量的研究队伍，但由于研究对象的复杂性、特殊性，研究条件的制约性，研究环境的变化等因素的存在，目前在非洲教育研究方面还存在这样那样的不足，需引起后续研究的关注。

（一）现有研究的不足

1. 研究国别的数量需进一步扩大。目前，对非洲国家教育的研究主要集中在一些相对较大的国家，或是经济大国，或是人口大国，如南非、尼日利亚、埃塞俄比亚、肯尼亚等。当然，这些国家与中国之间大都保持

---

① 岑建：《尼日利亚私立大学管理体制及其启示》，《外国教育研究》2008年第4期，第76页。

② 楼世洲：《尼日利亚私立大学的发展和困境》，《高等教育研究》2008年第3期，第106—108页。

③ 冯典：《赞比亚私立高等教育发展及其影响因素分析》，《外国教育研究》2011年第10期，第91页。

着良好关系，双边经贸、文化的交往发展较快，加强对这些国家教育的研究也是情理之中。但随着中非关系的全面发展，中国和非洲在政治、经济、文化等各方面交往的日趋频繁，进一步扩大国别范围，推进中国对非洲国家教育的深入和全面研究也是大势所趋。

2. 研究成果的数量和质量均有待进一步提高。从近十年来发表的百余篇论文来看，多数都还停留在对某个国家高等教育历史发展过程的梳理、高等教育发展规模变化的描述、特征的总结、政策文本的解读等方面，没有从非洲高等教育发展的内外关联性、深层的影响因素、发展规律性和政策动态等方面跟进。

3. 研究力量和资源需进一步整合，发挥更大作用。仅就浙江师范大学的非洲教育研究看，研究力量主要分布在比较教育研究院、非洲研究院、教育学院等部门，资源需要进一步整合，队伍仍需扩大。在进行研究课题的联合攻关、赴非进行实地调研等方面希望能够加大政策支持力度，吸引更多的比较教育学者关注与走进非洲教育研究。

（二）未来研究的趋势展望

1. 应更多关注在华非洲留学生的研究。据统计，目前非洲国家来华留学生总人数已近三万。随着中非两国教育合作的不断深入和交流体系的健全，将会有越来越多的非洲学生到中国学习。因此，加强对非洲留学生在中国的文化适应性及毕业后就职去向的研究，十分必要，需引起研究者的关注。

2. 需强化中国对非教育援助政策和项目质量的研究。中国政府十分重视对非教育援助，援助内容主要包括援建学校、提供教学设备、派遣教师、在华培训教师和实习生、为非洲国家提供奖学金、派遣志愿者等。如何更好地发挥教育援非的功能和作用，促进教育援非工作的持续健康发展，迫切需要加强对教育援非政策体系、运行机制、项目过程监督、质量和效益评估等方面的跟踪研究。

3. 需注重孔子学院建设与发展方面的研究。目前，中国已经在非洲30多个国家中设有40多所孔子学院（浙江师范大学有3所）和10多个孔子课堂，发展迅速。孔子学院为传播中华文化、增进中非友谊、促进中非关系发展作出了积极贡献。但孔子学院的可持续发展也面临着一系列的问题与挑战：如在建设过程中，如何健全质量保障、融入本土教育体系的问题；在汉语推广过程中，如何协调好实用性与普及性的问题；在功能拓展方面，如何从非洲国家发展实际出发，丰富办学内涵、拓展办学功能等，需进一步加强相关方面的研究。

当然，上述分析并未能概况全部，旨在通过对国内非洲教育尤其是非洲高等教育研究的文献梳理、评析，及对非洲教育研究现状不足的归纳、未来非洲教育研究主题的趋势研判，希冀为后续研究提供些许铺垫和参照。

（责任编辑：李育球）

应国家战略需求而兴起的区域研究[①]

——浅析冷战时期美国高校的非洲研究

王 严 刘鸿武

【内容摘要】冷战时期,为在全球范围内对抗苏俄集团并赢得冷战中的战略优势,美国亟须了解欧洲之外的世界上其他地区,区域研究随着兴起。随着美国国内民权运动的发展、美国与非洲双边关系的发展,非洲研究成为美国高校研究中区域研究的重要组成部分。在洛克菲勒基金会、卡耐基公司以及福特基金会等私人基金会和美国《国防教育法案》第六章的支持下,美国高校的非洲研究迅速发展,并各个高校中呈现出不同的研究聚焦。受到"冷战"这个特定背景的影响,美国高校中的非洲研究具有院校主要集中在白人大学;学科主要集中在语言学、历史学、教育学和法学等人文社会科学学科;集各个学科的所长而建立跨学科的非洲研究项目以及注重建立与非洲本土高校之间的联系等特点。

【关键词】冷战;美国高校;非洲研究

【作者简介】王严,云南大学非洲研究中心2013级博士研究生,浙江师范大学非洲研究院非洲研究与中非合作协同创新中心兼职研究人员;主要关注非洲史学思想、左翼思潮等问题。(昆明,650091)刘鸿武,浙江师范大学非洲研究院院长,教授(金华,321004)

[①] 项目基金:浙江省高校重大人文社科重点规划项目"未来10年大国在非洲的战略博弈与中国非洲学的建构及使命"(2013GH001)。

2012年，美国有200多所高校具有授予非洲研究（黑人研究）[①]学士或博士学位的资格。美国现在有八大非洲研究领域的博士项目，与世界上其他国家一样，这些项目大都建立在研究型大学中，并且这些研究项目基本上都是在冷战时期发展起来的。冷战时期，出于国家安全利益方面的考虑，美国亟须了解非西方社会，美国的区域研究便应运而生。在美国的区域研究中，非洲研究是其中一个重要的组成部分。出于自身战略利益的考虑，美国的私人基金会以及政府加大了高校中非洲研究的资助力度，美国的非洲研究在冷战时期迅速地发展起来，甚至超越了欧洲，而成为全球非洲研究的重镇。本文主要考察冷战时期，美国为何重视非洲研究，美国开展非洲研究的主要高校及其所具有的一般性特征等问题，以此追溯美国当前非洲研究的根源。

一　冷战背景下的美国学术研究

　　在理想状态下，教师在他们的研究中受知识的激励——什么是已知的，什么需要被认识和什么可能被发现。……研究本质上是中立的。研究者关心的是确保知识进步的有效性，而不是关心知识可能被作用于什么用途。[②]但是在特殊时期，出于特定历史目的的考虑，学术研究的社会效应被要求立刻显现出来，甚至要为国家的战略利益服务。苏联与美国之间的冷战，不仅仅是意识形态上的对立，更是将其他领域的对立转变成政治对立，正如卡尔·施米特所说"任何宗教、道德、经济、种族或其他领域的对立，当其尖锐到足以有效地把人类按照敌友划分成阵营时，便转化成

[①]　在美国学术界，非洲研究（African Studies），有时候又被称为"黑人研究"（Black Studies）、"非裔美国人研究"（Afro-American Studies）、"非洲志研究"（(Africana Studies）或"非洲学"（Afriangology）等，为了行文上的方便，本文一律使用"非洲研究"。

[②]　Geiger Roger L. Organized, "Research Units—Their Role in the Development of University Research." The *Journal of Higher Education*, 1990, (1): 8-9. 转引自於荣：《在自由与服务之间徘徊——冷战期间美国大学的学术研究与国家利益关系的历史考察》，《比较教育研究》2008年第7期。

了政治对立。① 冷战时期，美国与苏联在学术研究领域的对立也转变成了政治对立。

当大学的研究费用主要依赖于政府时，大学学术研究的目的和性质受政府的支配也就不可避免了。在第二次世界大战以前，美国联邦政府对研究型大学发展的影响相当有限，私人基金会不仅是美国高等教育的实际管理者，也是研究型大学发展的资金提供者和科学研究的主要支持者。② 直到第二次世界大战期间，美国联邦政府才开始考虑把大学的基础研究和训练作为促进国家经济发展，确保国家安全和健康的资源。③ 因此，为了赢得冷战的胜利，联邦政府再次动员包括大学及其学术研究人员在内的各种力量来应对苏联的挑战。美国联邦政府先后制定了关于自然科学、社会科学和人文科学的研究政策，对大学不同领域的学术研究进行大力资助。联邦政府对大学学术研究的资助不仅为学术研究的发展提供了重要资金来源，而且决定了大学学术研究的方向和内容。美国大学的学术研究在冷战中走上了为国家利益服务之路，大学的学术研究成为冷战的重要工具。④ 人们今天所了解的科学——得到政府资助的大规模的科学，是第二次世界大战中出现的一种强有力的军事与政治工具。⑤

二 国家主导型美国非洲研究的兴起

冷战期间，美国非洲研究兴起的主要原因可以概括为以下几点：

第一，为了赢得第二次世界大战的胜利，美国需要了解欧美之外的其他地区，作为区域研究的非洲研究随之兴起。第二次世界大战结束之后，

---

① 卡尔·施米特：《政治的概念》，刘宗昆等译，上海人民出版社2004年版，第117页。

② Alain Touraine, *The Academic System in American Society*, New Brunswick: Transaction Publishers, 1997, p.131.

③ 伯顿·克拉克：《研究生教育的科学研究基础》，王承绪译，浙江教育出版社2001年版，第268页。

④ 於荣：《在自由与服务之间徘徊——冷战期间美国大学的学术研究与国家利益关系的历史考察》，《比较教育研究》2008年第7期，第32页。

⑤ 肯尼斯·普鲁伊特：《社会科学与第三世界：美国的局限性》，罗凤礼译，《国际社会科学杂志》（中文版）1985年第1期，第189页。

美国急需的是以地区为基础的知识。① 1949 年 5 月,社会科学研究理事会 (the Social Science Research Council,简称 SSRC)出版了《区域研究,侧重其对社会科学研究的影响》(Area Studies, with Special Reference to their Implications for Research in the Social Sciences),这是一份明确区域研究需求的报告。② 报告强调到,在第二次世界大战之前,区域研究一直聚焦于拉美研究和远东研究,但是第二次世界大战急切地需要有关新地区及其人民的专业知识。到 1949 年,报告的作者注意到,很少的兴趣被放到"任意一个欧洲国家(而不是俄罗斯)甚至是诸如远东、非洲、印第安世界或东南亚"③。更甚者,报告认为"战争之后,国家的安宁比之前更需要公民了解其他的人民以及他们的创造"④。SSRC 认为,大学、学术界、图书馆以及博物馆应该肩负起填补诸如非洲等世界其他地区的知识鸿沟的职责。⑤ 美国区域研究的真正出现,是对冷战以及苏联过分着迷的结果。

福特基金会主席小罗文·盖瑟尔(H. Rowan Gaither, Jr.)明确地解释了冷战与区域研究之间的联系,他认为,美国之所以促进区域研究最主要的原因在于"战争以及共产主义对于任何人类进步希望的致命性威胁"⑥。非洲研究是美国区域研究中的重要组成部分。

第二,随着非洲国家相继独立,美国需要拉拢新独立的非洲国家,以免其倒向苏联社会主义阵营一边。随着非洲地区的去殖民化,非洲从传统的欧洲利益的视角下解放出来,美国担心这些新建立的国家将会与共产主义的苏联结盟。1962 年在美国的《对非政策与行动方针》中就指出:"在(中苏)集团与非共产主义世界的全球竞争中,非洲或许是最为辽阔的开放地带",美国应"全力阻止中苏集团获得非洲的军事基地或对任何非洲

---

① 相关文章参见牛可《美国"区域研究"的兴起》,《世界知识》2010 年第 9 期,第 64—65 页;梁志《美国"区域研究"兴起的历史考察》,《世界历史》2010 年第 1 期,第 28—39 页。

② Robert B. Hall, *Area Studies, with Special Reference to their implications for Research in the Social Sciences*, Social Science Research Council Pamphlet 3, New York: Social Science Research Council, 1949.

③ Ibid., p. 9.

④ Ibid., p. 22.

⑤ Ibid., pp. 22 – 23.

⑥ Matin Staniland, *American Intellectuals and African Nationalists, 1955 – 1970*, New Haven: Yale University Press, 1991, p. 30.

国家施加军事影响"①。为了防止这些新成立的非洲国家与苏联建立联盟，美国必须了解、理解与尊重非洲国家。

事实上，苏联对于非洲大陆的交流与研究已经抢先美国一步。据报告在基辅、列宁格勒以及莫斯科的非洲语言学校中，每所学校聘请20名高级学者。② 苏联从1958年开始关注热带非洲，正是在这一年，美国颁布了《国防教育法》（the National Defense Education Act）。1958年12月，整个苏联集团开始以英语、法语、葡萄牙语等语言，每周向撒哈拉以南的非洲播放广播21小时。1960年2月，增加了三个半小时的斯瓦西里语广播。到1960年7月的时候，苏联这些语言的广播时间达到每周138小时。此外，每周还有160小时的阿拉伯语广播。与此相反的是，美国之音对于非洲的一般海外项目每周大约只有40小时，这些广播通常是以法语、英语、阿姆哈拉语以及阿拉伯语播送的；仅仅有一天2次半个小时的日报（一周7小时）主要是为非洲准备的，而苏联为非洲量身定制的广播达到一周76小时。③

在教育领域，苏联政府为非洲领导人在莫斯科的新友谊大学（Friendship University）学习提供了优厚的奖学金，民主德国、捷克斯洛伐克、匈牙利以及中国都设立了与非洲交换留学生的项目。在富布莱特（Fulbright）以及斯密斯-蒙特法（Smith-Mundt Acts）之下，美国设有强大的非洲留学生项目，1958—1959年，120名来自撒哈拉以南非洲不同地区的非洲人在美国政府发起的项目之下到美国学习。1960年，这一数目达到270人，许多人都是在私人资助下学习的。然而，去非洲的美国人数量却是少得可怜：1958—1959年有21名富布莱特学者，1960—1961年有48名。当然，出现这一状况的主要原因是，非洲并不存在大量的正规教育机构，但是最主要的因素是大多数的美国人在非英语的地区并不能交流。④

---

① 国务院：《对非政策与行动方针》（Department of State, Guidelines for Policy and Operation's African），1962年3月，第1页，转引自梁志《美国"区域研究"兴起的历史考察》，《世界历史》2010年第1期，第35页。

② Kenneth W. Mildenberger, "African Studies and the National Defense Education Act," *African Studies Bulletin*, Vol. 3, No. 4 (Dec., 1960). p. 20.

③ Ibid., pp. 20 – 21.

④ Ibid., p. 21.

第三，美国与非洲国家之间相互联系增长的需求。在 20 世纪 50 年代，美国学术界以及高校中对区域研究的转向，引起了非洲对于美国重要性的再考虑。1963 年，非洲研究教授、约翰霍普金大学非洲研究计划主任（the Director of the Programme of African Studies at Johns Hopkins University）弗农·麦凯（Vernon Mckay）出版了《世界政治中的非洲》（Africa in World Politics）一书，这本书主要论述了从第二次世界大战到 20 世纪 60 年代非洲和美国之间发展的联系。[1] 麦凯相信，非洲研究发展的增长是作为第二次世界大战期间，美国对于非洲贸易依赖性的一个结果，是作为非洲诸国的迅速去殖民化，人文使命的上升以及美国对于苏联影响力担忧的结果。美国与非洲之间的相互联系是为经济、军事以及知识需求服务的。哥伦比亚大学非洲研究项目建立的目的，就是希望越来越多的以与非洲新国家相关问题为导向的美国研究生们为国家服务。[2]

麦凯还注意到，直到 1953 年，美国对非洲的援助小到在政府中没有记录。在 1953 年，议会批准了 400 万美元的非洲财政援助。但是在 1946 年到 1961 年的 16 年之间，美国对非洲研究的财政资助总额达到 18 亿美元——显然是出于对于美国—非洲关系重要性的考虑。[3]

第四，从学科发展上看，非洲国家的独立，为美国的非洲研究提供了新的研究议题。在殖民时期，除了历史上的黑人大学，在美国高校的课程设置中，非洲是一个"空白"区域，因为在历史学家眼里，非洲是一个"没有历史的大陆"；对于政治科学家来说，政治科学的研究对象是"民族国家"，非洲没有现代国家，也就没有什么可研究的了；在社会学家看来，非洲缺乏现代的社会—心理学方面的特征。在所有社会科学中，只有一门学科研究非洲，这就是人类学，因为非洲是美国大陆上非裔美国人的故乡，研究非洲人类学，有助于了解非裔美国人的文化传统。然而，即便是美国大学中的人类学，在 20 世纪二三十年代甚至是 40 年代，对非洲的

---

[1] Vernon Mckey, *Africa In World Politics*, New York: Harper & Row, 1963.
[2] African Studies Association, "African Studies in the United States," *African Studies Bulletin*, Vol. 4, No. 2 (May, 1961), p. 9.
[3] Vernon Mckey, *Africa In World Politics*, New York: Harper & Row, 1963, pp. 364 – 367.

关注也是很少的。[1]

非洲国家相继独立后，出现了现代国家，也就具有了政治科学家们研究的对象，如罗斯福大学的非洲研究项目（Program of African Studies, Roosevelt University）的成员们关注的一个主题就是"形成中的新国家"（New Nations in the Making）[2]。非裔美国人以他们自己的过去为荣，美国学术界也开始研究非洲的历史，不过这种历史，大多数是非裔美国人的历史；非洲国家的相继独立，对非裔美国人产生了深层的影响。诸如艾伦·皮菲尔（Alan Pifer）这样的基金会官员在一次演讲（1948）中所提到的那样，"我相信，加纳独立的到来对于某些美国黑人来说，具有深层次的心里影响。它促使他们以自己的非洲过去为荣。这些人中有知识分子、专业人员以及商人，虽然他们的数量很小，但是或许与对非洲有着特殊兴趣的欧洲裔美国人比较起来，这不是一个小数目"[3]。

非裔美国人对非洲大陆的故乡情怀、依赖感与自豪感不正是社会学家所寻找的现代社会—心理学的研究主题吗？有了政治科学、历史学、社会科学这些人文社会科学方面的研究议题，美国的非洲研究也随之发展壮大。

三 冷战时期美国高校的非洲研究概况

美国的非洲研究在冷战时期迅速地崛起，超越了其继承而来的欧洲的非洲研究，跻身为当今非洲研究的一大重镇。冷战时期，美国高校中的非洲研究主要是在哈特福特神学院基金会、福特基金会、卡耐基公司等这些私人基金会的支持下以及美国政府颁布的《国防教育法》第六章之下发展起来的。

---

[1] William G. Martin, "The Rise of African Studies (USA) and the Transnational Study of African," *African Studies Review*, Vol. 54, No. 1, April 2011, p. 61.

[2] African Studies Association, "African Studies in the United States," *African Studies Bulletin*, Vol. 1, No. 1 (Apr., 1958), p. 15.

[3] William G. Martin, "The Rise of African Studies (USA) and the Transnational Study of African," *African Studies Review*, Vol. 54, No. 1, April 2011, p. 72.

(一) 私人基金会支持下的非洲研究

在美国政府大规模地支持学术研究之前,美国学术研究的资金主要来源于私人基金会的支持。冷战时期,支持美国高校非洲研究的私人基金会主要有:

1. 哈特福特神学院基金会

自从 1918 年起,哈特福特神学院基金会资助的肯尼迪学院非洲研究系 (the Department of African Studies of The Kennedy School of Missions of The Hartford Seminary Foundation,简称肯尼迪学院) 就一直为北美的新教传教士机构 (the Protestant Missionary Agencies of North America) 服务。肯尼迪学院是北美地区第一家提供区域研究课程的机构。[1] 该机构为将来在非洲从事教会事业的职业传教士们提供文化上以及语言上的培训工作,诸如 1958 年到 1959 年,肯尼迪学院为非洲专业的学生所开设的课程有:非洲文化简介、非洲的教派、非洲现存的布道问题、非洲教育、对于基督教的非洲方法、伊斯兰教历史研究、非洲语言、语言研究——法语、葡萄牙语以及阿拉伯语、读写能力教育、圣经翻译、非洲语言研修班等。[2] 肯尼迪学院的师生到非洲各地的传教实践使得他们能够掌握非洲的最新变化情况。

2. 卡耐基公司

在"二战"期间,卡耐基公司 (The Carnegie Corporation) 就已经将它们区域研究的补助金扩大到非洲领域,通过提供奖学金以及派遣一小组学者到非洲"调查"旅行而资助非洲研究的发展。后来,这些旅行者中的一些人成为了非洲学学者。[3]

1953 年 9 月份,在纽约卡耐基公司的拨款下,斯坦福大学食品研究院 (Food Research Institute of Stanford University) 发起了一项对撒哈拉以南非洲经济发展的一般研究项目,尤其是对农业的研究。在 1953 年之前,斯坦福大学食品研究院的教职工们就已经开始从事包括在非洲农业中具有

---

[1] African Studies Association, "African Studies in the United States," *African Studies Bulletin*, Vol. 1, No. 1 (Apr., 1958), p. 13.

[2] Ibid..

[3] Carol A. Dressel, "The Development of African Studies in the United States," *African Studies Bulletin*, Vol. 9, No. 3 (Dec., 1966), p. 66.

重要意义的热带商品在内的研究工作，咖啡、茶叶、可可以及大米的经济学意义一直是该机构的书的研究主题，木薯和糖这两种其他热带商品，有时也被研究。

1955年在卡耐基公司的财政支持下，建立了杜克大学联邦研究中心。该中心建立的目的在于促进对英联邦的调查和研究工作，尤其是经济学、历史和政治科学方面的研究。研究项目包括：为杜克大学的研究生提供奖学金和津贴、赞助博士后项目的研究工作、出版系列、夏季研讨班、访问教授和讲师的项目以及获得英联邦基础研究材料的图书馆项目。最初，杜克大学联邦研究中心的各种项目主要关注的是旧有的英联邦国家，也就是，澳大利亚、加拿大、新西兰以及南非联邦，随着英联邦新成员国在非洲和亚洲的出现，英联邦在这些区域的发展已经受到越来越多的关注。[1]

西北大学的非洲研究项目（Program of African Studies, Northwestern University）在1948年作为学科间合作事业而获得正式批复，它是在卡耐基公司以及福特基金会的赞助下而实现的。该项目也积极参与到研究生调研以及喀土穆大学（the University of Khartoum）与西北科技学院（Northwestern Technological Institute）的教职工交换项目中，[2] 从1948年到1956年卡耐基官员为西北大学的非洲研究项目提供了13万美元的资金。[3]

3. 福特基金会

20世纪50年代早期，福特基金会（the Ford Foundation）取代了卡耐基公司成为国家项目以及国际性项目的主导性资助基金会。福特官员们起初将非洲排除在它的区域研究之外，因为他们更愿意直接处理独立国家的事务，而不是殖民地的事务。随着殖民制度的消除以及20世纪50年代早期非洲国家的纷纷独立，福特官员们建议将非洲增加到其项目中，因为该项目不再必须通过英国或是法国。霍华德大学在1951年申请到了福特基金会的非洲研究资助项目，福特基金会考虑将非洲增加进其国际项目中并

---

[1] African Studies Association, "African Studies in the United States," *African Studies Bulletin*, Vol. 1, No. 1 (Apr., 1958), p. 10.

[2] Ibid., p. 15.

[3] Gershenhorn, Melville J. Herskovits, pp. 181–182.

支持美国的非洲研究。① 波士顿大学 1953 年建立的波斯顿大学研究生院 (the Graduate School of Boston University) 非洲研究项目就来自于波斯顿大学的大学预算以及福特基金会的赞助（第一期赞助开始于 1954 年，第二期开始于 1959 年，每五年一期），有些非洲项目的奖学金，达到 2450 美元（不包括学费），奖金只颁发给每一年社会科学系合格并且对非洲研究感兴趣的硕士或博士学位的候选人。② 1954 年，福特基金会为西北大学、哈佛大学以及波斯顿大学提供资金，西北大学获得了大部分的资助，也就是五年 23.5 万美元的资助项目；波士顿大学获得了一个五年 20 万美元的资助项目；③ 使该校扩大了包括非洲在内的田野培训奖学金项目（Field Training Fellowship Program）。④ 1959 年，福特基金会为几所主导性的白人大学的非西方研究生层面的区域研究提供了长期的资助，西北大学获得了一项十年 130 万美元的非洲研究资助资金，也就是说，西北大学每一年获得 13 万美元的资金。霍华德大学的非洲研究项目仅仅获得了每年 1 万美元的资金。⑤

　　冷战时期支持美国高校非洲研究的私人基金会除了上述三家之外，还有洛克菲勒基金会之下的教育委员会（The Rockefeller Foundation's General Education Board，简称 GEB），如该委员会为费斯克大学（Fisk University）以及宾夕法尼亚大学（the University of Pennsylvania）的跨学科的非洲研究项目的建立提供了资金上的支持。⑥

---

① Jerry Gershenhorn, "'Not an Academic Affair': African American Scholars and the Development of African Studies Programs in the United States, 1942 – 1960," *The Journal of African American History*, Vol. 94.1, No. 1 (2009), p. 53.

② African Studies Association, "African Studies in the United States," *African Studies Bulletin*, Vol. 4, No. 2 (May, 1961), p. 9.

③ Jerry Gershenhorn, "'Not an Academic Affair': African American Scholars and the Development of African Studies Programs in the United States, 1942 – 1960," *The Journal of African American History*, Vol. 94.1, No. 1 (2009) p. 55.

④ Carol A. Dressel, "The Development of African Studies in the United States," *African Studies Bulletin*, Vol. 9, No. 3 (Dec., 1966), p. 67.

⑤ Jerry Gershenhorn, "'Not an Academic Affair': African American Scholars and the Development of African Studies Programs in the United States, 1942 – 1960," *The Journal of African American History*, Vol. 94.1, No. 1 (2009) p. 59.

⑥ ·Ibid., p. 50.

(二)《国防教育法》主导下的非洲语言研究

1958 年,美国议会为了应对苏联在科技方面的优势地位,担心苏联势力范围进一步扩张而通过《国防教育法案》来加强美国的准备工作。该法案出台的目的在于"改正我们(美国)现有教育项目中存在的不平衡,这些不平衡导致了我们在科学、数学以及现代外国语言方面的不足"[①]。

《国防教育法》第四以及第六章提到了非洲研究,该法律规定通过个人奖学金以及相应的资金来支持学生的研究项目,以此来支持研究生的学习。同样重要的是,《国防教育法》规定当局资助教育委员会(the Commissioner of Education)承担起联邦政府、商业、工业或是美国缺乏指导的教育中的现代语言的研究以及培训活动,也为了更好地理解被广泛使用的某一区域的任何领域的指示任务。规定支持现存的以及新设立的区域研究中心,对于非洲研究来说,这真是一个幸运的规定。

《国防教育法》第六章授权了语言发展项目(The Language Development Program)。第六章第一部分希望加强与占世界人口 79% 的非西方语系世界居民的理解与交流。在这些被美国所忽视的非西方语系中,最突出的就是撒哈拉以南非洲的语言。[②] 因此,语言发展项目的第一个内容就是设立语言及地区中心。在该项目之下,1958—1960 年,联邦基金投资了 30 万美元用于非洲研究的发展,其中,大部分资金用来支持语言研究以及教学材料的研发活动。[③] 引人注目的是,撒哈拉以南非洲语言发展项目的经费达到 7 万多美元。详见表 1。

---

① Kenneth W. Mildenberger, "African Studies and the National Defense Education Act," *African Studies Bulletin*, Vol. 3, No. 4 (Dec., 1960). p. 17.

② Kenneth W. Mildenberger, "African Studies and the National Defense Education Act," *African Studies Bulletin*, Vol. 3, No. 4 (Dec., 1960). p. 17.

③ Kenneth W. Mildenberger, "African Studies and the National Defense Education Act," *African Studies Bulletin*, Vol. 3, No. 4 (Dec., 1960). p. 17.

表 1 《国防教育法案》第六章（TitleVI-NDEA）之下的撒哈拉以南非洲语言发展项目

机构	语言和地区中心	联合资助金额（美元）
加利福尼亚大学路易斯安那州小区	南非荷兰语、埃维语、科佩勒语、修纳语、斯瓦西里语	20991
迪尤肯大学	斯瓦西里语	15634
霍华德大学	斯瓦西里语、茨瓦纳语、约鲁巴语	8091
密歇根州立大学	伊博语、约鲁巴语	25759
共计		70475

数据来源：Kenneth W. Mildenberger, *African Studies and the National Defense Education Act*, African Studies Bulletin, Vol. 3, No. 4 (Dec., 1960). p. 22.

在1959年之前，美国只有六家机构设有非洲语言专业，它们分别是哈佛大学、对外事务研究所以及四所传教士大学。[1] 哈佛大学的非洲研究项目是1959—1960年《国防教育法》（NDEA）支持的唯一一个被指定的非洲研究项目，哈佛大学主要开设斯瓦西里语和约鲁巴语两门非洲语言课程。[2]

现代外国语言奖学金项目，在1958年的时候被限制在六种最需要的语言（阿拉伯语、中文、印地语、日语、葡萄牙语以及俄语），1959年，扩展到83种语言。1960年的六项奖学金用于非洲语言的研究，一年的基本奖学金是2250美元，再加上学费、杂费、旅行以及津贴，一年的奖学金大概是3500美元。[3]

应该说《国防教育法》第六章之下的非洲研究机构从其酝酿、提出到开展的全过程，正是"国家安全机制"下学术与政治相结合、非洲研究逐步冷战化的集中体现，同时也为我们还原冷战初期的美国苏联学状况提供了一个独特视角。

---

[1] Carol A. Dressel, "The Development of African Studies in the United States," *African Studies Bulletin*, Vol. 9 No. 3 (Dec., 1966), p. 68.

[2] African Studies Association, "African Studies in the United States," *African Studies Bulletin*, Vol. 4, No. 2 (May, 1961), p. 14.

[3] Kenneth W. Mildenberger, "African Studies and the National Defense Education Act," *African Studies Bulletin*, Vol. 3 No. 4 (Dec., 1960), p. 18.

1964 年在纽约举行的"非洲研究中心的语言培训"（Language Teaching in African Studies Centers）会议上，非洲学学者们讨论了法语、阿拉伯语、葡萄牙语、德语以及意大利语是否与本土的非洲语言一样，是非洲研究培训以及田野工作的准备过程中必须具备的语言，并建议杜克大学应该为非洲研究人员培训工作做好准备。与会者一直同意清晰的口语法语应该在非洲研究项目中被提供，NDEA 应该支持这一建议。[1] 1968 年的第 88 次议会扩大了《国防教育法》的范围，这将意味着更多的奖学金、研究支持，非洲研究领域的语言和区域中心将会增加。[2]

（三）主要高校及其研究聚焦

冷战时期，美国高校中的非洲研究主要院校及其研究特色见表 2。

表 2　　　　　　　　设有非洲研究项目的美国高校名录[3]

序号	大学名称	研究重点	序号	大学名称	研究重点
1	美国大学		14	霍华德大学	斯瓦西里语、约鲁巴语、茨瓦纳语
2	波士顿大学	人类学和社会学、政治科学、历史学、地理学	15	印第安纳州大学	西非和法语非洲国家

---

[1] Carol A. Dressel, "The Development of African Studies in the United States", *African Studies Bulletin*, Vol. 9 No. 3 (Dec., 1966), p. 69.

[2] Ibid., p. 69.

[3] 根据 David W. Brokensha, *African Studies Bulletin Volume* Ⅷ, Number1, April 1965; African Studies Association, African Studies in the United States, *African Studies Bulletin*. Vol. 1, No. 1 (Apr., 1958), pp. 6 - 20; African Studies Association, African Studies in the United States, *African Studies Bulletin*. Vol. 4, No. 2 (May, 1961), pp. 9 - 20; African Studies Association, African Studies in the United States, *African Studies Bulletin*. Vol. 5, No. 1 (Mar., 1962), pp. 19 - 28; African Studies Association, African Studies in the United States, *African Studies Bulletin*, Vol. 6, No. 1 (Mar., 1963), pp. 43 - 56; David Brokensha, African Studies in the United States, *African Studies Bulletin*, Vol. 7, No. 1 (Mar., 1964), pp. 12 - 24; David W. Brokensha, *African Studies Bulletin* Volume Ⅷ, No. 1, April 1965, pp. 1 - 28; Norman R. Bennett, African Studies in the United States, *African Studies Bulletin*, Vol. 10, No. 1 (Apr., 1967), pp. 62 - 105; Norman R. Bennett, African Studies in the United States, *African Studies Bulletin*, Vol. 11, No. 1 (Apr., 1968), pp. 83 - 127 整理。

续表

序号	大学名称	研究重点	序号	大学名称	研究重点
3	加利福尼亚大学贝克莱校区	东非、西非和北非	16	约翰·大学	法语非洲国家
4	加利福尼亚大学路易斯安那校区	整个非洲	17	密歇根州立大学	撒哈拉以南非洲
5	芝加哥大学	西非	18	西北大学	人类学和约鲁巴语、特维语
6	哥伦比亚大学	从传统向现代的社会过渡	19	斯坦福大学	非洲农业和经济
7	康奈尔大学	南部、东部非洲	20	锡拉库扎大学	东非
8	迪尤肯大学	斯瓦西里语	21	西部密歇根大学	
9	哈特福德神学院	教会大学	22	威斯康星大学	
10	杜克大学	英联邦国家	23	罗斯福大学	
11	约翰·霍普金斯大学	撒哈拉以南非洲	24	耶鲁大学	
12	哈佛大学	语言学	25	威斯康星大学	历史学、地理学和人类学
13	锡拉库扎大学麦斯威尔研究生院	东非	26	西部密歇根大学	历史学、人类学、社会学、地理学，政治科学

此外，这些高校还根据自己的研究特色出版专业期刊，如密歇根州立大学出版《非洲语言杂志》(The Journal of African Langugaes)[①]；波士顿大学出版了一系列与非洲有关的刊物，包括《波士顿大学非洲论文：非洲历史》(the Boston University Papers on Africa：African History)。[②]

[①] David Brokensha, "African Studies in the United States," *African Studies Bulletin*, Vol. 7, No. 1 (Mar., 1964), p. 18.

[②] Norman R. Bennett, "African Studies in the United States," *African Studies Bulletin*, Vol. 10, No. 1 (Apr., 1967), p. 65.

四 冷战时期美国高校非洲研究的一般特征

通过以上分析，我们可以将冷战时期美国高校非洲研究的一般特征归纳为以下几点：

第一，非洲研究的院校主要集中在白人大学中。美国高校中的非洲研究，按照时间顺序来看的话，呈现出由南向北的发展趋势（南方的黑人学校中最先从事非洲研究，但由于资金、人才的补给不足，南方的黑人大学中道衰落，北方大学后来者居上）。冷战期间，学术研究受到为国家战略利益服务这一特殊背景的影响，私人基金会和政府将大量的人力、物力投资在主导性的白人大学（predominantly white colleges）中。据估计，1972年，美国全国超过200所学院和大学开设了黑人研究课程，大约60%的院校发展起来了围绕着这些开设课程的项目。在这200所院校中，大约80%是主导性的白人大学，在这些学校中，黑人学生占到了整个外来学生人口的14%左右。[1]

冷战背景下，出于国家战略利益的需求和国内黑人解放运动的需要，美国亟须了解非洲的语言、历史、风土人情、政治、思维习惯等知识，美国需要扶持大学中非洲研究的发展，历史上的黑人大学又具有非洲研究的传统，美国如果加大对这些大学院校的扶持力度的话，美国的非洲研究岂不是发展得更快吗？但是，历史上黑人大学和黑人院校对于非洲具有一种历史渊源上的独特感情，这种独特感情促使他们着重研究的是非洲的历史与文化，引用鲍姆（Baum）的话说，非洲人"在大多数情况下并没有准备好改革我们认为是必要的研究类型。他们需要建立他们自己的资源"[2]。而"华盛顿准则决定了非洲研究致力于解说、防御、以及为美国在非洲的利益和意图服务"[3]。

第二，研究领域主要集中在语言学、历史学、教育学和法学等人文

---

[1] Robert O. Hampton, *Afro-American Studies: Present Trends*, June, 1972, U. S. Department of Health, Education and Welfare, Office of Education Basic Research, p. 52.

[2] Paul Tiyambe Zeleza, "The Perpetual Solitudes and Crises of African Studies in the United States," *African Today*, Vol. 44, No. 2 (Apr.-Jun., 1997) p. 199.

[3] Ibid., p. 195.

社会科学学科。冷战时期，美国高校非洲研究项目主要开设的课程有哲学、历史和政治科学、教育学（见表3）。并且，学术研究增加量最多的也是历史学、语言学、教育学和法学这些传统的人文社会科学（见表4）。

表3　　美国的非洲研究项目开设的传统课程概览

学科名称	开设课程
哲学	黑人宗教、抗议哲学、非裔美国人的宗教和理论、社会思想、非洲教育哲学、非裔美国人社会思潮
经济学	少数民族经济学、都市美国人的问题经济学、歧视经济学、黑犹太人的经济发展、种族与经济学
音乐学	音乐、爵士研讨会、黑人音乐、非裔美国人音乐
艺术学	美国黑人艺术、黑人戏剧、非裔美国人戏剧、传统黑人艺术、非裔美国人艺术、非裔美国人研讨会
教育学	都市学校、黑人社区的教育
历史和政治科学	黑人政治、奴隶制度、黑人政治介绍、政治个人主义、黑人革命、黑人历史、美国史、南方与黑人、英雄、黑人的起源、社会革命、美国文明、美国历史中的黑人、美国南北战争之前的自由黑人、非裔美国人的历史、非裔美国人的历史、非裔美国人的政治、非洲史、非裔美国人研究研讨会、非裔美国人研究介绍、非洲人口、非洲政治、泛非研究介绍
英语	黑人文学、黑人方言、黑人演讲、黑人诗歌、黑人小说、创造写作、Richard Wright、James Baldwin、调查英语、高级研讨班、黑人小说、私人阅读、非洲文学、非裔美国人文学、非裔美国人作家、非裔美国人档案、非裔美国人辅导、泛非人文学科、泛非阅读
社会学	社会学、美国种族主义、种族研究、社区工作设计、美国少数民族、黑人/白人关系、黑人文化、黑人城市危机、社会制度、种族经验的多样性、美国的种族主义、非裔美国人文学、非洲人类学
心理学	黑人精神健康、黑人心理学、人员/社会调整、黑人个性、非裔美国人心理学

根据 Robert O. Hampton, *Afro-American Studies: Present Trends*, June, 1972, U. S. Department of Health, Education and Welfare, Office of Education Basic Research, 第 55 – 54 页整理。

表4　　　　　　　1960—1970年非洲研究的学术简况

学科	1960年	1970年
人类学	28.6%	15.5%
政治科学	23.0%	21.5%
历史学	12.7%	19.6%
地理学	10.3	5.8
经济学	9.4	8.0
社会学	7.5	4.6
语言、语系学和文学	2.8	8.1
艺术、哲学、音乐和宗教	1.4	2.9
心理学	0.9	0.9
教育学	0.5	3.5
法学	0.5	1.7
人口统计学	0.0	0.3
其他学科	2.3	7.6

数据来源：Philip D. Curtin, *African Studies: A Personal Assessment*, African Studies Review, Vol. 14, No. 3, Dec. 1971, p. 359.

第三，集各个学科所长建立跨学科的非洲研究项目。美国高校中的非洲研究通常是以一个项目、中心或是委员会的形式将不同学科的人员聚集起来，系统性地开设非洲课程，这些人员主要来自于政治科学、人类学、历史学、经济学、地理学以及社会学等学科。如从1954年起，哈佛大学就已经开设了非洲研究的跨学科项目，设立这些项目的目的之一就在于，使得哈佛大学的非洲学生以一种更为广阔的视角看待他们大陆的经济、社会和政治方面的问题。[1] 哈佛大学的非洲研究项目由跨学科委员会（The Interdisciplinary Committee）负责，该委员会的成员包括社会学教授、历史学教授、地理学教授以及人类学教授等。[2] 加利福尼亚大学贝克莱校区的非洲研究委员会的委员由非洲文化哲学、政治科学、人类学、非洲史前

---

[1] African Studies Association, "African Studies in the United States", *African Studies Bulletin*, Vol. 4, No. 2 (May, 1961), p. 13.

[2] Ibid., p. 14.

史、人类学以及政治科学方面专家组成。[1] 1953年9月成立的波士顿大学非洲项目就是出于这样的一个概念，要想在非洲研究领域有所贡献的话，就需要社会科学家们超越单一学科的兴趣和理解范围、需要不同的社会科学家们共同致力于扩大知识范围的事业[2]，为了能够提供给研究生以一种综合性的方式来研究非洲基本问题的机会，而为学生开设了人类学和社会学、政治科学、历史学、地理学等几门课程。[3]

第四，注重建立与非洲本土高校之间的联系。美国高校中，要获得非洲研究项目的相关学位（学士、硕士和博士），就必须亲临非洲，亲自感受非洲，到非洲高校中去学习交流。如美国大学国际服务学院的非洲区域研究项目（School of International Service, The American University, African Area Studies Program）的研究生至少要花六个月的时间待在非洲大学中，这是他们学位项目的一个组成部分。在1963年，就有20名美国学生就读于非洲大学。[4] 此外，美国的高校还与非洲本土的学校建立了直接的联系，如1964年，加利福尼亚大学路易斯安那校区的非洲研究中心与喀土穆大学之间建立了密切的联系，在交换项目下，七名苏丹学生参加了加州大学路易斯安那校区的项目。[5] 1965年，美国高校在校的非洲学生达到100多人，来自19个国家。[6] 密歇根州立大学，与位于尼苏卡（Nsukka）的尼日利亚大学建立了特殊联系。[7] 锡拉库扎大学的麦斯威尔公民地位和公共事务研究生院（Maxwell Graduate School of Citizenship and Public Affairs）与东非的大学之间建立了密切的联系，尤其是与位于Kabete的肯尼

---

[1] African Studies Association, "African Studies in the United States," *African Studies Bulletin*, Vol. 6, No. 1 (Mar., 1963), p. 44.

[2] African Studies Association, "African Studies in the United States," *African Studies Bulletin*, Vol. 4, No. 2 (May, 1961), p. 9.

[3] African Studies Association, "African Studies in the United States," *African Studies Bulletin*, Vol. 1, No. 1 (Apr., 1958), p. 6.

[4] African Studies Association, "African Studies in the United States," *African Studies Bulletin*, Vol. 6, No. 1 (Mar., 1963), p. 43.

[5] David Brokensha, "African Studies in the United States," *African Studies Bulletin*, Vol. 7, No. 1 (Mar., 1964), p. 14.

[6] David W. Brokensha, "African Studies in the United States," *African Studies Bulletin*, Volume VIII, Number1, April 1965, p. 5.

[7] David Brokensha, "African Studies in the United States," African Studies Bulletin, Vol. 7, No. 1 (Mar., 1964), p. 18.

亚行政管理学院（the Kenya Institute of Administration）。①

五　结语

　　冷战之前，虽然美国高校尤其是历史上的黑人高校，已经开始关注非洲，但是受到经费、政治气候等一系列条件的限制，冷战后期之前，美国高校中的非洲研究还不能形成气候。冷战时期，为了赢得政治上的最终胜利，美国颁布了《国防教育法》，明文规定非洲研究亟须研究的领域，为了保障研究顺利进行所提供的资金、制度上的保障。冷战时期，美国高校的非洲研究立足于国家的战略需求而注重撒哈拉以南非洲语言项目的研究。"他山之石，可以攻玉"，我国要成功实现"一带一路"战略，"讲好中国故事"，语言是其中的一个障碍，研究美国冷战时期高校非洲研究项目，尤其是美国促进撒哈拉以南非洲语言项目实施的策略、保障机制、运行机制等一系列问题，可以为我国高校非通用语小语种的发展提供有益的借鉴经验，让语言为国家的战略服务。

（责任编辑：李育球）

---

① David Brokensha, "African Studies in the United States," African Studies Bulletin, Vol. 7, No. 1 (Mar., 1964), p. 21.

在华非洲族裔聚居区的类型、特征及其管理启示

——以广州地区为例①

许 涛

【内容摘要】 转型期的中国自 20 世纪末期以来,人口流动呈现了两种趋势,一种是农村劳动力继续向城市转移,另一种是随着对外交流的深入,外国人口也大量向中国迁移,两种不同趋势却产生了相同的后果——聚集区的出现,但外籍人士聚集区却具有其独特的特征。本文通过对广州地区非洲族裔聚集区的形成过程与特征的考察,发现其形成了缘聚型和混居型两种聚集区,且具有流动与稳定并存、合法与非法并存、同质与异质、一致与冲突、封闭与开放并存等特征,据此,本文对相关管理部门提出了管理启示,即首先应该实现对外籍人士入境前后的各部门联动,同时加强日常生活中的常规管理,并尊重外籍人士的文化习俗,提供力所能及的社会服务帮助他们融入中国社会。

【关键词】 聚集区;特征;管理

【作者简介】 许涛,讲师,浙江师范大学法政学院,浙江师范大学非洲研究院非洲研究与中非合作协同创新中心兼职研究人员(金华,321004)

---

① 本文受到国家社科基金青年项目 (14CRK023),教育部人文社科青年项目 (11YJC840058) 以及浙江省社科规划"之江青年"课题 (13ZJQN086YB) 的资助。

转型期的中国自20世纪末期以来，人口流动呈现了两种趋势，一种是农村劳动力继续向城市转移，另一种是随着对外交流的深入，外国人口也大量向中国迁移。前者导致了大量的农村劳动力涌入到城市中从事务工经商活动，并且在城市中定居，由于身份限制、语言问题以及习俗等原因，他们往往在城市中趋于聚居，由此形成了不同类型和不同规模的流动人口聚居区，如北京的"浙江村"和"河南村"、上海的"虹桥西"、南京的"河南村"、广州的石牌地区等[1]。后者的出现是中国对外开放以及全球化深入的结果，近年来随着中国加入世界贸易组织，融入世界经济一体化，大量的外籍人士开始在中国内地定居，他们像其他跨国移民一样在特定的区域内聚居，由此形成了诸多的移民聚集区，其中比较知名的有北京的韩国人聚集区、青岛的韩国人聚集区、上海的日本人聚集区、广州的非洲人聚集区，等等。[2]

不论是国内进城务工人员组成的聚集区还是跨国人口组成的移民社区，其与当地城市居民社区有着显著的差异，具有其独特特征，弄清这些社区的特征，对于我们有针对性地制定相关流动人口的管理政策至关重要。过去我们对进城务工人员的聚集区特征研究得不够，以至于在城市管理过程中出现了很多的问题，[3] 最终降低了城市社会管理的效率，如今越来越多的跨国人口社区正在大中城市出现，当地政府如果要制定出有针对性的管理政策，避免诸如过去进城务工人员聚集区管理中出现的问题，必

---

[1] 孙中锋：《流动人口聚居区的形成机制及其社会特质研究》，《华东理工大学学报》2005年第1期，第1—4页。

[2] 参见马晓燕《移民社区的多元文化冲突与和谐——北京市望京"韩国城"研究》，《中国农业大学学报（社会科学版）》2008年第4期，第118—126页；李志刚、杜枫《中国大城市的外国人"族裔经济区"研究——对广州"巧克力城"的实证研究》，《人文地理》2012年第6期，第1—6页；孙亚楠《韩人社区与"韩味"青岛》，博士学位论文，中央民族大学，2009年；何波《北京市韩国人聚居区的特征及整合——以望京"韩国村"为例》，《城市问题》2008年第10期，第59—64页；许涛《广州地区非洲商贸居住功能区的形成过程与机制》，《南方人口》2012年第3期，第49—56页。

[3] 参见金诚、李树礼、郑滋《流动人口的空间分布与犯罪问题研究——以流动人口聚集区与犯罪热点的相关性为视角》，《中国人民公安大学学报（社会科学版）》2014年第5期，第1—10页；宋晓航《我国流动人口聚居区治理对策研究》，硕士学位论文，东北财经大学，2012年；邵斌、赵望颖、王小康《长兴县流动人口聚居地传染病防治工作现状调查》，《浙江预防医学》2008年第11期，第27—28页；王举、史崇欣、宋春生、王庆友：《对全市25个外来流动人口聚集地区情况的调查与分析》，《北京警院学报》1995年第4期，第21—25页。

须对当今国际流动人口社区特征进行深入的分析，并据此制定有针对性的政策。

一 非洲族裔聚集区的形成

有学者指出所谓"流动人口聚集区"，是以自发在社会经济部门从事经济和业务活动的城市暂住人口为居民主体、以房屋租赁为主导建构方式、以城乡接合部为区位选择的自发型集中居住区。[①] 另有学者认为我国的流动人口聚居区的社会特征类似于西方国家的"移民社区"[②]。但比较一致的观念则是，一种社会空间或区域要成为流动人口聚集区必须具备下列因素：一定数量的流动人口，流动人口在此空间相对聚集，流动人口占该地区人口的绝大多数，聚集场所相对稳定且持续一定的时间。据此，我们将在华非洲商人聚集区界定为，大量非洲商人相对稳定持续集中的某个区块或区域。但需要明确的是，非洲商人聚集区既不同于美国的黑人聚集区，也不同于我国国内的流动人口聚集区。之所以不同于美国黑人聚集区是指，广州地区的非洲族裔群体并不像美国的黑人一样与当地白人的呈现隔离居住状态，他们是完全"渗透"于当地社区的，与中国居民混居而形成的较为密集的居住区域。说其不同于中国国内流动人口聚集区是指，这一聚集区内的非洲裔群体并非来自同一个国家和地区，事实上他们来自于非洲大陆近40个国家，有着不同的语言和文化习俗，因此，在这个意义上讲，非洲族裔聚集区只是非洲族裔居住相对集中的区域。

据从事中非贸易的相关人士回忆，早在20世纪90年代中期的时候，在广州的沙太路的服装市场上就有非洲商人出现，那个时候的广州中非贸易并不像今天这么兴盛，进入广州的非洲人也不多，非洲商人用几天时间采购完商品后就离开了，且他们在采购期间只是住在涉外宾馆里，并不和普通市民接触。

[①] 参见吴晓《边缘社区探察——我国流动人口聚居区的现状特征透析》，《城市规划》2003年第7期，第40—45页。

[②] 参见项飙《跨越边界的社区——北京"浙江村"的生活史》，三联书店2000年版，第490—512页。

此后，在全球化加速的背景下，中非贸易规模日益扩大。据中非经贸合作白皮书披露，2000年至2008年，中非贸易年均增长率高达33.5%，2009年中国成为非洲第一大贸易伙伴国。2010年1月至11月，中非贸易额达1148.1亿美元，同比增长43.5%，2012年，中国与非洲贸易总额达1 984.9亿美元，同比增长19.3%。2013年双边贸易额创历史新高，达到2 102亿美元，同比增长5.9%，2014年，我国与非洲进出口总额达2 218.8亿美元，再创历史新高，同比增长5.5%。[①] 伴随着中国制造业的迅速崛起，中国制造的商品以廉价优势享誉全球，中国物美价廉的商品，在非洲市场受到了热烈的欢迎，非洲商人逐步将他们采购的重心向珠三角的广州转移。在中非贸易日益兴盛的大好形势下，目光敏锐的中国商人瞄准了这一巨大市场，开始在广州投资商贸城，建立专门针对非洲商人的贸易城。在环市路附近的小北至火车站之间建立了天秀大厦、陶瓷大厦、国隆大厦、登封宾馆、金山象商贸城、越洋商城等一批专门的中非贸易城，在三元里的广元西路也建立了唐旗服装城、迦南服装城、御龙服装城、金龙盘服装城等中非贸易城。非洲商人出于对生意及时信息的掌握需求，以及节省交通费用的考虑，开始在商贸城周围租房居住，以便于长期在商贸城活动，这是第二阶段，这一阶段里，非洲商人开始和当地市民接触。

非洲商人和原住民之间广泛接触，激发了各种日常生活和文化上的矛盾和冲突，这些矛盾和冲突都在以经济为中心的目标下被消解了。这些微小的负面效应并没有影响非洲商人继续进入的热情，也没有消减从事中非商贸活动的商人和机构进一步扩大中非贸易的欲望，甚至各种专门针对非洲商人的特色服务如非洲餐馆、酒吧等开始广泛出现，非洲商人数量进一步增加，中国居民和非洲商人之间的摩擦、不愉快、矛盾和冲突也进一步增多，甚至出现隔阂。

非洲族裔群体开始在商贸城周边聚居，庞大的住房需求使得这一地区的房屋租金和商品价格上涨，原本租住在这一地区的租户迫于租金、物价

---

① 相关数据来源于中国国务院新闻办公室《中国与非洲经贸合作2010年》；新华网：《中非双边贸易额2013年突破两千亿美元》，http://news.xinhuanet.com/fortune/2014-04/22/c_1110359145.htm，2014年4月22日；环球网：《2014年中国与非洲贸易额首次突破2200亿美元》，http://china.huanqiu.com/News/mofcom/2015-01/5502968.htm，2015年1月26日。

上涨的压力和生活中不愉快开始搬离这一区域。原本在此有物业的业主，出于经济收益的考虑以及远离空气中弥漫着香水刺激的需要也开始将这一区域的物业出租而搬离这一区域，这就进入了第三阶段。这一阶段中，越来越多的非洲商人开始在商贸城附近居住，中国居民开始搬离这块区域，结果腾出了更多的空间，这为更多的非洲人到来提供了前提。在一进一出之下，非洲商人的数量出现了显著增长，达到了非常惊人的数量，最终，具有庞大数量非洲商人兼具居住与商贸功能的聚集区最终得以形成。

二　非洲族裔聚集区的类型

关于流动人口聚居区的分类，不同的研究目的会采用不同的划分原则与标准。罗仁朝等以形成机制为标准，将流动人口聚居区分为"自下而上的自发聚居区"与"自上而下的统一安置聚居区"两大类，其中，后者又可以分为"简易安置""集中安置"二类（罗仁朝，王德，2009）。刘海泳在描述空间组织特征时，从空间形态入手将流动人口聚居区划分为团聚状聚落、条带状聚落、散点状聚落、片状聚落四类。[①]

我们根据非洲商人聚居区内的人口关系将广州地区非洲商人聚集区划分为两大类：缘聚型聚集区和混居型聚集区。前者是指非洲商人依据同种肤色，通过亲缘、地缘、血缘等关系大量集中在某块区域，且该区域的经济、整治、文化与社会活动都显著性的受到非洲商人的影响，甚至非洲亚文化占据了主导地位。后者指的是，某块区域内有众多国家的人口混杂居住在一起，在这块区域内非洲族裔群体也占据相当的数量，呈现一定的聚居状态，但该区域内的经济、整治、文化和社会活动并没有显著地受到非洲族裔群体的影响。其中，缘聚型聚集区又可以细分为职业型聚集区和宗教型聚集区。

职业型聚居区。非洲商人在广州采购的商品非常丰富，既有日常用品如洗衣粉、洗衣液，也有服装、鞋帽、皮具箱包，还有五金以及电子产

[①] 参见刘海泳、顾朝林《北京流动人口聚落的形态、结构与功能》，《地理科学》1999 年第 6 期，第 497—503 页。

品，等等。经过多年的发展，广州的中非贸易更加专业化了，如三元里的非洲商贸功能区内有着迦南服装城、唐旗服装城、金龙盘服装城以及白云皮具城等大型商贸中心，采购服装、鞋帽箱包的非洲商人多在这一带活动。为了便于采购，很多采购鞋帽和皮具的非洲客商就在附近居住，如三元里附近的金桂园是有名的国际社区，里面就居住着200多户国际客商，其中相当一部分是来自西非马里等国从事鞋帽生意的非洲商人。此外，迦南服装城和唐旗服装城里还有专门的非洲商户销售档口，大约占到总商户的10%，这些非洲商户为了能准时开门迎客以及生活方便的考虑，也多半就近居住。因此，在三元里附近因为贸易内容相同，产生了一定程度的聚集。

尽管非洲商人最初都是以采购中国商品回非洲销售而获取差价利润，但并不是所有的商人都能够成功的，也有一些商人因各种各样的原因导致生意失败并最终沦落至社会底层，不得不靠出卖劳动力而生存。白云区的永平街道是外贸仓库区域，很多非洲客商在那里进行物流装货，需要很多的劳动力。由于他们和非洲商人有着相近的语言和文化，非洲商人在雇用他们时更容易建立信任关系，非洲商人甚至愿意出更高的价钱请他们做搬运也不愿请他们觉得不好掌控的中国搬运工。

那里的非洲人基本上是处于底层的非洲人，很多人因为签证过期而非法滞留广州，为了躲避警察的打击，他们多半是晚上出来工作，白天休息。由于永平街道处于城市的边缘地带，管理相对松散，成为很多底层非洲人赖以谋生的场所，于是在永平街道的城中村中也聚集着一定数量的非洲人，只不过他们大多是因为相同的体力劳动而聚集。

宗教型聚居区。在广州居留的非洲商人来自非洲各个国家，其中以马里、刚果、加纳、尼日利亚等国较多，在宗教信仰上主要以基督教、伊斯兰教和非洲本土宗教为主。由于原属殖民地系统不一样，他们又以语言划分为英语系、法语系和葡语系地区商人。

登封地区早在20世纪90年代就有很多中国西北穆斯林在此活动，由于穆斯林的增多，逐步衍生了很多诸如清真餐馆等服务业，而20世纪末期的时候最早进入广州采购的很多非洲商人是信仰伊斯兰教的穆斯林，他们由中国穆斯林带入小北地区，开始在那里活动，随着非洲穆斯林商人的增多，在小北地区附近逐步建立了诸如天秀大厦、越洋商城、陶瓷大厦、国龙大厦等多个中非贸易城，中非商贸城的建立吸引了更多的非洲商人来采购，也吸引了更多的非洲穆斯林进入小北地区，并最终形成了以洪桥为中心的非洲商贸功能聚集区，大量的非洲穆斯林商人在此聚集。

三元里地区长期活跃着的是信仰基督教为主的非洲商人，所以这里以非洲商人为主要对象的餐馆也经营着猪肉等食物，在唐旗和迦南服装城的底层和周围，活跃着大量的为非洲商人提供各种服务的非洲本土特色的商户，理发、餐饮、酒吧、外币兑换、物流等一应俱全。商贸城周边的宾馆和各种服务业商户随时为非洲商人提供各种需求的服务。在这里尽管有来自众多非洲不同国家的商人，但信仰基督教的尼日利亚人是这里的主宰，尼日利亚人体形宽大、生性冲动，却也有着敏锐的商业眼光和令人艳羡的群体凝聚力，在商贸活动和公共事务中起着领袖的作用。

混居型聚集区。非洲商人都在从事将中国商品采购回非洲然后赚取差价的生意，但由于每个商人的经营能力和经营效益不一样，出现分化是在所难免的，部分非洲商人经过在广州数年的摸爬滚打，已经拥有了良好的经济基础，且生意越做越好，这部分商人对生活的品质要求也更高了。他们厌倦了三元里和小北地区繁杂和拥挤的空间，于是开始寻找更良好的居住环境。番禺的丽江花园地处郊区，但环境幽雅、空气新鲜且生活服务设施完善，受到很多欧美以及日韩等国白领的青睐，是有名的国际社区，居住着数百名来自全世界的外籍人士，这里租金相对较高，属于中高收入阶层的社区。从市中心搬离出来的非洲商人很多都住进了丽江花园，然后通过他们之间的关系网络相互推荐和介绍，吸引了更多的非洲商人入住，最终在那里也形成了一定规模的聚居。但是，丽江花园除了非洲商人入住以外，还有来自日本、韩国、美国等多个国家的客商，在这个意义上讲，丽江花园是典型的国际移民社区。非洲商人的这一居住模式的改变，也完全符合移民研究的经典理论预期，即移民最初到达移入国时，出于生存的压力和应对外来排斥，倾向于在民族聚集区居住，但随着自身能力的提升和经济实力的上升，移民中的中上层将搬出民族聚集区，进入到移民社区或当地居民社区。[①]

[①] John R'Logan, Wenquan Zhang, Richard D Alba, "Immigrant enclaves and ethnic communities in New York and Los Angeles," *American Sociological Review*, Vol. 67, No. 2, 2002, pp. 299 – 322.

三 非洲族裔聚集区的特征

同质与异质并存。缘聚型聚集区内的成员多半是因地缘、亲缘、业缘或教缘关系而集中在一起，因此他们在很多方便具有相似性。首先，从肤色上来看，尽管非洲除了黑皮肤之外也有很多白皮肤的人种，但在广州经商的非洲商人几乎是清一色的黑皮肤，相比较起黄皮肤的中国人，这种皮肤上的显著性使他们一眼就能区分开来且使他们之间具有亲近性，不论是在缘聚型社区还是在混居型社区里，皮肤的相似性永远是最简单的区分于其他民族的最显著标志。其次，从职业上看，绝大部分入境中国广州的非洲人都是从事采购生意的，尽管他们采购的品种不同，有的采购鞋帽、皮具，有的采购电子产品，还有的采购五金、机械，但实质都是将中国的产品运回非洲从而赚取差价。再次，从生活习性上看，基本上每个聚集区内都弥漫着香水的味道，这说明了他们使用香水是非常普遍的，中国人对频繁使用香水并不太适应，故经常可以看到中国人路过非洲人或非洲商人聚集区时，捂住口鼻，但从来没见过非洲人闻到香水时有一丝皱眉的情况，也间接说明香水的使用是一种习惯，而这种习惯在他们中间普遍存在。上述三个方面反映了聚集区内的非洲商人具有很多的相似性，他们在很多方面是同质的。

尽管他们有着诸多的相似，但异质性仍然不可忽视。不论是在三元里以基督教为特点的聚集区内，还是在小北地区以穆斯林为主的聚集区内，都有着很多次一级的小区块，每个区块内都聚居着来自同一个非洲国家的商人。从大的方面来看，尽管这个聚集区是同质的信仰者信仰同样的宗教，但从内部来看，却有着地域上的明显差异，有时候差异还异常大。又比如说，尽管聚集区内的非洲商人都从事中非商贸活动，但这些商人的差异也是非常大的，有些是在全球商界摸爬滚打数十年有着丰富跨国经商经验的商人，有些则是此前只具有在国内从商经验的非洲商人，还有些此前根本就没有任何经商经验，只是到中国"淘金"的。此外，从受教育文化程度来讲，差异也非常大，尽管几乎所有的人都接受过教育，但大家的文化程度是非常不一样的，有的只接受了小学教育，有的接受了中学教育，有的接受了高中教育，也有的人接受了大专及以上层次教育。同时，聚集区内的商人的社会分层也是非常明显的，有的人家庭出身较好，经济基础好，居住在聚集区内的高档小区，有的人经济基础弱只好住在聚集区内的城中村。

流动与稳定并存。同其他流动人口聚集区一样，高流动性也是非洲商人聚集区的重要特征。因为，绝大多数非洲商人来华的目标在于采购中国商品回非洲销售从而获利，而不在于永久移民，部分人之所以长期驻扎广州是出于节省开支的需要，因为多次往返采购的费用远远大于长期居住广州的费用，这就意味着生意的发展状况和他们在广州的生活工作紧密相关。有些人生意采购完等订单完成验货后就回国了，这个流程可能要数月，出于经济层面的考虑，他们更倾向于在聚集区内租房居住，可一旦生意完成，他们就回国了，自然也就从聚居区内流出去了。生意有成功也有失败，那些生意不好的商人，没有在广州长久逗留的必要，也从聚集区内流出回国了，而那些成功了的非洲商人，特别是那些与中国人通婚的商人，由于经济实力增强，为了追求更好的生活环境，也会搬到像丽江花园那样的国际社区。当然，在非洲商人不断搬出的同时，由于中非贸易的增长，同样也有很多新的非洲商人进入聚集区。因此，聚集区内的人口流动率是非常高的。

如果聚集区内的人口源源不断地流出而极少有人进，最后的必然结果是聚集区衰落直至消失，相反，如果聚集区内的人口源源不断地流入而少有人流出，最后的结果必然是聚居区的地域范围进一步扩大，最终可能完全成为一个"超级社区"。但广州的实际情况则是，尽管聚集区的发展受到经济波动、整治因素以及偶发性因素的影响，但仍然保持了聚集区的相对稳定。全球经济的回暖，以及中非关系的亲密会吸引更多的各阶层人士进入广州，但中国政府果断采取了措施，在中非贸易过热时控制入境中国各类签证，加大打击"三非"力度，在经济低谷时则相对放松管制，这样基本上保持了在华非洲商人数量的稳定，因此，聚集区也保持着相对的稳定，在短时间内就不会消亡也不会无限扩大。

合法与非法并存。跨国人口聚集区不同于一般流动人口聚集区的最重要一个特征即是聚集区内人口特征的差异，跨国人口聚集区内的人口都是因各种原因入境中国的国际人口，广州地区非洲商人聚集区就是大量来华经商的非洲商人，他们持有各种签证入境中国，但根据访谈和调查，绝大部分持有的是旅游或商务签证入境，极少一部分持工作签证入境，一个可能的原因在于我国工作签证申请难度较大,而旅游和商务签证相对容易。这些签证多半有效期只有3—6个月,也即是说在入境中国半年以内必须申请签证延期,才能合法居留中国。

现实情况是,一方面,中国没有相应的移民管理专门机构,在相当长的一段时间内对移民的身份检查较为宽松,另一方面,申请签证延期不仅要花一笔不菲的费用,且过程麻烦,在某些敏感时期,签证延期甚至异常困难,故有部分的非洲商人干脆置签证过期问题于不顾,非法滞留广州,在广州严厉打击"三非"之前,在聚集区内的确有很多因签证过期非法滞留的非洲商人。非法滞留现象虽然在一定时间内长期存在,聚居区内绝大多数的非洲商人依然是合法居留的,因为聚集区内有着跨国人口管理制度和规章,在制度约束之下,由于管理的不完善,小部分的非法滞留有可能,但大规模的公开非法滞留并不太可能。事实上,在经历严厉打击"三非"行动之后,依然有小部分非法滞留的非洲商人通过各种途径和门路隐居在聚集区内,且每次都能躲过政府和相关部门的搜查和打击,但这也是全世界的共同现象,即使是在移民制度和管理完善的欧美等国也依然长期存在大量非法移民。

一致与冲突并存。在非洲商人聚集区内,由于非洲商人有着同样的黑皮肤,并来自非洲大陆,因此,在他们中间存在着广泛的"我们是非洲人"的族裔认同,这种认同其他的跨国移民有所不同,移民在移入地往往会以亲缘、地域为限形成聚集区,这些聚集区的界限以国家、民族为限,因此,我们能广泛的看到中国人的聚居区"唐人街",韩国人的聚居区"韩国城",意大利人的聚居区"意大利镇"等,但跨越国家和民族的聚居区却很少形成,因此,我们很难看到"亚洲城"或"欧洲城"。但在中国,非洲40多个国家的非洲商人在广州聚居,形成了"巧克力城",这里的非洲商人聚居超越了民族和国家的界限,形成了"泛族裔性认同"。所谓泛族裔性,指的是尽管非洲商人属于不同国别,但是他们都来自非洲,具有相同的肤色、地域、职业甚至语言等特质。一旦置身于广州这一情境之下,相对于黄皮肤的中国人的巨大差异来说,他们之间的相似性就凸显出来,并且由于他们同样都受到了来自中国人的排斥和歧视,在这种情境之下,相似性使得他们之间产生了凝聚力和共同抵抗外部歧视和压力的意愿,从而产生相互的合作和支持。这种泛族裔性正是他们一致性的典型体现,且这种一致性是切实存在的。如2009年7月15日,由于警察展开"三非"常规行动,一位涉嫌非法滞留的非洲商人为了躲避检查,从唐旗服装城翻窗纵身跳下,导致身亡,这一事件立即在非洲聚集区内产生轩然大波,来自非洲多个国家的 200 多名商人,围攻了矿泉路派出所,以示抗议。

此外,宗教也是让他们保持一致的重要力量,不论是信仰伊斯兰教的穆斯林,还是信仰基督教的基督教徒,他们对宗教的虔诚,使得宗教对其号召力巨大。7·15 事件之后,为了维护社会的稳定,非洲宗教领袖呼吁广大信徒要遵守中国的法律法规,不要参与各种游行集会以免影响社会稳定,广大信徒自此没有采取进一步的过激行为。

尽管他们之间有着较强的泛族裔性认同以及宗教凝聚力,但是各类小矛盾和小冲突依然存在。如有些游手好闲的非洲商人对聚集区内的其他非洲商人有勒索和敲诈行为,导致聚集区内很多国家的非洲商人不愿意与他们比邻居住,而是尽量离得远远的。此外,由于他们从事相同的生意,经济领域的竞争也一直存在,在竞争的过程中也会存在一定的误会和小矛盾,但这些只是次要的方面,并不从大局上影响他们的泛族裔性认同关系。

封闭与开放并存。现有文献指出,"封闭性"是移民聚集区的显著共性特征。例如,到目前为止,所有对唐人街的研究都强调,唐人街(别的移民民族聚居区也是如此)是因为不能进入主流社会的劳动力市场和经济体系,而被迫抱团,以求自保的结果(Freeman, 1983)。[1] 在抱团的过程中,人们所能运用的组织资源只有老家的家族、地缘等关系,所以唐人街往往是中国流出地社区组织的"移植"。这就更使得它和主流社会格格不入了。[2] 美国的黑人聚集区也具有较强的封闭性和对外排斥性。

广州的非洲商人聚集区与这类移民聚集区最大的区别在于具有显著的开放性特征。广州地区的非洲族裔聚集区,不论是地域型的,职业型的,

---

[1] Freeman, Marcia, "The Labor Market for Immigrants in New York City," *New York Affairs*, Vol. 7, No. 4, 1983, pp. 94 – 111.

[2] Amyot, Jacques, "The Chinese Community of Manila: A Study of Adaptation of Chinese Familism to the Philippine Environment," *Research Series Monograph*, No. 2, 1960, Philippine Study Program, University of Chicag; Tien, Ju-kang, *The Chinese of Sarawak*, London: London School of Economic and Political Science., 1953, Hsu, Francis, L. K. *The Challenge of the American Dream*. Belmont: Wadsworth Publishing Co. 1971.

还是宗教型的聚集区,他们都不完全与中国居民隔绝,换句话说他们就是与中国人混居在一起,只不过非洲商人的数量相当显著,且周边已经形成了以非洲人为服务对象的经济链条。因此,这类聚集区具有相当大的开放性,不仅非洲商人与中国居民经常打交道,且中国居民为非洲商人提供各种各类的服务,具有非洲特色的咖啡厅和餐馆也向广大的中国居民开放,中国居民和非洲商人之间的交流是开放和公开的。在生意方面,非洲商人采购中国商品回非洲销售,不仅为中国的市场找到了销售市场,且促进了两国的经贸和文化交流。聚集区内的公共设施同时向中国居民和非洲商人开放,没有任何的区别对待。因此,聚集区内是一个相当开放的系统。

尽管非洲商人聚集区具有相当的开放性,但作为民族聚集区仍然具有一定的封闭性。比如说在聚集区内,如果来自同一个国家的非洲商人举行本土的宗教仪式时,往往是不对外开放的,只针对信仰这种宗教的本国商人开放,有些商务活动也只限本国商人参加,如尼日利亚人比较团结,往往抱团一起采购以压低价格,共同获益,但此类的商贸活动却不会让其他国家的商人参与,且这些商务信息只限在他们之间传播,不会向外传播。除此之外,尽管聚集区是一个开放的系统,但中国居民如果想进入他们的圈子成为他们的亲密朋友,并不是一件容易的事情,要突破他们的"双层叠加关系格局"[①],是异常困难的。这就是中国人经常感叹同非洲商人打招呼非常容易,要深交却很难的原因。

四 相关管理政策启示

广州地区非洲族裔集聚区既具有流动人口聚集区和移民聚集区的一般特征,也具有自身的独特特征,这种特征决定了,对这类外籍人口聚集区的管理政策和措施理应同一般的聚集区内流动人口的管理有所不同,换句话说,非洲商人聚集区的特征为我们今后的管理带来了许多的启发。

首先,非洲商人聚集区的高流动性和异质性,决定了日常的管理工作不能松懈。尽管聚集区内有着一套人口的登记和上报制度,但由于聚集区

---

① 参见许涛《在华非洲商人的双层叠加关系格局及其渗透与转化——广州地区非洲商人社会交往关系的再分析》,《浙江师范大学学报》2011年第4期,第10—15页。

内的人员流动非常高，如果常规的管理工作有所松懈，就会导致管理部门掌握的人员信息滞后或失效，对他们情况的掌握就会出现偏差，最终导致管理的疏漏和低效率。为了保证日常管理工作正常进行，除了社区的相关部门加强登记和上报外，还要发动相关的房产中介和出租户，取得他们的理解和配合，以房屋出租为切入点从源头上掌握流动人口的信息，在有条件的社区，应该推行网上登记工作，且让社区的管理系统同公安和人口管理部门实现联网，实时更新进出人员基本信息，对签证即将到期人员实行预警，敦促并协助其顺利续签。

其次，非洲商人聚集区的开放性，决定了长期定居聚集区的非洲商人完全有可能接受中国文化的洗礼，融入中国社会。这给我们的启示在于，我们要改变过去那种因为他们皮肤黑，来自其他国家就认为他们不是我们社会的成员的陈旧观念，帮助他们融入中国社会。为此，我们可以主动为他们提供社区服务，协助他们适应并融入中国社会。可以在外籍人士集中的社区建立专门的外籍人士服务站，为他们提供法律政策咨询、语言沟通及培训等服务，协助解决日常生活和工作中的各种问题，培养他们的社区归属感，吸纳热心参与公共事务的外籍人士参与社区的管理，社区要承担起外籍人士和管理部门的上传下达信息的任务，保持他们与管理部门的沟通渠道通畅，将目前很多不必要的误会解决在初始阶段。目前，在广州的多个外籍人士集中的社区，已经建立了外籍人士服务站，并取得了很好的成效，这一模式可以加以推广，但仍需进一步扩大服务的内容，比如组织中国法律、法规以及普通话培训等，及时将外籍人士在生活中的问题反映至社区和相关部门。

再次，非洲商人群体中的签证过期，非法滞留问题给我们的启示在于，对外籍人士的管理要实现部门联动。目前，存在的情况是，首次签证非常容易取得，但续签困难，这就导致了大量的人口入境，无法顺利续签而非法滞留，当管理部门加强搜查和打击"三非"时，非法滞留人口并不会明显减少而是会转移至周边相邻地区，并逐步分散，给人口的管理和社会稳定带了困难。针对这种情况，对外籍人士的管理必须实现部门联动。

所谓管理部门联动包括两个方面内容，一方面在于入境前与入境后的管理联动，另一方面，在于日常管理的部门联动。前者指在外籍人士的签证首发、续签以及核查等方面要一致，后者指的是当相邻地区在严厉打击

"三非"时，本地区要配合而不能因为暂时的经济利益牵扯而默许他们转移至本地。为此，针对大量人口宁愿非法滞留而不愿离开，我们需要具体问题具体分析，对那些确实在中国有着稳定生意的非洲商人，我们应该破除他们续签的障碍，使他们能够合法居留和继续生意，对那些经济基础薄弱，甚至没有稳定工作和收入的滞留人群不仅要严厉打击，且在签证的首发时就应该严格审核，坚决拒绝入境。只有这样才能避免一方面我们宽松放别人进来，另一方面又费大力气将他们请出去的尴尬。

最后，非洲商人群体有着完善的宗教组织，且宗教号召力极强，这给我们如下启示：第一，我们要本着宗教自由的理念，充分尊重他们的宗教信仰，保证他们的宗教活动能够顺利进行，维护他们的宗教权利。第二，我们应在合法合理管理的前提下，保证他们的人权受到尊重，事实一再告诉我们，当人权受到侵犯时，宗教组织可能在短时间内形成强大凝聚力的群体，对抗政府和社会。第三，我们要充分的加强和宗教组织的管理和合作，一方面实现对外籍人士的管理，另一方面，外籍人士也可以通过这个渠道将他们的各种问题和障碍反映至政府和管理部门，实现良好沟通。

（责任编辑：李育球）

中国与非洲关系

坦赞铁路的决策与建设历程研究

——兼谈周恩来的历史贡献

薛 琳

【内容摘要】坦赞铁路是中国对非援助的标志性工程,它是中非人民的"友谊之路",非洲人民的"自由之路"。中国出于打破美苏霸权垄断、支援非洲民族解放运动的战略考量,在坦赞两国四处求援、屡遭拒绝的情况下,毛泽东、周恩来等中国领导人积极果断地承担下这一发展项目。在坦赞铁路建设中,周恩来发挥了重要贡献,他参与了整个决策程序,推动了勘测设计工作开展,并且领导了铁路的修筑过程。"历史是最好的教科书。"在决策和建设过程中,周恩来强调的"自力更生"的发展理念、"尊重主权,平等互利"的援助方针、重视调研、留有余地的决策思路以及高度重视援助中人的要素的典型特征,对我们做好当前中国对非援助工作,具有重要的现实启示。

【关键词】坦赞铁路;决策;建设;周恩来;历史贡献

【作者简介】薛琳:南开大学政治学博士,中国延安干部学院副教授,陕西省延安市枣园路40号中国延安干部学院(延安,716000)

坦赞铁路是中国最大的援助项目,也是第二次世界大战之后在非洲修筑的最长铁路,是迄今非洲大陆上最大的工程之一。[1] 坦赞铁路全长共

---

[1] Martin Bailey, *Freedom Railway: China and the Tanzania Zambia Link*, London: Rex Collings, 1976, p.3.

1860.5 公里,如果把修筑坦赞铁路的土石方筑成一米高一米宽的长堤,可绕地球赤道两周多。① 自 1970 年 10 月动工,到 1976 年 7 月完工,历时六年之久,期间中方先后派遣 5 万余人参加铁路建设,并有 69 人献出了宝贵生命。② 中国巨大的付出,为中国赢得了真诚友谊,加速了中国重返国际社会的进程。

周恩来生前曾先后三次访问非洲,为中非友好关系的发展作出了巨大贡献,是中非友谊大厦的奠基人和建筑师。在坦赞铁路决策和建设中,周恩来发挥了不可磨灭的突出作用,卡翁达总统称赞道,"他对坦赞铁路的建成起到了至关重要的作用"③。

一 中国援建坦赞铁路的决策背景

坦赞铁路最早始于西方殖民者的梦想,但其实现却是在非洲民族解放运动兴起之后。由于坦、赞两国支持非洲民族解放运动的内外政策为西方所不满,使其在西方世界求助无门、四处碰壁。从国际主义的外交理念和大国角逐的权力政治等现实利益出发,中国找到了实现国家战略的重要途径——援建坦赞铁路。这样中坦赞三国就开始逐渐走到一起来了。

(一) 坦赞铁路的前生今世

修建一条连接赞比亚和坦桑尼亚铁路的设想最早可追溯到英国殖民时期。19 世纪末,殖民者塞西尔·罗德斯提出了修筑贯通非洲南北的"两开"(开普敦至开罗)铁路计划。进入 20 世纪 60 年代,非洲迎来了民族解放的高潮,坦桑尼亚和赞比亚分别于 1961 年和 1964 年实现独立。两国独立后,铁路修筑计划重被提上日程。坦桑尼亚总统尼雷尔高度重视拟议中的坦赞铁路,他指出:当铁路建成后,收益的不只是赞比

---

① 《发展中国家自力更生奏凯歌　坦赞中三国友好合作结硕果》,《人民日报》1976 年 7 月 16 日第 4 版。

② 王成安:《用鲜血和生命铸就友谊之路——纪念援建坦赞铁路牺牲的中国专家》,《国际经济合作》2010 年第 6 期,第 43 页。

③ 方毅传编写组:《方毅传》,人民出版社 2008 年版,第 416 页。

亚国家,坦桑尼亚也能获益。……不仅如此,整个非洲将会因这条铁路而获益。①

为解决自己的问题,坦桑尼亚和赞比亚先向资本主义世界求援。世界银行最早参与这一项目,但其结果却令坦赞两国失望。② 除了寻求多边援助外,坦、赞两国也在努力寻求双边援助。自 1964 年,坦赞两国首先向前宗主国英国求助,但因实力不济,英国迟迟不愿采取实际行动。同时,坦、赞两国向美国寻求帮助。在 1964 年,尼雷尔就向美国驻坦大使提出,1965 年坦桑尼亚正式向美国寻求帮助,美国因"从经济角度考察是不值得修建的。至于从政治方面的考虑,同经济方面相似,也是没有必要的"③,回绝了请求。1966 年 8 月,赞比亚也曾向美国求援,但美国由于"没有充分的经济和技术理由支持修建这一项目",又一次拒绝了。④ 为什么要拒绝他们的请求?腊斯克道出了美国的苦衷,"美国不可能替西方承担潜在的责任,美国已经不堪重荷,再难承受其他压力了"⑤。

既为了向西方施压,也为了寻求可能的帮助,坦、赞两国把目光转向了社会主义阵营。1964 年 8 月,坦桑尼亚副总统卡瓦瓦向苏联寻求援助,转年,尼雷尔亲赴苏联,向勃列日涅夫面陈坦赞铁路在政治和经济上的重要意义。但是,苏联因阿斯旺水坝分散了自身太多资源也拒绝了他们。⑥ 屡屡求助无果之后,为了本国和南部非洲国家的未来,尼雷尔把目光转向了更远的东方,他将修建铁路的希望转到了中国身上。

(二) 中国援建决策的主要动因

在中国援建坦赞铁路的决策中,政治因素占了很大比例,在中国看

---

① 沈喜彭:《中国援建坦赞铁路:决策、实施与影响》,博士学位论文,华东师范大学,2009 年,第 32 页。

② Kasuka Simwinji Mutukwa, *Politics of the Tanzania-Zambia Railway*, Ann Arbor Michigan: Michigan University Press, 1976, pp. 105 – 110.

③ Kasuka Simwinji Mutukwa, *Politics of the Tanzania-Zambia Railway*, p. 89.

④ Kasuka Simwinji Mutukwa, *Politics of the Tanzania-Zambia Railway*, p. 122.

⑤ 张杨:《美国对中国援建坦赞铁路的阻挠》,《当代中国史研究》2013 年第 2 期,第 68 页。

⑥ Alaba Ogunsanwo, *China's Policy in Africa 1958 – 1971*, New York: Cambridge University Press, 1974, p. 205.

来,坦赞铁路将会极大地扩展中国在非洲和第三世界的影响。[①] 而美国恰恰担忧的就是这一点,美国总统约翰逊坦言,"如果中国借修建坦赞铁路进入东部非洲,无疑会增强共产主义对整个撒哈拉以南非洲的影响力",进而将美国"隔绝于南部非洲"[②]。中国援建铁路是出于实现自身在东、南非洲的"战略利益",这种利益体现在以下三个方面。

第一,在决定援建坦赞铁路的诸要素中,支援南部非洲民族解放运动,具有极其重要的地位。支援民族解放运动,既有维护国家安全与政治独立的现实主义考量,同样也有反对"修正主义"的意识形态要素,而且这两者在中国决策人眼中已经成为了统一体,不可分割。对于这条铁路在民族解放运动中的意义,外交部的评估报告作了说明:修建坦赞铁路不仅有利于坦、赞两国的政治经济发展,有利于削弱帝国主义在中、东非的殖民势力,而且对南非和葡属殖民地的民族解放独立运动也将产生深远的影响。[③]

第二,国家发展模式之争也是推动中国决策的重要因素。在分析了20世纪60—70年代中国对非援助后,有学者指出:"北京之所以愿意提供巨额贷款给坦桑尼亚和赞比亚的政治动机之一,就是因为这两个国家属于激进政体,并与北京建立了外交关系。"[④] 对中国来说,通过援助对受援国进行"制度改造"或帮助它们"巩固制度",引导、推动它们走与中国相似的道路,也是中国的重要利益,因为,中、苏、美三国竞争的本质是大国实力博弈,但是其表现形式则是不同国家制度以及经济发展模式间的竞争。当时美国的"非洲通"也预见到了中国援建铁路会改变当地的发展模式,"在短期内必然会影响铁路沿线地区的经济模式、技术水平和生活方式,长期则会影响坦赞两国的发展道路选择"[⑤]。

第三,坦赞铁路是非洲最长的铁路,宏大的规模本身就给人以极大震

---

① Kasuka Simwinji Mutukwa, *Politics of the Tanzania-Zambia Railway*, p. 140.
② 张杨:《美国对中国援建坦赞铁路的阻挠》,《当代中国史研究》2013年第2期,第69页。
③ 《外交部非洲司关于拟议中的赞比亚——坦赞铁路问题的外事调研文章》,《中华人民共和国外交部解密档案》,档号:108-00649-03,第3—4页。
④ 林德昌:《海峡两岸援外政策之比较研究》,成文出版社2000年版,第231—232页。
⑤ 张杨:《美国对中国援建坦赞铁路的阻挠》,《当代中国史研究》2013年第2期,第69页。

撼，具有巨大的象征意义，成为了物化的政治符号。坦赞铁路巨大的规模，不仅是中国技术水平和国家能力的象征，而且是中国对非洲国家承诺的象征，是巨大的政治资产。有国外学者分析说：中国承担坦赞铁路这样大规模的援建项目，其目的之一就是防止中国援助被超级大国的援助抵消，而被"挤出"受援国。[①] 同时，与大陆相比，台湾无力承担坦赞铁路这样大的项目，这为大陆提供了一个好机会，来显示自己的实力。[②] 从国际和"国内"两个层面看，我们就可以理解周恩来所强调的"集中力量援建这样一个大工程，其效果和影响绝非在其他国家多搞一些中小项目所能比拟"论断的真实含义。

二 动员各方力量，为决策创造条件

在决策阶段，周恩来起到了穿针引线的重要作用，在国内层次，他要同下级部委负责人进行协调，听取意见、提前动员；同时，他还要为最高领导人毛泽东的决断提供信息，做好参谋。在国际层次，他不仅要同坦方进行接触，而且多次做赞方的"思想工作"使其认可、接受中国的帮助。正是经过周恩来的努力推动，才使坦赞铁路从口头落到笔头上，三国达成了建设的原则协议。

（一）分析、汇总信息，做好前期准备

早在1963年11月，尼雷尔总统就确定了访华计划，但因国内政局动荡，而推迟计划，在1964年年底访华计划又被提上日程，并得到了中方积极回应。[③] 为给尼雷尔访华做好准备，1965年2月10日，坦桑尼亚商业和合作部部长巴布同中国驻坦大使何英进行了会谈，会谈中巴布以"非官方"形式第一次向中国提出了援建铁路的问题。当何英询问尼雷尔

[①] John Franklin Copper, *China's foreign Aid: An Instrument of Peking's Foreign Policy*, Lexington: D. C. Heath and Company, 1976, pp. 196 – 197.

[②] Philip Snow, *The Star Raft: China's encounter with Africa*, p. 155.

[③] 张书舫《中国土木工程集团公司大事记——铁道部援外办公室前期》，2006年内部出版，第1页。

总统此次访华目的时，① 巴布答道："总统非常希望修建坦赞铁路，可能会提出要求中国帮助修建。"并特别强调：在这次访问中"如果提出援建坦赞铁路时，希望中国领导人不要立即做出否定的答复，可一般性地表示有兴趣，研究一下"②。对坦方的要求，何英认为："如有可能，中国应该承担这项工程"，并写出详细报告上呈中央。③ 由于刚刚渡过困难时期，而且也缺乏大规模援建项目的建设经验，因此，周恩来将报告送交相关部门，要求他们研究并提出实际问题，以利中央决策。

在2月15日，国务院第153次全体会议上，④ 周恩来同外交部部长陈毅、对外经济联络委员会主任方毅和铁道部部长吕正操讨论了坦赞铁路项目。周恩来首先表态：坦赞这条铁路必须修建，这是毫无疑义的。……这里的关键问题是中国必须是真心实意地同意帮助修建，而不是虚情假意的政治游戏。⑤ 涉及铁路问题，周恩来首先询问吕正操："如果把中国的铁路建设者派到非洲，帮助非洲国家修建铁路，能不能完成任务？"吕正操对这项任务表示了积极肯定的答复，并强调："一定把最好的设计队伍和施工队伍派出去！"⑥ 随后，他又谈了一些具体技术问题，请周恩来参考汇总。⑦

对拟议中的坦赞铁路，对外经委主任方毅提出了三种不同看法。⑧ 针对其意见，周恩来剖析了这条"钢铁运输线"的政治价值，强调：坦赞

---

① 据当时外交部的分析报告指出尼雷尔总统访华目的，大约有三个方面：第一，在政治上寻求我国支持，以巩固其对内统治和加强坦桑联合；第二，观摩和学习我国在建设和发展中的一些经验，争取我国的援助；第三，当前世界形势、非洲形势和即将召开的亚非会议等问题同我国交换意见。《坦桑尼亚总统尼雷尔访华时间问题、驻坦使馆对接待尼雷尔访华的建议》，载中华人民共和国外交部解密档案，档号：204-01076-01，第42页。
② 张铁珊编著：《友谊之路：援建坦赞铁路纪实》，第36页。
③ 何英：《援建坦赞铁路的决策过程》，《党的文献》1993年第4期，第42页。
④ 《周恩来在国务院第153次全体会议上的讲话》（1965年2月25日），《党的文献》2012年第3期，第3页。
⑤ 武建华：《随周总理访非商建坦赞铁路》，《百年潮》2008年第5期，第26页。
⑥ 同上。
⑦ 张铁珊编著：《友谊之路：援建坦赞铁路纪实》，第38—39页；方毅传编写组：《方毅传》，人民出版社2008年版，第321页。
⑧ 即：第一，认为援建这条铁路，是我国援外工作的一个突破和创举，不管有多大困难也应承担；第二，如果连接坦、赞两国的这条铁路都让我国承担，投入的资金过大，担心超过我们的国力；第三，与其援助这样庞大的项目，不如援助若干中小型项目，那样产生的影响可能会更大。

铁路不仅对坦赞两国意义重大，而且对支援南部非洲解放也会发挥重要作用。① 周恩来的分析，令方毅明确了目标，并表示："不管有什么看法，有什么困难，只要中央和国务院定下来，我们保证全力以赴地去完成！"② 最后，对这条铁路的价值，周恩来作了明确说明：我们是从支援非洲民族解放事业的高度来看待这项经援项目，援助了他们也就是援助了我们自己。③ 经过充分讨论，周恩来形成了关于援建坦赞铁路的五点意见。④

第一，修建坦赞铁路确实是坦、赞两国的迫切需要。两国总统不顾帝国主义的威胁利诱，积极支持南部非洲的民族解放运动，这种精神极为可贵。尼雷尔总统亲自来求援，应该满足其要求。

第二，在财力和技术上我国可以承担。援建费用可能要几个亿，一次拿出来当然困难，但勘测、设计、施工整个过程将需八九年，平均每年所需费用不过几千万。我国经济每年都会有发展，这笔费用承担得起。卡翁达总统尚未下决心要求中国援建，如只援建坦境路段，费用更不成问题。

第三，集中力量援建这样一个大工程，其效果和影响绝非在其他国家多搞一些中小项目所能比拟。

第四，远隔重洋，在热带地区建设这样宏大的跨国工程，必然会遇到许多新的问题、新的困难，不能掉以轻心，而需事先派出精干的专家组进行考察，查明情况，提出对策，妥善安排。

第五，我国同意援建坦赞铁路，势必引起西方一些国家的恐惧。它们为了维护自己在非洲的传统利益和影响，有可能被迫同意援建。这也未尝不好，尼雷尔总统可以用中国同意援建作为一张谈判的王牌，反对它们可能提出的苛刻条件。

会后，周恩来在外交部的请示报告上批示道："为援助非洲新独立的国家和支持非洲民族解放斗争，如果尼雷尔总统访华时提出援建坦赞铁路

---

① 何英：《援建坦赞铁路的决策过程》，第42页。
② 张铁珊编著：《友谊之路：援建坦赞铁路纪实》，第39—40页；方毅传编写组：《方毅传》，第321—322页。
③ 何英：《援建坦赞铁路的决策过程》，第43页。
④ 方毅传编写组：《方毅传》，第322—323页。

问题,我意应同意。"他的观点也得到了毛泽东和刘少奇的认可。① 在周恩来的主持下,中国已经做好了援建铁路的前期"政治"动员,只待坦方提出请求。

(二) 与尼雷尔接触,确定援建意向

1965年2月17日,尼雷尔总统开始对中国进行首次国事访问。转天下午,刘少奇、周恩来同他进行了会谈。② 在会谈最后,刘少奇问尼雷尔:"除了纺织厂,还有没有别的需要?"尼雷尔说出了希望中国援建坦赞铁路的想法。③ 他说:"修建坦赞铁路不仅可以打破帝国主义想使坦桑尼亚重新成为别人殖民地的阴谋,而且可以开发坦南部地区,改变经济恶性循环。"由于有了先行调研,刘少奇当即表示:可以考虑,但需要较长时间,第一步是进行勘察。刘少奇强调到:"帝国主义不干的事,我们干,我们帮助你们修";周恩来也表示:"铁路建成后,主权是属于你们和赞比亚的,我们还要教给你们技术。"尼雷尔没想到中国领导人会给出如此肯定的答复,他"兴奋得不能喘气了"④。19日下午,周恩来又陪同毛泽东会见了尼雷尔,当尼雷尔谈到希望中国援建铁路时,毛泽东表示:你们有困难,我们也有困难,但是你们的困难和我们的不同,我们宁可自己不修铁路,也要帮助你们修建这条铁路。⑤ 这样援建坦赞铁路的意向就初步达成了。

在同年6月初,周恩来对坦桑尼亚进行了首次国事访问。⑥ 针对尼雷尔访华后,对中国援助的矛盾心态,周恩来进一步做其工作。在谈话中,尼雷尔坦陈:如有可能,坦赞铁路还是由西方发达国家来援建,他将和卡翁达总统一道在即将举行的英联邦会议上再做一番努力。周恩来当即表

---

① 武建华:《随周总理访非商建坦赞铁路》,第26页。
② 中华人民共和国外交部外交史研究室编:《周恩来外交大事记》,世界知识出版社1993年版,第437页。
③ 2010年7月,访问外交部前驻坦桑尼亚大使张宏喜的记录。张大使表示:坦赞铁路是由尼雷尔提出,当刘少奇提问时,尼雷尔的助手拉了拉他的衣服,让尼雷尔提一下坦赞铁路的设想试试。
④ 《刘少奇、周恩来、陈毅等同坦桑尼亚联合共和国总统尼雷尔第一次会谈记录》(1965年2月18日),《党的文献》2012年第3期,第4—5页。
⑤ 王泰平主编:《新中国外交50年》(中),北京出版社1998年版,第717页。
⑥ 中华人民共和国外交部外交史研究室编:《周恩来外交大事记》,第460页。

示：西方国家果真能修，中国乐见其成。西方不修，中国一定修。如果它们中途停修，中国接着修。同时保证：中国将于八九月间派综合考察组来，对铁路干线及其沿线情况进行勘测。① 周恩来的话增强了尼雷尔的信心。周恩来的访问巩固了中坦两国的政治联系，也推进了坦赞铁路的援建进程。

回国后不久，周恩来指示铁道部要尽快派人赴坦进行勘测，更高度重视铁路的修筑标准问题，"未来的坦赞铁路技术标准要略高于坦桑尼亚和赞比亚既有铁路的技术标准"②。8月20日，铁道部派出考察组，中国工人历时4个月，走行6570公里，完成了700公里的线路勘测任务，并于12月29日回到国内。③ 据勘测报告，坦赞铁路约耗资人民币7.14亿元，所需设备材料运输量约为83万吨。报告上交后，周恩来又同吕正操研究了援建规划，最后决定：铁路的勘测、设计、施工，以及所需机车、车辆、钢轨等的生产，都由我方负责；其中，机车、车辆等，由青岛四方厂造；铁路专门人才，由北方交大、上海交大培养。④

（三）消除赞比亚疑虑，为毛泽东决策铺路

与坦桑尼亚相比，赞比亚对中国援助的态度比较消极，与中国接触也更谨慎。究其原因，除了因交通体系为西方所控制之外，最重要的就是因长期殖民统治所导致的畸形经济结构。但随着南罗德西亚于1965年11月11日单方面宣布独立，赞比亚的外交政策出现了根本性转变。⑤ 此外，通过与尼雷尔的多次接触，也使他相信：周恩来会对援助进行非常妥善的安排，他非常清楚第三世界国家的实际关切。⑥ 从此，卡翁达改变了讨好西方的言行，开始转向中国寻求帮助。

---

① 方毅传编写组：《方毅传》，第325页；武建华：《随周总理访非商建坦赞铁路》，第27页；中共中央文献研究室编《周恩来年谱（1949—1976）》（中卷），中央文献出版社2007年版，第735页。

② 张书舫主编：《中国土木工程集团公司大事记——铁道部援外办公室前期》，第4页。

③ 同上。

④ 吕正操：《我国援建坦赞铁路的背景》，《〈纵横〉精品丛书》编委会编《共和国外交实录》，中国文史出版社2002年版，第424页。

⑤ Douglas G. Anglin and Timothy M. Shaw, Zambia's Foreign Policy: Studies in Diplomacy and Dependence, p. 20.

⑥ Hugh Peyman & Richard Hall, The Great Uhuru Railway: China's Showpiece in Africa, p. 96.

为了试探中国的态度，赞比亚副总统卡曼加于1966年8月19日抵达北京对中国进行访问。当天下午，周恩来就同卡曼加进行了会谈，对于此行目的，卡氏表示："我们赞比亚人相信一点：即个人间的接触是最有效的，比写信、发声明重要得多。所以在北京，我们能够通过这次会见促进相互了解。"① 在第二次会谈中，周恩来明确阐明了中国对援建赞方修建铁路的态度，他表示："我们帮助坦桑尼亚，帮助一个朋友，但不会忘记另一个朋友，坦桑尼亚和赞比亚都是我们的朋友。"② 听到这一表态，卡曼加也表明了自己的态度："我向阁下保证，尼雷尔总统同卡翁达总统关系很密切，当卡翁达总统听到这个问题后，会予以充分考虑的，并且会同尼雷尔总统商议的。"③ 周恩来与卡曼加的会谈，表达了中国的真诚意愿，为转年6月份卡翁达访华创造了条件。

1967年6月21日，卡翁达开始了他的首次中国之旅。在6月23日进行的第二次会谈中，周恩来同卡翁达就坦赞铁路问题进行了深入沟通。周恩来首先说道："要巩固民族独立，就要取得经济独立。我们希望听听阁下在铁路问题上的意见。"卡翁达回答说：对于这个问题，我们研究了好久。我们已向中国提出过，向日本、英国、法国提出过。而日本、英国、法国是私人公司，中国是政府愿意帮我们的忙。④ 周恩来表示："尼雷尔总统作出决定，我们可以修，我们愿意帮助修，而且也相应帮助赞比亚修。……我们考虑这条铁路时，是把坦桑尼亚和赞比亚考虑在一起的，不然，那不是半途而废吗？"听到周恩来的谈话，卡翁达满意地答道："我不可能要求更多的了，在目前阶段，你们愿意帮助我们修，完全满足了我们现在的要求。总理表示可以帮助，我们的问题就是下一步怎么做了。"⑤ 通过与周恩来谈话，卡翁达了解到在援建坦赞铁路问题上，中国的态度是坚定的，而且是切实从赞比亚立场进行考虑的，这一点深深的打动了他。

在6月24日，周恩来陪同毛泽东会见了卡翁达。会谈一开始，卡翁

---

① 尹家民、张铁珊：《毛泽东、周恩来与坦赞铁路》，第199—200页。
② 《周恩来同赞比亚副总统卡曼加第二次会谈记录》（1966年8月20日），《党的文献》2012年第3期，第7页。
③ 同上。
④ 何英：《援建坦赞铁路的决策过程》，第45页。
⑤ 《周恩来同赞比亚共和国总统卡翁达第二次会谈记录》（1967年6月23日），《党的文献》2012年第3期，第8—9页。

达就表达了本国对修建坦赞铁路的迫切愿望。对卡翁达的担忧,毛泽东回答道:"要下决心干,开始干就好了。"对于中国的援助,卡翁达用"粗糙"的语言表达了"真正欣赏你们援助的心情",他说:"我们只有通过帮助其他地区的自由战士,使他们获得独立,才能报答你们的帮助。"毛泽东向他解释说:"这不是什么报答,先独立的国家有义务帮助后独立的国家。……全世界如果不解放,中国这个国家就不可能最后解放自己,你们也不可能最后解放自己。"接着以他独有的气魄,鼓励卡翁达道:这条铁路只有一千七百公里,投资也只有一亿英镑嘛,没有什么了不起嘛。① 这次会谈使中坦赞三方原则性接触告一段落,坦赞铁路援建进入了新阶段。

三 破解多项难题,推进铁路建设进程

在项目实施阶段,周恩来表现出高超的组织能力和协调能力,破解了其中一道道难题,驱动着铁路建设的步伐。为使铁路能够更加符合受援国要求,他亲自指示铁道部派出精兵强将进行勘测;在三方谈判启动和结束的关键时刻,他又破解了多项技术难题;进入建设阶段,他更是调集多方力量保障工程顺利进行。

(一)妥善解决分歧,启动铁路勘测

1967年9月初,在中坦赞三国开始正式谈判前,坦赞两国代表就向中方提交了由英、加两国联合考察组撰写的考察报告,并要求中方据此施工。对坦赞的要求,中方团长李先念一面嘱咐铁道部组织专家研究报告,一面将此事汇报周恩来。凭借国内经验,周恩来判断这份报告只是考察报告,而非设计报告,并强调:坦赞铁路由中国援建,其考察、勘测、设计、施工都应由中国负责。而且叮嘱李先念:要派专家仔细研究报告,并且将报告内容向坦赞两国朋友进行详细说明。② 由于周恩来的工作,坦赞

---

① 《毛泽东、周恩来等同赞比亚共和国总统卡翁达谈话记录》(1967年6月24日),《党的文献》2012年第3期,第10页。
② 周伯萍:《非常时期的外交生涯》,第135页。

铁路遇到的"难题"得以解决，三方第一次会谈顺利进行。当月5日，中、坦、赞签署了修建坦赞铁路的协定。①

据"协定"要求，中国援建的第一步就要派勘测队赴坦、赞两国进行考察。为使下一步援建工作能顺利进行，11月21日，周恩来指示铁道部尽快派得力人员赴当地考察，由铁二院、铁三院九名人员组成的勘察组于12月30日抵达赞比亚。② 经过4个月的野外工作，勘测组于1968年4月完成了报告。报告指出：在经济方面，"本线建成后，恩多拉铜产品可以由本线直抵达累斯萨拉姆，销售于国际市场，同时赞比亚进口的物资可由本线输入，对促进赞比亚国民经济发展将起到重大作用"，同时，对开发赞比亚东北地区的农业也将起到一定的促进作；在政治方面，"本线建成后将为中非东非提供一条强大的铁路运输线，……对于坦赞两国共同反帝反殖斗争，都起到重要的作用"③。1969年7月，坦赞两国的实地勘测工作基本结束，当年12月，勘测报告最终完成，预估造价为"人民币9亿至10亿元"④。

（二）发动群众，解决技术难题

中、坦、赞三国举行的坦赞铁路第四次会谈中，遇到了"机车制动问题"，由于坦、赞两国使用不同的列车制动方式，出于对未来两国关系发展的不确定性，赞比亚要求用真空制动，而中、坦则坚持使用空气制动，双方互不退让，谈判陷入僵局。为切实帮助坦、赞两国解决困难，周恩来指示铁道部要研究出两种制动方式的车辆。⑤ 这项"难题"经过二七车辆厂工人"攻关"得到了圆满解决，即采取"彼此结合"的思路，在坦桑尼亚境内采用空气式，到赞比亚境内换成真空式。⑥ 在7月9日会见坦、赞两国代表时，周恩来告诉他们："我要求铁道部将来供应你们两种制动方式的机车车辆，这样你们两方面都有了，并联系起来了，不至于因

---

① 中共中央文献研究室编《周恩来年谱（1949—1976）》（下卷），第186页。
② 张书舫主编：《中国土木工程集团公司大事记——铁道部援外办公室前期》，第8—9页。
③ 铁道部第三勘测设计院档案馆藏：《关于坦——赞铁路赞比亚共和国恩塔瓦至卡坦尼诺段的考察报告》，第11页。
④ 铁道部第三勘测设计院档案馆藏：《坦桑尼亚——赞比亚铁路考察报告》，第2—12页。
⑤ 张书舫主编：《中国土木工程集团公司大事记——铁道部援外办公室前期》，第41页。
⑥ 尹家民、张铁珊：《毛泽东、周恩来与坦赞铁路》，第216页。

修新路，就只有一条入海口来往。而其他入海口路全断了。""如果我们不能解决，就不能算帮助你们。也不算帮助坦赞之间密切合作。"①

(三) 合理安排开工典礼

由于这条铁路在坦、赞发展中的重要地位，坦、赞两国决定：由总统率领政府代表团参加开工典礼，同时邀请周恩来总理参加，届时卡翁达总统还邀请周恩来对赞比亚进行首次国事访问。由于忙于筹备四届人大、无暇分身，周恩来谢绝了他们的邀请，但更重要原因是从铁路建设的现实考虑，他说："坦赞铁路刚刚开工，工程搞起来还有一段长的路程，还要克服许多困难，还要防止许多外来干扰。所以，在工程尚未完成、还没有交到你们两国手中的时候，现在先来一个宣传，反而会引起不必要的注意。"② 虽然没有参加典礼，但他派方毅作为中国代表出席典礼，并亲自修改、审定了其发言稿，并承诺：在铁路竣工后一定参加运行典礼。③ 在1970年10月26日举行的典礼上，方毅代表中国政府郑重声明："中国政府和人民，一定同坦、赞两国政府和人民一道，努力奋斗，争取在较短的时间内，把这条铁路胜利地修建成功。"④ 坦赞铁路的修建工程开始了。

(四) 严格教育援外工人

援外人员是援外工作的主体，他们不仅直接关乎援助项目成败，而且也是国家形象的构成要素。在坦赞铁路开工之前，周恩来就提出了"施工机械增加，施工人员必须大大减少"的指导思想，⑤ 虽然周恩来多次抽调国内重型设备支援铁路建设，但是，铁路修筑还是靠"人海战术"。据统计，我国先后派遣工程技术和管理人员约5万人次，高峰时期在现场施工的中国员工队伍多达1.6万人，坦赞两国参加施工人员先后共10多万人。

周恩来非常强调中国援建坦赞铁路工人的业务和政治素质，多次就改

---

① 方毅传编写组：《方毅传》，第327页。
② 同上书，第419页。
③ 周伯萍：《周恩来与坦赞铁路》，周伯萍：《非常时期的外交生涯》，第139页；方毅传编写组：《方毅传》，第425页。
④ 方毅传编写组：《方毅传》，第425—426页。
⑤ 张书舫主编：《中国土木工程集团公司大事记——铁道部援外办公室前期》，第21页。

进援外人员工作作出重要指示。尚在铁路勘测阶段的1968年，周恩来就向尼雷尔总统说明了中国对援外人员的严格求要，他说："不要求特殊待遇，我们的技术人员同当地专家、工人一起劳动，不能特殊化，这很重要。如果发现我们的工作人员有特殊化要求或干涉你们的内政，请立即告诉我们使馆把他调回。"① 在铁路开工前，周恩来指示方毅：到了国外，首先要检查有没有"强加于人"的东西。各级干部要引导援外职工不去追求那些表面的、形式主义的宣传。此外，加强对干部职工的教育，使大家充分了解自己工作的重大意义，"出色地完成本职工作，就等于出色地完成一项政治任务"②。

帮助受援国实现自力更生，建立独立自主的经济体系是我国援助的基本目标，"使受援国的人员充分掌握这种技术"是"八项原则"中的重要一条，也是助其独立发展的关键一环。在铁路建设过程中，周恩来对培养当地技术人员给予了高度的关切。在1970年7月坦赞铁路建设工作即将开始时，他就向坦赞代表承诺："帮助友好国家建设的项目——铁路算是一个大项目，——不仅要完成，而且要使受援国人民掌握和使用，使他们学会掌握全套技术和经营管理，训练好技术人员和工人，使我们的技术人员和功能尽快离去。完成了项目交给受援国使用。这算是完全做到了援助，而且器材还要不断补充供应。"在施工中，他多次指示，"坦赞铁路工作要做好，要善始善终"，"培训当地人员是件大事，也是影响最大的，有长期影响的，要贯彻始终"，"要搞好这个项目，搞好这个样板"③。

1974年10月底到11月初，方毅对坦赞铁路进行了深入考察，并撰写了《访问赞比亚、坦桑尼亚情况报告》，指出："工程进展很快，质量良好，影响很大，成绩显著。……只要国内钢轨和机车能如质如量地及时供应，1976年上半年可正式移交。如是，即实现了周总理关于建设坦赞铁路'计划六年，希望能够缩短'的指示。"④ 周恩来此时已住进医院，当他从《报告》中得知铁路即将建成，中国的承诺将要兑现时，他感到放心和欣慰。1975年10月，坦赞铁路开始进行试运营，援建工作组又向

---

① 《周恩来同坦桑尼亚联合共和国总统尼雷尔第二次会谈记录》（1968年6月21日），《党的文献》2012年第2期，第11页。
② 张书舫主编：《中国土木工程集团公司大事记——铁道部援外办公室前期》，第47页。
③ 中共中央文献研究室编：《周恩来年谱（1949—1976）》（下卷），第639页。
④ 方毅传编写组：《方毅传》，第445页。

周恩来报喜。当时已陷入昏迷状态的周恩来说：用不了6年，用不了6年……，并对身边的邓小平讲：自己答应过坦、赞两国总统，将参加坦赞铁路竣工典礼，现在不可能了，并特别嘱咐邓小平要去参加典礼，兑现自己对卡翁达、尼雷尔两位总统的承诺。[①] 正是由于中国领导人对坦赞铁路的高度关注，使这一项目能顺利完成，并于1976年7月正式通车。

四　周恩来对外援助思想的当代启示

回顾历史，在21世纪的今天，周恩来对外援助思想给当前我国的援助工作，特别是针对亚非拉国家的发展型援助有四点启示。

第一，强调受援国要树立"自力更生"的发展理念。周恩来始终向受援国传递中国"自力更生为主，争取外援为辅"的发展理念，中国将援助定为"救急"，也即必要的、暂时的帮助，而真正摆脱贫困要靠受援国人民自身的努力。中国"授人以渔"的援助切实帮助受援国建立独立经济体系，使其脱离外国资本的控制，从而逃脱发达国家的"援助陷阱"。

第二，始终遵循"尊重主权，平等互利"的援助方针。这是中国援助的独特优势和显著特征，这一方针充分体现出中国帮助受援国家发展民族经济的真诚态度，它同发达国家旨在控制受援国的所谓"援助"形成了鲜明对照。由周恩来提出和坚持的这一援助方针，不仅是中国对发达国家利用援助干涉别国内政，攫取别国资源种种行径的反击，更为中国赢得了广大发展中国家的尊重与支持，为中国的国家成长创造了有利环境，也助力于未来中国的和平崛起。

第三，突出作决策必须要重视调研、留有余地。科学决策的前提就是要对现实问题有一个全面客观的认识，要把握实际必须要作全面细致的调研。决策是复杂的，实施的过程更是充满了不确定性。留有一定余地，就不致因各种不确定因素而使本国陷入不利之境，也有助于受援国建立更理性、更实际的发展预期。

第四，高度重视援助中人的要素。"培训当地人员是件大事，也是影

[①] 周伯萍：《非常时期的外交生涯》，第139页。

响最大的，有长期影响的"[①]，技术援助不仅是传授技能的过程，而且是沟通感情、深化友谊，传播国家发展道路理念的过程，掌握中国技术的发展中国家技术人员，既是当地发展的技术骨干，也是国家关系的"微观"基础，还是中国发展理念的传承者。关注人的要素，不仅有利于中国援助项目获得持久生命力，更有利于提升中国国家形象"软实力"和巩固中国国际影响力的社会基础。

（责任编辑：胡美）

[①] 《周总理关于做好援建坦赞铁路工作的指示》，1973年12月11日。

中国对非洲出口贸易的影响因素与潜力分析[*]

孙志娜　徐　进

【内容摘要】本文基于面板数据运用扩展的贸易引力模型对2003—2013年中国对非洲出口贸易影响因素进行验证。结果表明，进行贸易的两国的经济总量、中非合作论坛效应、中国对非直接投资是影响中国对非洲出口的主要因素。文章进一步分析得出，随着中国不断加大对非洲的基础建设投资和产业对接，以及非洲持续上升的经济增长，中国对非出口潜力仍有很大增长空间。最后，本文为进一步扩大中国对非洲的出口提出一些政策建议。

【关键词】中非；出口；贸易引力模型；影响因素

【作者简介】孙志娜，经济学博士，浙江师范大学非洲研究院、中非国际商学院讲师；徐进，浙江师范大学中非国际商学院2011级国际经济与贸易专业本科生（金华，321004）

新中国成立以后，中国和非洲各国之间的贸易往来持续不断，特别是2000年第一届中非合作论坛在北京召开以来，中非贸易规模迅速扩大。1950年中非双边贸易额仅为1 214万美元，2000年首次突破100亿美元，2013年突破2 000亿美元大关，2014年达到2 218.8亿美元，创历史新高。在这段时期，中国对非洲的出口增长尤其显著。2000年中国对非洲的出口额为50.4亿美元，2014年达1 061.5亿美元，首破千亿美元大关，

---

[*] 本文为浙江省人文社科学重点研究基地浙江师范大学非洲研究中心课题《面向非洲市场的浙江外贸战略提升研究》（14JDFZ02YB）阶段成果。

同比增长14.4%，在各大洲中增长最快。在欧美市场需求疲软、经济恢复尚需时日的情况下，扩大对非出口贸易已经成为提振中国外贸发展的重要方向。那么，影响中国对非洲出口贸易流量的因素有哪些？未来的发展潜力如何？为了解答这些问题，本文将采用面板数据借助拓展的贸易引力模型实证分析中国对非洲出口贸易的影响因素，重点考察中非合作论坛、中国对非直接投资对其的影响，并在此基础上预测中国对非洲出口发展的潜力。

一 近年来中国对非洲出口贸易的特点

（一）总体情况

自2000年以来，中国对非洲的出口呈显著的上升趋势，出口额从2001年的59.6亿元美元上升到2014年的1061.5亿元，平均年增长率为26.5%[①]。尽管如此，中国对非洲的出口在中国总出口中的比例仍然很低，2014年该比例仅为4.5%。这说明中国对非洲的出口仍有较大的发展潜力。具体来看，中国对非洲的出口地区分布和商品结构均呈现相对集中的特点。

（二）区域格局

2001—2014年，中国对非洲各次区域出口的格局出现较明显的变化（见表1）。2001年在中国对非洲次区域出口中，西部非洲地位突出，所占比例达到38.89%，其次为北部非洲占29.57%，南部非洲和东部非洲也占有较大的份额，分别为19.84%、10.16%，中部非洲最少，仅占1.53%。2014年西部非洲和北部非洲仍然是中国对非出口的主要地区，但比例分别下降至31.37%、24.73%。相反，南部非洲和东部非洲所占比例显著的提高，分别上升至21.63%、17.19%，中部非洲所占的比例也略有提高，升至5.07%。

---

① 如果没有特别标示，本文的数据均来源于国际贸易中心（International trade center）网站。

表1　　　　　　2001—2014年中国对非洲次区域出口的格局

地区	2001年（%）	2014年（%）
北部非洲	29.57	24.73
东部非洲	10.16	17.19
南部非洲	19.84	21.63
西部非洲	38.89	31.37
中部非洲	1.53	5.07

注：北部非洲包括的国家与地区：阿尔及利亚、埃及、利比亚、毛里塔尼亚、摩洛哥、苏丹（苏丹和南苏丹）、突尼斯和西撒哈拉；东部非洲包括的国家：布隆迪、厄立特里亚、埃塞俄比亚、吉布提、科摩罗、肯尼亚、卢旺达、马达加斯加、毛里求斯、塞舌尔、索马里、坦桑尼亚和乌干达；南部非洲包括的国家：安哥拉、博茨瓦纳、津巴布韦、莱索托、莫桑比克、马拉维、纳米比亚、南非、斯威士兰和赞比亚，西部非洲包括的国家：贝宁、布基纳法索、多哥、佛得角、冈比亚、几内亚、几内亚比绍、加纳、科特迪瓦、利比里亚、马里、尼日尔、尼日利亚、塞拉利昂、塞内加尔、圣多美和普林西比；中部非洲包括的国家：赤道几内亚、刚果（金）、刚果（布）、加蓬、喀麦隆、中非共和国和乍得。

（三）国家分布

从中国对非洲出口的国家分布来看（见表2），南非、尼日利亚和埃及三国一直是中国在非洲的主要出口目的地，并分别居于中国在非洲出口国的前三位，2014年中国对这三个国家的出口占中国对非出口总额的比例约40%。不过，与2001年相比，2014年它们所占的比例均呈现不同程度的下降趋势。尤其是中国对埃及出口所占的份额下降尤为明显，从14.64%下降到9.87%，这与近年来埃及国内的政局不稳有很大关联。此外，与2001年相比，2014年在中国对非洲出口的其他七个主要国家中，在中国对非洲出口中所占份额有较大提升的国家有阿尔及利亚、安哥拉、肯尼亚、加纳和坦桑尼亚，所占的份额有所下降的有贝宁和摩洛哥，苏丹和科特迪瓦则已跌出中国在非洲的十大出口目的地。

表 2　　　　　2001—2014 年中国对非洲的十大出口目的地

国家	2001 年（%）	国家	2014 年（%）
南非	17.59	南非	14.82
尼日利亚	15.38	尼日利亚	14.57
埃及	14.64	埃及	9.87
贝宁	8.73	阿尔及利亚	6.97
摩洛哥	5.03	安哥拉	5.64
科特迪瓦	4.32	肯尼亚	4.65
阿尔及利亚	3.73	加纳	3.90
苏丹	3.69	坦桑尼亚	3.67
加纳	2.45	贝宁	3.30
肯尼亚	2.33	摩洛哥	2.80
总计	77.88	总计	70.21

（四）产品结构

从出口商品结构来看，"纺织原料及纺织制品""机械电子产品""贱金属及其制品"一直是中国对非洲出口的主要商品。2001—2014 年这三种商品在中国对非洲出口总额中的比例从 55.5% 上升到 56.1%。其中，"机械电子产品"所占份额从 21.21% 上升到 26.22%，成为中国对非洲出口的第一大商品，"纺织原料及纺织制品"所占份额从 26.72% 下降到 17.98%，是中国对非洲出口的第二大商品，"贱金属及其制品"所占份额从 7.58% 上升到 11.88% 稳居第三。此外，相对于 2001 年，2014 年在中国对非出口中所占份额有显著提高的商品为"车辆、航空器、船舶及有关运输设备""杂项制品""塑料及其制品""石料、石膏、水泥、石棉、云母及类似的制品""光学、照相、电影、计量、检验、医疗或外科用仪器及设备、精密仪器及设备；钟表；乐器；上述物品的零件、附件"，在中国对非洲出口中所占份额有所下降的商品为"鞋、帽、伞、杖、鞭及其零件，已加工的羽毛及其制品；人造花；头发制品""化学工业及其相关工业的产品"。

表 3　　　　　　　2001—2014 年中国对非洲出口的十大商品

产品	2001 年（%）	产品	2014 年（%）
纺织原料及纺织制品	26.72	机械电子产品	26.22
机械电子产品	21.21	纺织原料及纺织制品	17.98
贱金属及其制品	7.58	贱金属及其制品	11.88
化学工业及其相关工业的产品	6.79	车辆、航空器、船舶及有关运输设备	8.42
车辆、航空器、船舶及有关运输设备	6.70	杂项制品	6.33
鞋、帽、伞、杖、鞭及其零件，已加工的羽毛及其制品；人造花；人发制品	6.19	塑料及其制品；橡胶及其制品	5.95
植物产品	5.60	鞋、帽、伞、杖、鞭及其零件，已加工的羽毛及其制品；人造花；人发制品	5.88
塑料及其制品；橡胶及其制品	3.73	化学工业及其相关工业的产品	4.76
杂项制品	2.94	石料、石膏、水泥、石棉、云母及类似的制品	3.90
未分类商品	2.53	光学、照相、电影、计量、检验、医疗或外科用仪器及设备、精密仪器及设备；钟表；乐器；上述物品的零件、附件	1.47
总计	89.99	总计	92.78

二　模型构建与数据来源

（一）贸易引力模型的构建

引力模型（Trade Gravity model）起源于牛顿物理学中的"引力法

则",即两个物体之间的引力与它们各自的质量成正比,且与它们之间的距离成反比。最早将引力模型应用到国际贸易领域的是 Tinbergen[①] 和 Poyhonen[②],他们指出两国双边贸易流量的规模与它们各自的经济总量成正比,而与它们之间的距离呈反比。在此基础上,经济学家引入其他可能影响双边贸易的因素,包括人均收入、关税水平、汇率、是否接壤、共同语言、关贸协定或自由贸易区、殖民地等[③]。由于贸易引力模型能够非常好地拟合双边和多边贸易流数据,并且各种估计的参数能够稳定在很小的波动范围之内,它被认为是实证研究中最为成功的公式之一。目前,国内利用贸易引力模型主要研究中国对外贸易的影响因素和潜力[④]。贸易引力方程最基本的形式可以表示为:

$$T_{ij} = c \times Y_i Y_j / D_{ij} \tag{1}$$

即两国间的贸易流 T_{ij} 与经济总量(Y_i,Y_j)成正比,与距离(D_{ij})成反比,c 为常数项。为了重点考察中国对非直接投资、中非合作论坛效应对中国对非出口贸易的影响,本文参考现有文献将基础的贸易引力模型扩展为:

$$\ln X_{cj} = \ln c + a_1 \ln Y_c + a_2 \ln Y_j + a_3 \ln D_{cj} + a_4 \ln OFDI_{cj} + a_5 CACF + \varepsilon_{ij} \tag{2}$$

其中,X_{cj} 代表中国(c)对非洲 j 国的出口贸易额。各解释变量的含义、对应变化的理论预测影响(预期符号)及说明如下。

$Y_{c(j)}$ 代表中国或非洲 j 国的经济总量,一般用该国国内生产总值数值代替,反映了中国与 j 国的出口供给和进口需求能力。预计该变量系数 $a_{1(2)}$ 的符号为正,即经济总量规模越大,则潜在的出口供给及进口需求能力越大,进而双边的贸易量也会增加。

D_{cj} 代表中国与非洲 j 国之间的距离,一般用两国的首都距离来替代,预计该变量系数 a_3 的符号为负,即距离越远,运输成本就越大,阻碍贸

[①] Jan Tinbergen "*Shaping the World Economy*; *Suggestions for an International Economic Policy*," New York. Twentieth Century Fund, 1962.

[②] Poyhonen P., *A tentative model for the volume of trade between countries* [J]. *Weltwirtschaftliches Archiv*, 1963.

[③] Anderson J E Wincoop E V., *Trade Costs*. Social Science Electronic Publishing. 2004, pp. 691 – 751.

[④] 盛斌、廖明中:《中国的贸易流量与出口潜力:引力模型的研究》,《世界经济》2004 年第 2 期,第 3—12 页。郝景芳、马弘:《引力模型的新进展及对中国对外贸易的检验》,《数量经济技术经济研究》2012 年第 10 期。

易发生的可能性就越大。

$OFDI_{cj}$（Outward Foreign Direct Investment）代表中国对非洲 j 的直接投资存量。该变量系数 a_4 的符号未定，理论认为一国对外直接投资对双边贸易具有互补或者替代效应[①]。如果 $a_4 > 0$ 时，代表两者是互补关系，如果 $a_4 < 0$ 时，代表两者是替代关系；

CACF（China-Africa Cooperation Forum）代表中非合作论坛效应，为虚拟变量。预计该变量系数 a_5 的符号为正，因为自 2006 年中国出台了一系列有助于中非经贸发展的具体政策，所以在此假设 2006 年及之后为 1，其余年份均为 0。

（二）数据来源及说明

以上引力模型是基于 2000—2013 年的面板数据进行估计的，笔者选取：南非、尼日利亚、埃及、阿尔及利亚、安哥拉、加纳、摩洛哥、肯尼亚、坦桑尼亚、贝宁、利比亚、苏丹、多哥、利比里亚、埃塞俄比亚、喀麦隆、突尼斯、莫桑比克、吉布提、塞内加尔、科特迪瓦、刚果民主共和国、几内亚、刚果（布）、赞比亚、毛里求斯、马达加斯加岛、毛利塔尼亚、纳米比亚、乌干达共 30 个国家作为样本国家。之所以选取这 30 个样本，是根据国家统计局网站最新可查的 2013 年中国对非洲各国出口总额数据测算发现，中国对以上这 30 个非洲国家的出口总量占到了当年中国对非洲出口总额的 96%，具有广泛的代表性，能够在一定误差范围内代表中国对非洲出口总额。中国对非洲 30 国出口的贸易数据来源于国家统计局；中国对非直接投资存量来自《2013 年度中国对外直接投资统计公报》；中国与非洲各国首都间的距离来自网站（www.indo.com）中的"距离计算器"；国内生产总值数据源自世界银行的统计数据。

三 模型结果的实证分析

利用 Eviews7.0 软件，拓展引力模型（2）的回归结果可以表示为：

[①] 项本武：《中国对外直接投资的贸易效应研究——基于面板数据的协整分析》，《财贸经济》2009 年第 4 期，第 77—82 页。

$$LnX_{ej} = -26.9 + 0.99LnY_c + 0.48LnY_j - 0.29LnD_{ej} + 0.06lnOFDI_{ej} + 0.12CFCA$$

$(13.16)^{***}$ $(5.69)^{***}$ (-0.28) $(2.06)^{**}$ $(1.66)^{*}$

$R^2 = 0.85$，括号内为 t 统计量，***表示通过1%显著性水平检验；**表示通过5%显著性水平检验；*表示通过10%显著性水平检验。

从回归结果来看，可以发现之前预设的经济规模、空间距离和中非合作论坛效应的符号变化与理论预期相一致。中国的经济规模总量和非洲的经济规模总量皆是解释中国对非洲出口贸易量影响因素的重要变量，并且呈显著的正相关关系；空间距离虽然是阻碍中国对非洲出口的影响因素之一，但是它的影响程度并不显著。下一部分主要对中国对非直接投资和中非合作论坛的具体影响进行分析。

（一）中非合作论坛有利于中国对非出口的扩大

中非合作论坛是中国和一些非洲国家之间为进一步加强友好合作，促进共同发展而举行的定期对话论坛。自2000年成立以来，中非合作论坛推动了中非经贸关系的全面发展。尽管如此，直到2006年在中非合作论坛北京峰会暨第三届部长级会议上，中国才首次发表《中国对非政策文件》，强调与非洲加强在政治、经济、文化、社会等各领域的"全方位"合作关系。

（二）中国对非直接投资能够带动对非出口但影响有限

目前，中国对非洲的直接投资已经初具规模。据统计，2003—2013年，中国对非直接投资流量由0.75亿美元增至33.7亿美元，存量由4.9亿美元增至261.9亿美元，在非洲50多个国家和地区投资的中国企业近3000家。从投资行业分布来看，中国对非洲投资领域主要集中在能源矿产业、基础设施业、服务业和制造业。2013年年末中国对非洲直接投资存量前五位的行业为采矿业（69.2亿美元，26.4%）、建筑业（68.4亿美元，26.1%）、金融业（36.6亿美元，14%）、制造业（35.1亿美元，13.4%）、科学研究和技术服务业（13.4亿美元，5.1%），总计22.7亿美元，占中国对非洲直接投资存量额的85%。由于多数非洲国家制造业基础落后以及中国产品的价格优势，中国在采矿业、基础设施和制造业等部门的投资在一定程度上带动生产设备和零部件等的出口。

四 中国对非出口贸易的发展潜力及政策建议

(一) 中国对非洲出口贸易的发展潜力预测

从目前数据来看,中国对非洲出口呈现出相对稳定的快速增长趋势。尽管如此,中国对非洲出口在中国总出口的份额仍然很低,2014年仅为4.5%。这也说明未来中国对非洲出口增长还存在很大的空间,而且中非之间现在的政治和经济形势为此提供了良好的发展环境。

1. 中非友好关系源远流长,历久弥坚。自1956年新中国与埃及建交揭开中国与非洲国家关系开端以来,经过几十年的发展,中非关系不断深化。特别是2000年中非合作论坛的创建,使中国与非洲国家的合作跨入了一个具有划时代意义的新阶段。2006年中非合作论坛北京峰会上中非确立了新型战略伙伴关系,双方更是加大了合作的力度,全力拓宽了合作的领域与层面。2013年3月,刚就任国家主席的习近平选择出访非洲,2014年5月,李克强总理展开访非之旅,更是为中非间继续深化合作提供信心和决心。

2. 非洲地区无论在经济增长速度还是消费能力方面对中国的出口产品来说都是一个潜力巨大的市场。数据表明,在过去10年中,非洲有8年的国内生产总值增速比亚洲更快,而且在全球经济增速最快的10个经济体中,6个来自非洲。[①] 同时,非洲拥有11亿人口,且中产阶级人数不断增加。根据非洲开发银行的统计,目前非洲中产阶级人数约为3.13亿,占非洲总人口的34%。该行预测,到2060年,非洲中产阶级人口将膨胀至11亿,占非洲总人口的42%,生活在贫困线下的人口将成为少数群体,所占比例为33%。这意味着,当前以及未来非洲内部需求旺盛。目前,非洲大陆的工业化程度还相对较低,导致从当地采购工业制品还存在较大的困难。由于中非贸易存在极强的互补性,价格具有竞争力、种类丰富的中国制造产品在未来很长一段时间内仍会受到非洲国家的欢迎。

---

① 《"非洲速度"成世界新话题》,http://news.xinhuanet.com/world/2012 - 07/18/c_123429538.htm。

3. 当前中国主要贸易伙伴的经济步入"低增长、低通胀、低利率"的新常态。尽管美国、欧盟等中国传统贸易伙伴的经济增长基本摆脱危机,但是潜在增长水平下降,国内需求依然疲软。新兴市场国家如俄罗斯和巴西等由于人口结构、制度变革、资源需求等方面因素影响,同样面临着潜在增长水平下滑的问题。中国外贸发展面临的国外环境依然严峻,亟待寻找新的外贸市场增长点。与此同时,中国国内经济也进入了"产能相对过剩、劳动力成本上升、资源环境承载能力接近极限"的新常态,亟待将部分产能过剩和劳动密集型的制造业转移到国外,而非洲是较好的选择。2014 年 5 月李克强总理访非期间,他倡议中国与非洲共同努力积极推进中非产业合作等六大工程,打造中非合作升级版。中国将加强同非洲的产业合作,促进纺织、服装、轻工、家电等劳动密集型产业和制造业发展,推动能源资源产业转型升级,增强非洲自我发展能力,实现中非产业战略对接,并力争实现到 2020 年中非贸易规模达到 4 000 亿美元左右。中国对非直接投资存量向 1 000 亿美元迈进。中国也积极与非洲在非洲高速铁路、高速公路、区域航空等三大网络开展合作,促进实现非洲区域的互联互通,未来中非贸易发展更加便利化。

(二) 进一步促进中国对非洲出口贸易的政策建议

1. 进一步增强中国对非直接投资对中非贸易的正效应

如本文所得结论,中国对非洲直接投资与中非贸易的关系是互补的,直接投资规模越大,投资对出口贸易的促进效应越明显。不过,从影响程度来看,中国对非直接投资对贸易的正效应还相对较低。目前,中国对非直接投资最大的产业仍是采矿业。未来,中国需进一步加强对非洲制造业的投资,将部分适宜非洲的劳动密集型制造业转移到非洲,这一方面既可以帮助当地实现工业化,同时也带动了中国生产设备、相关技术与劳务的出口。

2. 缓解中国与非洲的贸易摩擦

当前,非洲许多国家正处于经济转型的关键时期,采取各种措施推动国内的工业化进程。这造成中国对非洲以工业制成品为主的出口结构对非洲一些国家当地的产业和出口产生在一定程度上的竞争影响,双边贸易摩擦频繁。为此,中国需要结合非洲各国的产业发展、资源禀赋等特点,改善双边贸易结构,缓解贸易摩擦。例如,对南非、埃及等和我国贸易争端较多的国家，应尽快改善我国出口产品结构，避免与这些国家的产品发生竞争；对于毛里求斯、莱索托、纳米比亚等国家，其工业技术落后，纺织业潜力大，中国应减少相关行业的正面冲突，将出口拓展到其上游产业，并增加机电和高科技产品出口等。

3. 启动中非自由贸区的谈判

近年来，非洲经济一体化步伐明显加快。2011年，南部非洲发展共同体、东南非共同市场和东非共同体三大非洲地区组织签署了启动三方自由贸易区谈判的宣言。2012年，非盟首脑批准了一项在2017年建成非洲大陆自由贸易区的计划。可以推断，非洲国家之间的自由贸易区建立势必会对中非贸易造成一定的影响。总体上看，迄今为止的中非合作关系还是一种国家间的双边关系。随着非洲经济一体化变革趋势的加强，中非经贸合作需要在双边的层面上探寻多边合作的新框架，与作为一个整体的非洲区域组织、次区域组织进行合作，尽早开启自由贸易协定谈判，消除双边的贸易壁垒，这对中非经贸合作的未来发展将是一个新的机遇与挑战。

（责任编辑：胡美）

海上丝绸之路背景下的中非渔业合作发展研究

——以印度洋沿岸非洲国家为例[*]

张艳茹　张　瑾

【内容摘要】21世纪是海洋经济时代，沿海各国对海洋经济发展给予了前所未有的重视。目前，国际社会对印度洋海洋资源开发与利用颇为关注。随着我国海上丝绸之路发展战略的提出，本文以印度洋沿岸非洲国家为例，阐述印度洋沿岸非洲国家渔业资源状况，分析中非渔业合作现状及其发展特征，探讨未来中非渔业深度合作发展面临问题并提出举措建议，希望进一步丰富中非海洋经济合作理论，并且为中非经贸交流提供理论借鉴。

【关键词】中非渔业；印度洋；海洋经济

【作者简介】张艳茹，浙江师范大学非洲研究院经济研究所讲师（金华321004）；张瑾，浙江师范大学非洲研究院历史研究所助理研究员（金华，321004）

伴随着世界经济的不断发展，临海各国越来越意识到海洋经济发展的重要性。非洲沿海各国也不例外，其中印度洋沿岸非洲国家有13个，即

---

[*] 本文是以下课题的阶段性成果：（1）浙江师范大学2014年度校级科研项目非洲研究专项课题（编号：14FZZX09QN）"非洲海洋资源经济及中非合作研究"；（2）国家社会科学基金项目（编号：14CSS012）"南部非洲国际河流水资源利用的历史考察"；（3）国家社会科学基金项目（编号：KYZSKY14172）"中非农业合作发展模式创新研究"。

埃及、苏丹、厄立特里亚、吉布提、索马里、肯尼亚、坦桑尼亚、莫桑比克、南非、塞舌尔、马达加斯加、毛里求斯和科摩罗。印度洋海洋资源丰富,其沿岸非洲国家逐渐意识到"靠海吃海"的重要性,希望通过大力发展海洋经济来带动本国经济发展。但该区域非洲国家经济发展水平有限,技术和资金严重不足,因此寻求建立区域海洋合作关系的呼声不断高涨。在中国,习近平主席2013年提出了建设"21世纪海上丝绸之路"[①]的国家发展方略,大力提倡发展区域与国别海洋合作伙伴关系。渔业作为海洋经济合作的重要组成部分,中非渔业合作正当时。

一 加强与印度洋非洲国家渔业合作的必要性

众所周知,印度洋是世界第三大洋,总面积为7 492万平方公里,约占世界海洋总面积的21.1%。从地理位置上看,印度洋向东通过马六甲海峡可以进入太平洋,向西绕过好望角可以到达大西洋,向西北通过红海、苏伊士运河,可入地中海。世界上有70%的石油从这里经过运往太平洋地区国家,40%的世界贸易要流经印度洋的马六甲海峡。因此,印度洋一直被誉为连接亚洲、非洲、欧洲和大洋洲的交通要塞。正如美国著名的海权论专家马汉和英国海军名言中说的那样:"谁控制了印度洋,谁就控制了亚洲,谁能得到印度洋,谁就能控制世界。"[②] 从海洋资源上看,印度洋矿物资源非常丰富,如石油、天然气、金属软泥(含多种金属的软泥)等,其中波斯湾海底石油储藏为世界之最。在生物资源方面,印度洋有丰富的鱼类、软体动物和海兽。无论从所处地理位置还是资源储藏看,印度洋既是世界交通要塞又是经济发展的重要能源基地,印度洋对其周边国家而言具有极其重要的战略意义。

我国现代渔业有着三十多年的发展历史,在水产养殖、捕捞加工与贸易、渔业基础设施建设方面,具有丰富的发展经验。随着渔业经济的不断

---

① 《中国愿同东盟国家共建21世纪"海上丝绸之路"》,2013年10月3日,http://news.xinhuanet.com/world/2013-10/03/c_125482056.htm。

② 《印度的航母雄心:谁控制印度洋 谁就控制了亚洲》,2012年6月8日,http://www.huaxia.com/thjq/jswz/2012/06/2881540.html。

发展，我国水产品贸易早已成为农产品贸易中的重要组成部分。印度洋沿岸非洲国家渔业资源丰富，但渔业经济发展水平不高，资源开发与保护经验不足，以致水产品在该区域对外贸易中的比较优势不明显，粮食替代作用不能充分发挥。"独木不成林"，中国与这些国家积极展开双方或多边的渔业深入合作，分享渔业发展经验，既有利于当地国家的渔业经济现代化发展，缓解粮食安全危机，也有利于我国海洋强国建设，产生互利共赢的合作效果。

二　印度洋沿岸非洲国家渔业发展概况

（一）渔业资源方面

1. 不同海域与水深程度的鱼类分布

印度洋的属海和海湾主要有红海、阿拉伯海、亚丁湾、波斯湾、阿曼湾、孟加拉湾、安达曼海、阿拉弗拉海、帝汶海、卡奔塔利亚湾、大澳大利亚湾、莫桑比克海峡等。按海域划分，在阿拉伯海域，主要盛产鲱鱼类、鲭科鱼类及海鳗。亚丁湾主要盛产鲅鱼类和石斑鱼类。在波斯湾，有石斑鱼类、笛鲷鱼类、裸颊鲷鱼类、圆腹鲱鱼类、鲹科鱼类、长鳍金枪鱼、大眼金枪鱼、鲣鱼、杜父鱼类、鲨鱼类等。在莫桑比克海域、马达加斯加海域、西澳大利亚海域主要有海鲂鱼类、平头鱼类、小褐鳕类、长尾鳕类、鲨鱼类。在印度洋西南部海域产量较高的鱼类有：大眼金枪鱼、红背谐鱼、石巴斯鱼、高体鲳等。

按水深程度分，在60米深的浅水域易捕获的鱼类为无斑鲀、鲱鱼、马鲅鱼、鲐鱼及断斑石鲈。在100米深水域主要有断斑石鲈、海产鲇鱼、带鱼、鲷科鱼类、鲹鱼类的凹肩鲹鱼。在150米水深水域主要有日本金线鱼、发光鲷鱼。在200米水深以下区域主要有金线鱼、发光鲷鱼、蛇鲭科鱼类、大眼青眼鱼。其中，笛鲷鱼类具有高经济价值，约有40种，由于群栖在深水区，捕捞难度大，该类资源尚未完全开发利用。

2. 渔业捕捞品种多且数量较大

根据水产专家调查，印度洋的栖息鱼类有2 000种以上，特别在印度洋热带大陆架水域，鱼种繁殖量大，主要有鲾鱼科的黑边鲾鱼、牙鲾鱼，长吻鱼科的长吻鱼，菱鲷鱼科的谐鱼，青眼鱼科的黑鳍青眼鱼等①。捕捞量较大的鱼类有：鲉科鱼类、鲹科鱼类、鲭科鱼类、金枪鱼类、鲨鱼类。表层鱼类捕获品种主要有沙丁鱼类、仙女鱼科的龙头鱼、鲭科鱼类；底层鱼类捕获品种有石首鱼科的黄姑鱼等。此外，在印度洋沿岸还有比较重要的鱼种如银鲳鱼、宝刀鱼科的宝刀鱼等。以岛国塞舌尔为例，其周边海域拥有金枪鱼、鲣鱼、石斑鱼、马林鱼、鲨鱼、平鳍旗鱼、鲭鱼、紫鱼、鲹鱼、天使鱼和鲷鱼等十多个品种的主要经济鱼类。其中，品质优良的金枪鱼是塞舌尔渔业的主要产品，年捕获量约为五万多吨②。

此外，印度洋沿岸非洲国家水产养殖业起步较晚，加上缺乏先进养殖技术与资金支持，养殖产量不高。在南非，海水养殖产量占比不足1%，远远小于海洋捕捞产量。尽管养殖产量不高，但依然保持逐年增长态势。2010年南非水产养殖产量曾占到全非洲的5%和世界的0.3%。

（二）渔业经济方面

1. 渔业成为印度洋沿岸非洲国家经济增长新动力

在后危机时代，当世界各国努力寻找新的经济增长点时，渔业作为印度洋沿岸非洲国家的传统产业，通过各国政府加大渔业举措，渔业经济发展取得明显进步，为拉动本国经济增长作出重要贡献。根据2014年联合国粮农组织的研究表明，2011年非洲渔业产值（包括海洋和内陆捕捞渔业、租售渔权、渔业附加值等）超过240亿美元，占非洲国家GDP的1.26%③。在印度洋沿岸非洲国家中，马达加斯加、莫桑比克和塞舌尔渔业占GDP的比重超过5%。其中，莫桑比克捕虾业占整个国家外贸的40%在南非，水产养殖业为全球粮食安全所作的贡献越来越大，尽管它的养殖规模相对较小，但仍以每年6.5%的速度强势增长。此外，联合国粮农组织公布的世界上渔业在经济发展、生存和营养方面不断起着重大作用

---

① 庞景贵：《印度洋鱼类资源现状》，《海洋信息》1994年第4期，第26—27页。

② 《中非渔业合作能否如鱼得水》，http://epaper.comnews.cn/news-83617.html。

③ "Fisheries and aquaculture play a key role in Africa's economy"，http://www.fao.org/3/a-i3917e.pdf.

的十大渔业国家中，坦桑尼亚排在第九位[①]。又如毛里求斯，渔业和水产品加工已经成为毛里求斯最具潜力的产业之一，政府规划已将水产养殖和海产品加工列为毛渔业未来发展方向[②]。

2. 印度洋沿岸非洲国家渔业资源尚未充分开发，渔业产量不高

虽然非洲各国对海洋经济的关注度逐渐升高，渔业经济发展也取得了明显进步，但非洲渔业总体发展水平不高，水产品产量增长缓慢。根据FAO数据资料整理，如表1所示，2006年到2012年印度洋沿岸非洲国家水产品产量呈总体上涨趋势，但其在非洲国家和印度洋国家中所占比重分别未超过50%和20%。其中，2006年印度洋沿岸非洲国家水产品产量为1 900 208 吨，占非洲国家产量的40.76%，而对于整个印度洋产量而言，其占比仅为18.31%。2012年印度洋沿岸非洲国家水产品产量增加到2 077 027 吨，但由于大多数非洲国家采取保护海洋资源限制捕捞政策和存在过度捕捞现象，导致水产品产量在非洲国家占比和印度洋国家总产量占比均有所下降。以毛里求斯为例，为保护渔业资源，避免过量捕捞，政府从1992年开始采取限制捕捞措施，加上缺乏成熟的养殖技术，2012年该国水产品产量仅为4 100 吨。

通过数据分析表明，由于受渔业技术发展、设施配套有限等因素影响，水产品产量与资源禀赋存在明显不对称现象，该区域渔业资源尚未得到充分开发利用，要发展海洋经济，充分利用渔业资源，对外寻求渔业合作势在必行。

表1　　　印度洋沿岸非洲国家渔业产量分析（2006—2012年）　　　单位：吨

	2006年	2007年	2008年	2009年	2010年	2011年	2012年
印度洋沿岸非洲国家	1900208	2022274	1903939	1853877	2015367	1951720	2077027
非洲国家	4662271	4689902	4826728	4933158	5100150	4939995	5535745

---

① VENTURES-AFRICA, *Three African Countries Among Top Fishing Economies Globally*, 2014 - 07 - 03, http://www.ventures-africa.com/2014/07/three-african-countries-among-top-fishing-economies-globally/.

② 中华人民共和国商务部驻毛里求斯经商参处：《毛里求斯经济发展及现状（2014年）》，2014年6月19日，http://mu.mofcom.gov.cn/article/ddgk/zwjingji/201406/20140600631799.shtml.

续表

	2006 年	2007 年	2008 年	2009 年	2010 年	2011 年	2012 年
印度洋沿岸非洲国家占非洲国家百分比	40.76%	43.12%	39.45%	37.58%	39.52%	39.51%	37.52%
印度洋国家	10379956	10244423	10456552	10910590	11109157	11345721	11924086
印度洋沿岸非洲国家占印度洋百分比	18.31%	19.74%	18.21%	16.99%	18.14%	17.20%	17.42%

数据来源：根据 FAO 历年统计数据整理获得。

3. 印度洋沿岸非洲国家水产品出口增长动力不足，区域内部需求空间加大

非洲渔业产量占世界总产量比例不断增加，尽管水产品贸易量不大，但仍在坚持发展，且贸易趋势不断加强。在印度洋沿岸非洲国家水产品贸易中，如表 2 所示，在出口方面，2009 年水产品出口额为 1 888 279 千美元，2012 年为 2 158 311 千美元，比 2009 年仅增长了 14.30%，由于水产品资源开发水平有限，该区域国家水产品呈出口增长动力不足局面。

进口方面，由于该区域 13 个国家中除了南非、毛里求斯、塞舌尔、苏丹外大部分国家属于低收入缺粮国，水产品在粮食安全方面的作用凸显。2009 年该区域国家水产品进口额为 1 397 256 千美元，占整个非洲水产品进口额的 41.39%，2012 年该区域国家水产品进口额为 2 134 922 千美元，比 2009 年增长了 52.79%，说明印度洋沿岸非洲国家水产品可供出口的水产品产量与种类供应不足，该区域国家对水产品需求不断上涨，水产品内部需求空间加大。如毛里求斯 2011 年水产品产量为 16 015 吨，2012 年水产品总产量仅为 4100 吨，同比下降 25.6%。虽然该国被鱼类资源丰富的大洋包围着，但海产品不能自足，每年需大量进口。[①] 可见毛里求斯渔业开发利用水平有待提高，也说明该国水产业拥有巨大发展潜力。

---

① 《毛里求斯国家概况》，2014 年 7 月，http://www.fmprc.gov.cn/mfa_chn/gjhdq_603914/gj_603916/fz_605026/1206_605874/，2014 - 7.

表2　　　印度洋沿岸非洲国家水产品贸易额（2009—2012年）单位：千美元

	进口额				出口额			
	2009年	2010年	2011年	2012年	2009年	2010年	2011年	2012年
印度洋沿岸非洲国家	1 397 256	1 376 521	1 592 181	2 134 922	1 888 279	2 122 954	2 235 193	2 158 311
非洲所有国家	3 376 205	3 557 218	5 354 934	5 302 595	4 820 262	4 998 012	5 190 658	5 384 625
印度洋沿岸非洲国家占非洲国家百分比	41.39%	38.70%	29.73%	40.26%	39.17%	42.48%	43.06%	40.08%

数据来源：根据FAO历年统计数据整理获得。

4. 印度洋沿岸非洲国家是中国重要的水产品进口来源地

中非水产品贸易往来愈加频繁，根据中国海关数据显示，2012年中国出口非洲水产品数量为264 628.53吨，出口金额达40 390.92万美元，进口总量为38 390.62吨，进口总金额达到9 858.93万美元。中国与印度洋沿岸非洲国家水产品贸易中，如表3所示，中国从印度洋沿岸非洲国家进口水产品数量为24 849.52吨，金额为5 860.97万美元，进口金额和数量分别占非洲国家的59.45%和64.73%，比例达到一半以上，说明印度洋沿岸非洲国家是我国水产品重要的进口来源地。2012年我国水产品出口到印度洋沿岸非洲国家按金额排名前五位为：南非、埃及、毛里求斯、坦桑尼亚、塞舌尔。我国进口印度洋沿岸非洲国家水产品按金额排名前五位为：南非、坦桑尼亚、毛里求斯、肯尼亚、莫桑比克。

在现有贸易基础上，深入推进中非渔业可持续发展合作，扩大中非水产贸易，不仅能提高非洲国家渔业技术水平，增加劳动就业岗位，扩大国家财政收入与外汇储备额，而且也有利于我国实施走出去战略，加快国内渔业转型升级步伐。通过中非渔业深入合作，发展海洋合作伙伴关系，产生"一加一大于二"的效应[1]。

---

[1] 刘赐贵：《发展海洋合作伙伴关系，推进21世纪海上丝绸之路建设的若干思考》，《国际问题研究》2014年第4期，第1—8页。

表3　　　2012年中国与印度洋沿岸非洲国家水产品进出口统计

国家或地区	中国出口 金额（万美元）	中国出口 数量（吨）	中国进口 金额（万美元）	中国进口 数量（吨）
埃及	3 826.47	17 563.04	0.21	0.02
苏丹	110.88	416.36	0.00	0.00
厄立特里亚	0.01	0.70	0.00	0.00
吉布提	0.07	0.03	0.00	0.00
肯尼亚	122.04	446.10	224.75	585.21
坦桑尼亚	151.00	765.46	361.12	1 504.04
莫桑比克	130.74	941.47	180.87	184.45
南非	4 591.05	17 148.32	4 707.58	21 354.27
塞舌尔	147.68	260.00	1.44	0.30
马达加斯加	83.82	312.46	116.85	106.49
毛里求斯	686.43	2 966.53	268.15	1 114.74
印度洋沿岸非洲国家合计	9 859.30	40 897.58	5 860.97	24 849.52
所有非洲国家合计	40 390.92	264 628.53	9 858.93	38 390.62
印度洋沿岸非洲国家占比	24.41%	15.45%	59.45%	64.73%

数据来源：中国海关2012年统计数据。

三　中非渔业合作发展的现状与特征

（一）中非渔业合作现状

从20世纪80年代开始，中国就与非洲国家有着陆续不断的远洋渔业合作，并取得良好的经济效益和社会效益。以中国第一个"走出去"的远洋渔业企业中国水产渔业总公司为例，其规模从小到大，业务遍布西非、东非、北非一带海域，目前它在非洲国家邻近水域的捕捞量占了整个捕捞量的2/3，并在非洲八个国家设立代表处，修建水产品加工设施[1]。除中国水产渔业总公司外，大连水产集团公司、辽宁新太公司、上海水产集团总公司、山东水产企业集团总公司和南通远洋渔业有限公司先后与非

---

[1]《中国水产，在非洲捕鱼捞虾25年》，2011年5月31日，http://cafpa.net/html/8/0H0V52013.html。

洲企业合作，组建渔业合作公司二十余家。丰富的渔业合作不仅为非洲当地创造了大量的就业机会，培养了大批捕捞专业人才，而且为当地经济建设作出了重要贡献。

在"请进来"方面，中国通过举办水产技术培训班，邀请非洲水产相关人士来华学习参观水产养殖基地，介绍水产养殖户的生产与管理经验，不断增加交流与对话。这种"请进来"措施使学员们不仅学到了知识与经验，也深切感受中国的热情与友好，成为中非渔业友好合作的见证者。

（二）中非渔业合作特征

（1）以远洋渔业为先行，逐渐形成中非捕捞、养殖、加工合作全方位一体化。中国水产渔业总公司在非洲迈开远洋渔业第一步后，大连水产集团公司、辽宁新太公司、上海水产集团总公司、山东水产企业集团总公司和南通远洋渔业有限公司陆续与非洲企业合作。中国渔业企业在响应政府"走出去"政策号召下，结合自身优势和非洲渔业资源情况，不仅开展远洋渔业，而且逐渐实施水产品生产、加工等一系列项目合作。如在毛里塔尼亚，中国企业与政府签订渔业加工基地项目，建设捕捞、加工、冷藏、船舶修理等为一体的渔业综合基地，赢得了当地政府的高度关注与支持。

（2）渔业技术人才交流频繁化。从非洲来中国进行渔业技术交流情况看，来中国学习交流的非洲相关人员数目越来越多，次数越来越频繁，时间越来越长。如由国家商务部主办的"2014年非洲法语国家水产养殖技术培训班"历时56天，邀请卢旺达、贝宁、布隆迪、刚果（布）、刚果（金）、几内亚、几内亚比绍、科特迪瓦、马里、乍得、吉布提、科摩罗、摩洛哥、阿尔及利亚、突尼斯、马达加斯加等16个国家的22名渔业技术和管理人员来华学习参观与技术交流[1]。

（3）中非渔业合作不断组织化。中非渔业合作交流由来已久，但一直没有成立正式的相关组织专门指导中非渔业交流。2012年中非渔业联

---

[1] 中国水产科学研究院淡水渔业研究中心：《2014年非洲法语国家水产养殖技术培训班结业》，2014年7月11日，http://www.ffrc.cn/Infomation/Detail.asp? Table = news_ cn&RecordID = 1293.

盟在北京成立,该组织成立宗旨就是合理布局非洲渔业区域,优化渔业生态结构,帮助非洲建立和完善渔业投入机制,加强新渔区建设,发展现代渔业,帮助渔民转产转业。中非渔业联盟的成立标志着中非渔业合作逐渐组织化,职能目标明确化。

(4) 中非渔业合作基地化。中非渔业联盟在北京成立后,积极促进中非渔业合作。2014 年 5 月 6 日,中非渔业合作总部在福州琅岐建立水产品加工、冷链物流基地,该基地的建成标志着中国与非洲渔业合作进入了新的里程碑。同年 7 月 8 日,"海上丝绸之路·21 世纪对话:中非海洋经济论坛暨第二届中国非洲渔业合作研讨会"在福建福州琅岐经济区举行,会议提出要全力参与构建中非渔业合作联盟,中非联合开发非洲沿海、沿岸各个国家渔业基地,中非共同建设中非渔业合作(琅岐)总部基地,健全完善海洋渔业金融体系,带动中非渔业合作基地项目开发等合作方向①。

四 未来中非渔业深入合作思考

(一)中非渔业合作面临困难

1. 渔业环境遭污染,远洋捕捞竞争愈加激烈,"走出去"形势不容乐观

近年来,随着非洲工业化进程的加快,工业有毒废物排放污染临近海域,渔业环境受到破坏,海洋生态保护面临挑战。此外,过度捕捞和非法捕捞严重威胁着非洲渔业资源的可持续利用。据海洋保护组织称,摩洛哥丹吉尔的非法捕捞重现,联合国粮农组织就此表示如果有关国家不采取可持续性捕捞方式,渔业产量将面临急剧下降。各国逐渐意识到发展海洋经济的重要性,对本属区的"海上牧场"的管理逐渐严格起来,如实施捕捞许可证制、严格休渔期等,再加上欧美各国都参与远洋捕捞,中国远洋实力薄弱,远洋渔业捕捞遭遇激烈竞争,远洋渔业走出去难度加大。

---

① 《中非渔业合作再获新进展,改善在非投资模式》,2014 年 7 月 8 日,http://finance.chinanews.com/cj/2014/07 - 08/6364609.shtml。

2. 非洲水产养殖与加工技术落后，中非水产技术合作推广道长路远

非洲沿大西洋与印度洋两岸渔业国家众多，内陆也有水产养殖国家，但大部分国家的渔业属于小规模经济，水产养殖与加工技术落后，劳动生产率不高，且大多处于手工操作模式，缺乏现代捕捞、养殖、加工及规范经营管理观念。在规范养殖管理方面，当地农民同样缺乏相关知识和生态养殖观念。如纳米比亚的农民使用当地水坝里的水喂养牲畜，灌溉庄稼，对水塘里的鱼却不加管理，以致鱼的产量很低。在肯尼亚，有些水产养殖者把养鱼作为副业看待，缺乏足够重视。目前，来中国参加培训水产养殖培训的仅为非洲部分国家少量水产相关人员，而非洲各地的水产养殖人员技术水平都有待提高。中非渔业水产技术合作要深入非洲，提高非洲国家的水产养殖技术水平，树立推广绿色生态养殖观念，如"稻鱼共生"养殖观念等，需要中国渔业技术专家到当地进行实地培训操作。因此，中非渔业水产技术合作道长路远。

3. 非洲国家经济发展水平不一，资金有限，中非渔业合作需要金融配套服务跟踪

非洲国家经济实力有限，渔业产业处于待发展状态，渔业企业规模小，资金缺乏是限制非洲渔业经济发展的主要因素。渔业发展需要建立一系列养殖与加工基础设施，需要大量资金投入，对于处于财政紧张或外汇紧缺的非洲国家或小规模企业而言，一时难以筹措巨额的成本投入。另一方面，投资渔业比其他产业要承担更大的风险，金融机构和银行很难为小规模企业提供担保或融资机会。中非渔业合作中，中国银行或金融机构有待出台更多的相关金融扶持与配套服务政策，解决中非渔业合作资金的后顾之忧。

（二）中非渔业合作推进深入发展建议

1. 政策契机化，借助国家海洋方略实施强化中非渔业深入合作

中国是世界水产品产量和出口量最大的国家，在水产品捕捞、养殖、加工等方面技术发展成熟，拥有大量渔业专业技术人才。在政府"走出去"政策号召下，农业部门鼓励渔业走出国门。2013年政府提出建设海上丝绸之路，积极实施海洋合作开发战略。

非洲海洋经济发展受到非洲各国关注，有望成为推动非洲经济发展的新动力，各国积极采取各种措施吸引海外投资，引进技术，大力发展海洋

经济。在毛里求斯,政府早已把水产养殖和海产品加工列为毛渔业未来发展方向,加大力度引进外资与技术。[①] 若中毛两地开展海洋合作,共同实施海洋发展方略,制定出台相关绿色优惠政策,如在金融合作方面支持深入开展中毛渔业合作。

当前,无论是从非洲渔业需要技术经验推广与加强经营管理观念的角度,还是从国家实施发展海洋经济建设方略的角度看,面对渔业资源丰富且有待合理开发的非洲,中非渔业合作应当抓住发展机遇,深入开展中非渔业合作。

2. 渔业产业化,加大中非渔业技术合作及其产业配套设施建设

由于非洲经济发展水平有限,渔业产业化发展不健全。我国远洋渔业要获得长足发展,必须在非洲建立与之相应的渔业配套设施,积极筹建远洋渔业产业基地,为远洋渔业提供冷链物流、水产品加工等配套服务,逐渐形成捕捞、养殖、加工、销售、运输等有机结合的完整远洋渔业产业链。建立远洋渔业配套服务可以节省远洋渔业燃料成本、管理成本、资源使用成本,增强中国远洋渔业国际竞争力。同时,鼓励中国水产技术人员走出去,到非洲举办培训班,增加中非两地培训参观互动交流,有利于深入推动中非渔业技术合作。如在印度洋沿岸国家塞舌尔 2011 年启动海水养殖计划,初步规划建立 16 个养殖基地,积极鼓励外资企业与技术人员来塞投资合作,进一步扩大渔产品和副产品深加工规模,提高渔产品附加值,增加渔业经济效益[②]。

3. 渔业基地对接化,开展非洲物流合作基地建设,开辟印度洋"海上丝绸之路"

中非渔业合作基地在中国福建落成,但中非渔业合作在非洲对接基地仍在少数。自 20 世纪 60 年代以来,中国政府在非洲援建了大量的公路、铁路等基础设施,为当地经济发展作出了瞩目贡献。在此基础上,中国政府积极参与了非洲港口建设项目。虽然非洲海运航线物流网络初具规模,但缺乏高效管理,模式落后,严重制约了非洲国际贸易物流速度提升。对

[①] 《毛里求斯经济发展及现状(2014)》,2014 年 6 月 19 日,http://mu.mofcom.gov.cn/article/ddgk/zwjingji/201406/20140600631799.shtml.

[②] 《塞舌尔渔业国际合作值得关注》,2011 年 12 月 31 日,http://sc.mofcom.gov.cn/article/ddgk/zwjingji/201112/20111207909065.shtml.

于不断增长的中非贸易而言,建立与之配套的非洲物流基地时不我待。加上水产品的特殊性,中非水产品物流基地及其物流网络管理有待突破发展。如在西印度洋非洲国家合作建立大型物流港口,通过印度洋海上航运穿过"孟中印缅经济带",直入云南省物流基地。通过建立我中国与西印度洋沿岸非洲国家的物流航线网络,沿西印度洋非洲国家向非洲内陆延伸,以线带面扩大非洲内陆物流网络联动性,开辟印度洋上的"海上丝绸之路"。由此,中非贸易物流将减少成本,提高物流运输效率,促进中非贸易发展。

4. 建立中非水产品贸易区,加快中非区域贸易自由化进程

在非洲大陆,区域化组织与联盟发展备受欢迎,如西部非洲国家经济共同体、东非共同体市场等。在区域组织内,各个国家经济发展自由度有所不同,根据2014年全球经济自由度排名,津巴布韦为非洲经济发展中最不自由国家,自由经济指数排名为第176位(共178个国家),自由度最为活跃的非洲国家是毛里求斯,指数排名第8位。中国排在第136位,较上一年度下降一位。在印度洋沿岸非洲国家中,尝试建立区域性中非水产品贸易区,统一减免双边关税,降低贸易投资难度,不仅有利于促进中非水产品贸易发展,更有利于提升中非总体贸易发展水平,使中非双方均受益①。

5. 建立中非渔业发展基金,开展中非洲渔业合作金融配套服务

在非洲,各国渔业发展虽然受到了前所未有的重视,但是,由于资金缺乏,依然面临"巧妇难为无米之炊"的境况,渔业发展因资金不足严重阻滞。通过建立中非渔业发展基金,开展渔业金融配套服务,扶持中非渔业合作相关如造船、捕捞、养殖等项目,不仅能解决非洲渔业发展资金缺乏问题,而且能赢得当地政府支持,取得各方面的优惠政策,为中国渔业企业走进非洲增加胜算筹码。

五 结束语

水产品作为深受世界消费者青睐的产品之一,其消费量逐年上涨。在

---

① 《数据简报:2014年全球经济自由度排名 中国大陆排137位》,2014年1月7日,http://finance.takungpao.com/q/2014/0117/2188050.html。

渔业资源丰富的非洲,水产品不仅能满足居民营养需求,而且是低收入缺粮国的重要粮食保障。因此,发展非洲渔业不仅能改善人们生活质量,而且能增加当地民众收入。对非洲政府而言,渔业经济已经成为拉动本国经济增长的动力新引擎,因为渔业经济不仅能赚取外汇收入,还能增加就业岗位,有利于社会的长治久安。中非两地合作交流从古代郑和下西洋路经非洲大陆沿岸到 21 世纪的海上丝绸之路建设,从上世纪中国铁路与公路的非洲援建到当今的中非渔业合作,中国与非洲有着悠久的历史渊源与久远合作。希望通过与印度洋沿岸非洲国家渔业合作交流,进一步加强中非渔业合作。随着中非渔业合作的深入推进与海上丝绸之路的加快建设,中非经贸交流历史将迎来新篇章。

(责任编辑:胡美)

中国民营企业在非洲:现状及启示*

刘青海

【内容摘要】 2005年以来,中国民营企业日益成为中国对非投资的重要力量,给中国和非洲带来新的机遇。文章在2012—2014年进行的4次实地调研和问卷调查的基础上,分析总结了中国民营企业在非洲投资的现状,存在的主要问题,得出了一些启示。

【关键词】 中国民营企业;非洲投资

【作者简介】 刘青海,博士,浙江师范大学非洲经济研究所所长,主要从事对非投资及非洲经济研究(金华,321004)

近年来,中国企业纷纷跨出国门对外投资。目前,中国对外金融类直接投资总额已经超过了引进外资额,成为了资本净输出国,涉外资本流动格局发生了根本性变化。随着中国对外直接投资的增加,中国企业在国外的现状引起了越来越多的关注,特别是在非洲。近年来,中国对非直接投资快速增加,涉及52个非洲国家和地区,企业近3 000家,其中民营企业占70%以上。民营企业已经日益成为中国对非投资的重要力量,成为影响中国经济转型升级、中非关系可持续发展乃至中国国家形象的重要因素,必将为非洲国家从基础农业型经济向工业化社会转型带来深远影响,给中国和非洲带来新的机遇,其地位将越来越重要,应该引起双方政府的高度重视。

---

* 本文为浙江省2011协同创新中心"非洲研究与中非合作协同创新中心"资助项目(项目编号:14FZZX22YB)的研究成果

一 中国在非投资概述

近年来,全球对外投资波动较大。2009—2011 年,全球外国直接投资(FDI)流入从 11864 亿美元增加到 15 637 亿美元,年均增幅 16%。然而,自 2011 年开始,全球 FDI 流入一路下滑,从 15 637 亿美元下降到 2014 年的 12 282 亿美元,年均降幅 7%(见表 1)。与全球相比,流入非洲的 FDI 则大不相同。2009—2011 年,在在全球 FDI 流入呈上升趋势的时候,流入非洲的 FDI 却从 544 亿美元下降到 477 亿美元,年均降幅 6%。2011—2014 年,在全球 FDI 流入呈下降趋势的时候,流入非洲的 FDI 却从 477 亿美元增加到 539 亿美元,年均增幅 4%(见表 2)。与此同时,非洲在全球 FDI 流入中所占的比例也逐步上升,2006 年还仅占 2.5%,而 2014 年已经占到 4.4%(见表 3)。其中,FDI 流入最多的五个国家为南非(57 亿美元)、刚果布(55 亿美元)、莫桑比克(49 亿美元)、埃及(48 亿美元)和尼日利亚(47 亿美元)。其中,服务业是吸引外资最大的行业,远高于居于第二的初级部门和居于第三位的制造业的比例,同时出现了非洲内部投资和新兴国家投资增加、私募股权投资基金成为投资的新生力量、食品饮料工业投资迅速增长等新趋势。[1]

表 1　　　　　全球 FDI 流入情况(2009—2014 年)　　　单位:百万美元

年份	2009	2010	2011	2012	2013	2014
流入额	1 186 432	1 328 102	1 563 749	1 402 887	1467 233	1228 263

数据来源:UNCTAD, World Investment Report 2015.

表 2　　　　　非洲 FDI 流入情况(2009—2014 年)　　　单位:百万美元

年份	2009	2010	2011	2012	2013	2014
流入额	54 379	44 072	47 705	56 435	53 969	53 912

数据来源:UNCTAD, World Investment Report 2015.

---

[1] UNCTAD, *World Investment Report 2015*.

表3　　　　非洲在全球流入FDI中所占的比例（2006—2014年）　　　单位:%

年份	2006	2007	2008	2009	2010	2011	2012	2013	2014
比例	2.5	2.6	3.2	4.4	3.1	2.8	4.1	3.9	4.4

数据来源：UNCTAD，UNCTAD，FDI-TNC-GVC Information System，FDI/TNC database，其中2006—2010年数据来源于World Investment Report 2013。

在全球对非直接投资的大军中，来自新兴国家特别是中国的投资是一个重要的力量。自2000年中国制定"走出去"政策以来，中国对外投资快速增加。其中，对非洲地区的投资尤为引人关注。2006—2014年，中国对非直接投资流量从5.2亿美元增加到39.9亿美元，年均增长率达83%，中国对非直接投资存量则从25.6亿美元增加到300亿美元，年均增长率达134%。

表4　　　　　中国对非直接投资流量（2006—2014年）　　　单位：十亿美元

年份	2006	2007	2008	2009	2010	2011	2012	2013	2014
流量	0.52	1.57	5.49	1.44	2.11	3.17	2.52	3.37	3.99

数据来源：2014年数据来源于商务部新闻发言人沈丹阳在2015年3月17日商务部例行新闻发布会的发言，2013年数据除标明外，来自中国商务部、国家统计局、国家外汇管理局：《2013年中国对外直接投资统计公报》，中国统计出版社2014年版

表5　　　　　中国对非直接投资存量（2006—2013年）　　　单位：十亿美元

年份	2006	2007	2008	2009	2010	2011	2012	2013	2014
存量	2.56	4.46	7.80	9.33	13.04	16.24	21.73	26.19	30.00

数据来源：同表4。

中国在非投资的增加，引起了国内外的关注。一些学者称赞中国投资给非洲带来了发展所需要的资金和技术，弥补了非洲发展的资金缺口和技术缺口。[①] 一些学者则批评中国投资过于集中于采矿业，中国企业劳动条

---

① 如 D Brautigam, *The Dragon's Gift: The real story of China in Africa*. Oxford University Press, 2009; Jin Gu, "China's Private Enterprises in Africa and the Implications for African Development", *European Journal of Development Research* 2009, No. 21, pp. 570 - 587; P. Gugler and J. Y. J Shi, "Corporate social responsibility for developing country multinational corporations: Lost war in pertaining global competitiveness?" *Journal of Business Ethics*, Vol. 87, No. S1, pp. 3 - 24.

件太差、工作时间太长、产品质量低下、污染环境、不愿意招收本地员工等，一些学者甚至认为中国在非洲实行"新殖民主义"[1]。由此，中国对非投资企业的现状与特点已经成为影响中国经济的转型升级、中非关系的可持续发展乃至中国的国家形象的重要因素。

目前，有关中国对非投资的研究多集中于研究某一特定领域，如中国对非投资的影响或者目的或者决定因素。[2] 很少有学者就中国在非企业特别是民营企业的总体现状与特点进行研究。实际上，有关中国在非投资的很多问题都有待回答：中国在非洲企业的真实现状究竟如何？它们是否真的很少雇用本地劳动力？它们的员工是否常常被迫超时工作？在如今非洲各国纷纷加大力度吸引外资的情况下，东道国又能够得到什么引资启示？本研究旨在弥补这一缺口，为相关企业和决策者带来一些启示。

表6　2013年年末中国在非洲直接投资存量居前5名的行业

单位：十亿美元

行业	存量	份额（%）
采矿业	6.92	26.4
建筑业	6.84	26.1
金融业	3.66	14.0
制造业	3.51	13.4
科学研究和技术服务业	1.34	5.1
总计	22.27	85.0

数据来源：中国商务部、国家统计局、国家外汇管理局：《2013年中国对外直接投资统计公报》，中国统计出版社2014年版，第23页。

---

[1] 如 Adisu, Kinfu, "Thomas Sharkey and Sam Okoroafo, The Impact of Chinese Investment in Africa," *International Journal of Business and Management* 5, No. 9, pp. 1 - 9.; Kaplinsky, R. and Morris, M. (2009), "Chinese FDI in Sub-Saharan Africa: Engaging with Large Dragons", *European Journal of Development Research*, Vol. 2009, No. 21, pp. 551 - 569.

[2] 如 Kinfu Adisu, Thomas Sharkey and Sam Okoroafo "the Impact of Chinese Investment in Africa", *International Journal of Business and Management* 5, No. 9, pp. 1 - 9; Song, H, "Chinese private direct investment and overseas Chinese network in Africa", *China and World Economy*, Vol. 9, No. 4; Zafar, "The growing relationship between China and Sub-Saharan Africa: Macroeconomic, trade, investment, and aid links", *World Bank Research Observer*, Vol. 22, No. 1, pp. 103 - 130.

二 中国民营企业在非洲投资的现状、特点

一般来说，民营企业规模相对较小，灵活度、生存能力相对国有企业要强，可能更适合非洲这样的市场。事实上，据商务部统计，截至2014年9月底，在商务部批准的对非投资2 900多个项目中，央企只占600多个，其余的大部分为民企和地方企业，而这其中，浙江省有365个居首位，其次是山东省和江苏，相比于2012年浙江的191个项目（不算央企和北京市，其中88%的对非投资企业属于民营企业），山东、江苏的113个和103个项目（分居第二和第三，分别有70%和74%的企业属于民营企业）有较大的上升。[①] 预计民营企业将日益成为中非产能合作的主要力量。

（一）研究方法

目前，非洲国家对相关中国企业的统计资料还非常缺乏，少数几个统计资料鉴于统计口径的不一致又缺乏可比性。在这种情况下，田野调查不失为一种可行的途径。有鉴于此，2012年6月—2014年12月，笔者及团队成员在浙江（包括63家浙江民营企业），在非洲的尼日利亚、塞内加尔等国对33家中国企业（包括22家民营企业和11家国有企业）、在南非约翰内斯堡（包括100位中国贸易商）、在浙江对来自非洲29个国家的100位非洲人（包括外交官、教师、大学生、公务员、非政府组织代表）进行了四次实地调研和问卷调查，分析总结了中国民营企业在非洲投资的现状，梳理如下。

（二）中国民营企业在非洲投资的现状

从企业类型看。中国在非民营企业可以分为两种：在中国与非洲都有业务的企业和只在非洲有业务的企业，前者规模相对比较大，主要分布在制造业和服务业，其大部分资金来源都靠自筹，少数企业能从省级政府那

[①] Xiaofang Shen, "Private Chinese Investment in Africa: Myths and Realities", *Policy Research Working Paper 6311*, January 2013.

里获得部分支持，而后者规模相对要小一些（平均注册资本在100万美元以下），主要从事贸易业、小型制造业和服务业，它们也是自筹资金和独立的，基本没有政府部门的支持，且大多数都不熟悉政府的对非政策，业务来源主要依靠家族亲友的联系。

从投资行业看。大部分民营企业从事短、平、快的投资，贸易和小加工业，且企业实际投资非洲的行业与打算投资非洲的行业有很大的区别。其中，农业的区别很大（打算投资的多，实际却无企业投资），与餐饮服务业正好相反（打算投资的少，实际投资的多），制造业打算投资的和实际投资的比例都很大，教育、金融、娱乐行业都有一定比例的企业打算投资，而实际投资的却均为零。

从最关注的投资环境因素来看。有意投资非洲的中国企业最关注的三项投资环境因素依次为关税和贸易制度、电力供应和交通运输状况，随后依次为通货膨胀率和汇率、劳动法、政策稳定性、交流、工人的技术水平和教育状况、土地的获得性、税收管理、腐败、偷盗、商业执照、法律制度质量。以一个有意去纳米比亚投资批发零售业的投资者为例，他最关注的就是纳米比亚的关税贸易制度，当发现该国关税较高，又很难灰色清关时就放弃了投资打算。这与西方企业有较大不同（前三项投资制约因素依次为贿赂和腐败、制度不健全和资本市场的非流动性）。

从投资效益来看。大部分企业效益良好。其中，约6%的企业投资效益很好，56%的企业为良好，38%的企业一般。与在非国有企业相比，可以用一句话来概括"国有企业规模大，民营企业利润高"。不过，由于竞争日趋激烈，总体来说，效益趋于下降。

从投资优势来看。中国民营企业的最大优势是人，他们大多富于冒险精神，能够在艰苦的异国他乡长期生存（而欧美人大多不能），甚至把西方公司视为风险的情况看成一种机会。正如一个投资者所说，"不要怕大风大浪，深海里才能捞到大鱼"。而且，他们普遍勤劳、肯吃苦，休闲娱乐时间非常有限，生活、社交空间小，除了家和商场外，他们最多也就是到街上买点菜和日常用品，偶尔跟亲友去中餐厅聚餐。而且，中国的产品和技术不高不低，适合非洲的需要，具有产品和技术优势。

从投资过程来看。一般首先开设一些商栈，从事商业活动，熟悉了当地环境的时候才投资办厂，逐步趋于理性经营，在正式投资之前会做更多的咨询调查等准备工作。以在尼日利亚的Hazan鞋厂为例，它刚开始的时候只有很少的生产设备，主要业务是组装从中国运来的半成品鞋子，直到2007年，它才投资兴建了一座大规模的工厂，其面积达到40000平方米。但是，鉴于非洲人有吃大户的习惯（如果一个企业做大了，会被各个部门盯上，索要贿赂），他们往往宁愿在多个国家同时发展，而不愿意在同一个国家做大。

从实际企业数目来看。据一些熟悉情况的地方官员和企业估计，商务部对民营企业对非投资项目数存在低估的现象，其实际数可能是商务部统计数字的2—3倍。因为，商务部仅审批投资额较大的项目，而民营企业的投资多为中小型项目（目前，投资300万美元以下的项目仅需网上注册，超过300万美元的投资项目需要由省商务厅审批，投资额超过1000万美元的项目才需要商务部审批）。另外，部分规模较大的民营项目也常常因为审批程序复杂和政府支持较少而规避审批。

从社会责任的履行情况来看。大部分企业对履行企业社会责任的认识比较片面，把其等同于做公益或慈善，主动性和积极性不足。例如，在问及一家企业负责人的社会责任理念时，回答为"因为我公司是国有企业，必须遵照指示办事"。又如，很多企业的捐赠只是面向中国国内，且都是中国大使馆组织的，缺少主动性与积极性，并且已时隔几年，如汶川地震（2008）、玉树地震（2010）捐款，其他方面则乏善可陈。在引起非议最多的员工本地化方面，一般民营企业本地化率较高，平均本地化率为85%，高于国有企业的55%，且企业进入非洲时间越久、规模越大，本地化比率越高。在工资发放方面，绝大部分企业工资的发放及时，但对中国员工按时发放的比例低于非洲员工。工作时间方面，大部分企业周工作时间符合法定要求，其中制造业企业的工作时间相对较长。

（三）中国民营企业在非洲投资存在的主要问题

1. 非洲方面的问题

清关费用上涨，签证办理困难。据反映，不少国家清关费上涨很快。在南非，一个货柜就要十六七万，估计清关公司光是一个货柜就可以赚六七万。签证的办理也很困难。例如，一个浙江人，两年前到了南非后就申请办理工作签证，由于南非政府的行政效率低下，至今都未能办好，造成一系列的问题：碰到警察，罚个200块钱是小事，最大的影响是银行卡都办不了，公司也注册不了，清关号也办不下来。

安全得不到保障。一些国家的治安环境较差，甚至警察也参与到了抢劫与勒索的行列，不少浙江在非华人都有被抢的经历。以在南非中国城出售窗帘的一个温州老板为例，过来南非六七年了，曾经几次被抢。2008年，他很不幸，在去银行的路上一个月内被连续抢了3次，一次是100万，一次是70万，一次是30万，一共被抢200万，都是警察抢劫。由于担心东道国的社会治安问题，中方员工极少同外界接触，在厂区内，管理人员同当地劳工产生纠纷的事也时有发生。

其余较为严重的问题还有：基础设施差，企业经营成本较高；素质较高的劳动力缺乏（当地劳动法较严，要求雇用当地劳动力，然而当地劳动力常常不能满足要求，如雇用他们，则常常无法按进度完成项目）；外汇短缺，且生意越大，可能短缺问题越严重；当地政府腐败，常常向企业索贿，有严重的吃大户的习惯；疾病较多，医疗条件差，中国员工对疾病深感恐惧，导致员工派出存在困难。

2. 中国民营企业自身的问题

语言不通。在回答"在你的生意中经历过的最严重的问题有哪些"时，有40位受访者把"语言"列为生意中经历过的最严重问题，占总人数的40%。因为，语言能力对营业收入的影响很大。以销售窗帘为例，如果语言好的话，就可以跟顾客讲这个窗帘料子怎么好，这样生意就更好做。又如，如果语言不过关，便常常不敢去银行开账户，只好随身携带大量现金，汇钱也只能让朋友帮忙，造成很多不便，也增加了不安全因素。

良莠不齐，部分企业特别是贸易类企业存在短期经营现象。大型民营企业通常准备在非洲长期经营，敢于承担风险。而中小企业由于缺乏资金，又很难得到政府的贷款，资金来源主要靠自己筹资，常常是短期行为，加之人才缺乏、语言不通，这些企业主要关注赚足够的钱来收回期初的投资成本，而不是扩大规模。由于贸易业经营环境日趋恶化，加之当地货币贬值、安全、腐败、吃大户等原因，不少企业特别是贸易类企业对在非洲发展的前途没多大的信心，存在过客心理，没有在非长期经营扎根的打算，由此带来一系列的短期经营问题，如产品质量问题、环境污染问题等。相应地，它们大多没有在非洲长居的打算，如果要买房，也是回国去买或在老家盖房子。

不够团结，常有内斗、恶性竞争现象。例如，在南非的浙江人并不多，大概1000人。然而，光商会就有南部非洲浙江商会、南部非洲浙江企业家协会、南部非洲温州商会、南部非洲义乌商会四个，规模都比较小，彼此互不买账，没有发挥出实质性作用。又如，在非浙江企业（主要是贸易类企业）认为，对生意产生较大影响的因素主要来自中国商家内部的相互压价，造成利润大幅下降。在尼日利亚，最近以来，鞋类、假发、布料、服装等的恶性竞争非常激烈。以毛毯的出售为例，据一位在南非专门出售毛毯的温州店主介绍，毛毯早年的批发利润是200%，由于华人之间相互压价，现在是一条毛毯只赚三四块钱，利润大大下降。

产品质量问题，甚至更严重的问题。一些产品如文具、纺织品、电池、化妆品、小家电等产品质量存在诸如材质差、寿命短、仿冒国际名牌等质量问题（大体来说，台州货比义乌等地区的货物质量要差）。更为严重的是，还存在拐骗国内妇女到非洲卖淫的问题，且官方并不知晓，多是商会出面制约，但并无实质约束力。

其余的问题还有：业余时间单调，普遍有孤独感（不少企业职工去赌场消磨时间，一些职工（5%左右）甚至去嫖娼，造成诸多问题）；拖欠中国员工工资，但一般不拖欠当地员工工资（不少企业通过中介从国内招募农民工，但是等到农民工真到非洲后，常常不能如约兑现承诺，普遍存在拖欠农民工工资问题，引起一些纠纷）；与各利益相关方特别是社区的沟通和交流不足；信息、资金、人才缺乏、灰色清关等也是较普遍的问题。

3. 中国政府层面的问题

民营企业普遍认为，中国政府派出的大使馆及其经商处在关注企业特别是民营企业、引导华人团体正能量、与当地政府合作、对违规行为制裁、保护民营企业利益等方面做得非常不够，普遍存在"不求有功，但求无过"现象，民营企业因此对这些机构有些失望，加之或多或少存在一些违规现象，由此不愿意主动向这些机构登记与汇报在非投资经营相关事宜，造成政府的管理真空。由此，民营企业基本上都在"制度外"经营，即在中非政府签订的双边或多边协定之外，在中国政府的控制之外，在中国政府的融资支持之外。实际上，它们大多数都不熟悉政府的对非政策，正如一个中国公司的总经理所说"我们听说过有些对非政策，但我们不知道它们的内容"。

三 启示

与国有企业相比，民营企业的对外投资更能真实地反映中国的竞争实力，有助于中国经济在国际经济中的地位的提高，也有助于克服中国国有企业在外投资时受到的怀疑和限制。预计随着下一个十年中国产业结构的进一步调整，民营企业将会进一步转移到非洲，如何帮助其应对挑战，顺利完成产业升级是国内外政府决策者不容忽视的问题。

（一）对中国政府的启示

1. 加强驻非大机构的建设，鼓励地方政府加强对非投资服务，进一步推进投资贸易便利化

目前，驻非机构普遍人手短缺，这势必影响使馆工作人员的工作效果，也导致对民营企业的利益常常照顾不到甚至有歧视现象，这对于中国在非洲和国际社会的形象、民营企业的发展非常不利，建议加强这些机构的建设，适当扩大规模。对于驻非机构人员的派出，尽量选派对非洲有兴趣、有感情、懂经济的人，使他们有动力、有能力长期在非洲工作。同时，重视地方政府在促进对非投资中的作用，推动建立友好城市或者友好省、友好省州、友好省县，推动它们与非洲进行广泛的接触和贸易洽谈，展开一些实质性的合作。开辟地方政府这一渠道，相对而言，企业会更感兴趣，更愿意参与和支持这样的交流。此外，还应该进一步推进投资贸易便利化，努力推进尚没有与中国签订投资贸易协定的非洲国家签订相关协定，推进签证办理的便利化。

2. 鼓励与加强行业协会、商会对企业在非洲投资经营的组织协调、信息服务作用

众所周知，由各个企业自身来搜集信息，既不现实，也不经济。尽管目前商务部初步建立了为企业开展对非洲投资的信息服务平台，但是信息的覆盖面和精细程度，如对投资环境、投资产业和投资伙伴等实用信息进行深度报道还不够，尚需要加以补充和完善。商会、行业协会在规范行业竞争、协调相关企业、规划行业发展、联合对外谈判、减少内部竞争、维护企业利益方面能够起到巨大作用，然而目前还存在不够团结、流于形式、信息咨询功能欠缺等问题，可以适当资助行业协会建立专门对非洲投资的促进机构和投资信息咨询服务体系。

3. 加大对非人才培养的力度、广度与深度

人是对非战略中最重要的因素。促进对非投资需要大批的"非洲通""对中国友好且能够说得上话的非洲人""在非洲说得上话的中国人"。鉴于此，建议：一是要加大对非人才培养力度。目前，非洲研究相关人才正在逐步增加，然而相对于对欧美研究的力度，相对于实践的需要来说还是远远不够的，需要加大对非人才培养的力度。二是对地方主要官员进行对非外交方面的培训，以真正推动地方政府发挥相关作用。三是培养对中国友好且能够说得上话的非洲人。这一方面要求我们真正有真诚和平等的精神，尊重非洲人民，包括下层普通民众；另一方面要加强公关，积极大胆地介绍自己，树立自己清晰的、良好的形象，让非洲人民了解我们，理解我们。

4. 把企业社会责任意识的培养作为促进对非投资合作的一个重要手段，多搜集和宣传各种企业特别是中小企业的良好案例

中国在非企业社会责任方面的表现是中非关系是否能够可持续发展的重要因素，也是走进非洲企业能否成功的重要前提。由于在非企业以中小企业居多，政府应该改变那种宣传案例的主角通常是大企业的做法，加强对中小企业的宣传。不过，由于企业社会责任这一概念是针对大企业提出的复杂的概念，未必适合中小企业，可参照欧盟的做法，将履行社会责任的标准适当降低，另外提出一个"负责任的企业家活动"概念，只要企业能够博得企业的员工及周围社区人们的好评就可以。与此同时，力求将中小企业企业家的活力及其思维方式同社会责任这一普遍的意识相互结合在一起，提高中小企业履行社会责任的主动性。

5. 大力促成非洲东道国政府改进相关政策措施

要使非洲东道国意识到，中国民营企业的投资不仅可以带来就业与税收，而且可以带来易于被当地消化吸收的合适的产品和技术，带来敢冒风险、敢于创新的企业家精神，从而促进当地工业化的起步和发展。为了吸引更多的中国民营企业，非洲国家可以在下面一些地方进行努力：促进关税贸易便利化；加强基础设施建设特别是完善相关供电、供水和道路设施；改进国家治安环境，增强安全度；增加制度的透明度，提高政府办事效率。特别地，可以根据中国企业的特点制定特别的措施：相关投资政

策、宣传手册和信息配备中文版；与在非中国商会加强联系和合作；关心和善待已有在非企业，让它们满意，这是吸引更多中国民营企业最有效的方法。

（二）对非洲东道国政府的启示

目前，由于中国国内劳动力成本提高、人民币汇率上升、产能过剩等严峻的现实，许多民营企业处境困难，许多沿海地区的劳动密集型产业（主要是民营企业）正在试图转移到国外，这给了非洲国家一个绝好的机会，如果能够吸引这些中国民营企业到非洲国家，将会大大推进当地工业化进程，同时减缓非洲国家普遍面临的严峻的就业问题。问题是，非洲国家该如何做，才能抓住这个机会呢？基于中国民营企业的现状与特点，我们可以得到以下启示。

1. 给予中国民营企业更多的支持

大多数在非洲的民营企业是劳动密集型的，技术水平不高。然而，这种技术水平对于广大非洲国家来说是合适的技术，易于吸收和学习，加上其劳动密集型的特点，十分有利于非洲国家工业化的推进。这是有例可循的，东亚工业化水平的提高就是因为积极吸收外来劳动密集型产业转移的结果。

2. 更加努力地改革国内经济制度，改善投资政策和法律框架，改善基础设施、社会稳定和安全状况，发展经济特区或工业园区，正如中国20世纪八十年代和九十年代那样，使得中国投资者能够更好地融入国内工业化进程。

3. 更加关注和善待那些已经转移过来的企业

民营企业间有一种很强的"口碑效应"（因为民营企业家常常来自于同一个地方或者是亲朋好友），这意味着一个满意的民营企业的投资者会带来更多的未来的投资者，而一个不满意的投资者可能吓退很多潜在的投资者。因此，对于非洲东道国来说，善待已经转移过来的企业，采取措施使它们满意东道国的投资环境，例如，简化投资程序，给投资者公平的待遇，政策稳定而透明，便利的投资设施和服务。这可能是最经济和有效的吸引中国民营企业的方法。

4. 对民营企业多一点耐心

不要过于批评中国民营企业相对低的劳动标准、暂时的低本地化水平和批发零售业投资。毫无疑问，中国民营企业的工作条件通常不是特别好，但是，如前所述，中国民营企业的本地化水平常常是与进入时间的长短和规模成正比，且常常因为不熟悉当地投资环境只好从批发零售业开始起步的现实，非洲东道国要有一些耐心，给予中国民营企业足够的磨合时间。

（三）对中国民营企业的启示

对于中国民营企业来说，也可以得到一些启示。首先，非洲是值得投资的，前景光明。但是，投资前必须对当地的社会、文化和法律制度环境有一个综合的全面的分析和调查。其次，应该遵守当地法律制度，注重履行企业社会责任，尽量雇用更多的当地劳动力，尽可能的改善工作条件。再次，尽量延长当地产业链，增加对当地的技术转移（如培训当地劳动力，给他们小额贷款和技术培训），注意与当地社区、媒体、非政府组织和国际组织搞好关系，积极融入当地。最后，研发面向非洲当地市场合适的耐用的产品。由于当地人均收入水平较低，企业可以考虑研发那些功能简单的，只具有一些基本功能但是易于使用而且耐用的产品。

（责任编辑：胡美）

书　评

《中国与刚果专章》的考证与评价

龙向阳　何玲霞

【内容摘要】1884年，在比利时国王利奥波德二世成功攫取刚果河以东的广大地区后，他开始掠夺当地丰富的矿产资源，而劳动力不足是他要解决的重要问题。于是，利奥波德二世派出代表余式尔与中国当时总理各国通商事务大臣李鸿章签订了《中国与刚果专章》，但是由于当时国内政局变化，该专章并未获得中国政府正式批准，未能生效。该专章的内容简明扼要，仅专款两条。但是，如今各种文献对该专章的表述却存在诸多不同，关于签约时间、签约地点及签约人物等方面的差异屡见不鲜。在文中，列举和比较了该专章的五个中文版本之间的差异。根据文献资料的比较，可以确定签约时间为1898年7月10日，签约人物——中国方面的代表是李鸿章，刚果方面的代表是余式尔。至于签约地点，由于资料的限制，我们还无从得知，这点需要进一步考证。而签约内容，各个版本基本上大同小异——表述上略有不同，不存在实质性差别。

【关键词】中国与刚果专章；华工；利奥波德二世；李鸿章；余式尔

【作者简介】龙向阳，副教授，华南师范大学政治与行政学院，510631；浙江师范大学非洲研究院非洲研究与中非合作协同创新中心兼职研究人员。何玲霞，硕士研究生在读，华南师范大学政治与行政学院（广州，510631）

1898年，中国与刚果自由国曾签订了《中国与刚果专章》，该专章主要是为刚果自由国招募华工，但是，由于当时中国政局瞬息万变，在该专章议定后，中国的签约代表即总理各国通商事务大臣李鸿章退出总理衙门外调广东，这使得李鸿章经手的该专章未能获得中国政府的正式批准，因而，该专章未生效，也没能实现利奥波德二世从中国招募华工的目的。通过对相关文献的阅读，可以发现各种不同文献对该专章的签约时间、地点、人物等方面的表述有一定的出入，存在诸多差异。所以，笔者尝试厘清这些差异，尽量还原该专章的真实面貌。

一 问题的缘起

1884年年底的柏林国际会议——分赃会议，比利时、法国、葡萄牙、英国、美国、德国等达成关于瓜分刚果河流域的协议，比利时国王利奥波德二世获得了刚果河以东的广大地区——该地区成为他的私人领地。从此，以利奥波德二世为君主的"刚果自由国"成立。其实，这里的"自由"并非真正的自由，"自由"是指"它不受任何一个欧洲国家的控制。它是利奥波德本人的私人帝国。事实上，它不过是非洲人'自由'地受难于利奥波德这一非洲最残酷的殖民政权而已"[1]。

1887年，利奥波德二世遣使到中国，想要招募华工到刚果自由国。比利时驻华公使照会总理衙门要求为刚果自由国招工。总理衙门以刚果自由国和中国没有条约关系为由，没有允许比利时为刚果自由国招工。

"1892年，刚果自由国通过其在中国的代理人，与以澳门为据点的葡萄牙劳工贩子打通关节，并委托其在中国为刚果自由国招募劳工。"[2] "刚果自由国"此次共招募542人，其中有536名男子和6名男童。但是，由于"修筑铁路的工作环境恶劣，气候条件极度不适，各种疾病蔓延流行，加上食宿待遇差，监工虐待劳工，华工有的病倒，有的逃跑，有的进行反抗，结果大部分葬身莽林"[3]。在刚果自由国，华工的遭遇极其悲惨，同

---

[1] 凯文·希林顿：《非洲史》，赵俊译，东方出版中心2012年版，第393页。
[2] 李安山：《非洲华侨华人史》，中国华侨出版社2000年版，第104页。
[3] 同上书，第105页。

时，刚果自由国对华工的表现也并不满意——"表示不拟再招华工"①。

出于掠夺刚果自由国矿产资源的现实需要，利奥波德二世仍然继续挖空心思地想要继续招募华工。为了更加名正言顺地招募中国人去"刚果自由国"开凿矿山、修建铁路，就需要相关外交文件的保证。

比利时国王利奥波德二世成立以他为君主的刚果自由国后，为了顺利地从中国招募华工到刚果自由国，所以，竭力想要实现从中国招募华工到刚果自由国的意图。为了达到利奥波德二世招募华工的目标，作为刚果自由国的全权代表余式尔伯爵，他为了中国与刚果专章的签订，可谓费尽心机。最后，终于促成了《中国与刚果专章》。

1898年，中国与刚果自由国签订了《中国与刚果专章》，但笔者对相关资料的查阅发现该专章的签约时间、签约地点及签约人物等方面均有一定争议。签约时间众说纷纭，签约地点难以确定，签约人物也存在诸多差异。因而，笔者认为，有必要对该专章的细节进行考证，厘清诸多的争议，还原该专章的真实面貌。

二 《中国与刚果专章》的诸多版本及差异对比

如今，关于《中国与刚果专章》的表述不一，众说纷纭。主要有以下几个：

版本一：依照艾周昌、沐涛所编著的《中非关系史》关于《中国与刚果国专章》的相关表述，全文如下所示。

"（1898年）5月22日，李鸿章代表中国政府与余式尔签订了该条约，全文如下：

中国与刚果国专章

大清国与大刚果自主国和好通商之约，拟照所奉合式之权，现将专款彼此议定，速即施行。

一、中国与各国所立约内，凡载身家财产与审案之权，其如何待遇各国者，今亦可施诸刚果自主之国。

二、议定中国民人可随意迁往刚果自主之国境内侨寓、居住，凡一切

---

① 李安山：《非洲华侨华人史》，中国华侨出版社2000年版，第105页。

动者、静者之财产，皆可购买执业，并能更易业主，至行船、经商、工艺各事，其待华民与待最优国之人民相同。

现各大臣先为亲笔画押，盖用关防，以昭信守。"①

版本二：依照王铁崖所编《中外旧约章汇编（第一册）》中关于《中国与刚果国专章》（本书称为《天津专章》）的相关表述，全文如下所示。

1898—22—刚果

天津专章②

一八九八年七月十日，光绪二十四年五月二十二日，天津。

大清国与大刚果自主国和好通商之约，拟照所奉合式之权，现将专款彼此议订，速即施行。

一、中国与各国所立约内，凡载身家、财产与审案之权，其如何待遇各国者，今亦可施诸刚果自主之国。

二、议定中国民人可随意迁往刚果自主之国境内侨寓、居住，凡一切动者、静者之财产，皆可购买、执业，并能更易业主。至行船、经商、工艺各事，其待华民与待最优国之民人相同。

现各大臣先为亲笔画押，盖用关防，以昭信守。

大清国总理各国事务大臣文华殿大学士一等素毅伯李

大刚果国钦差全权大臣伯爵余

光绪二十四年五月二十二日

版本三：依照《清史稿 卷一百六十 志一百三十五 邦交八》关于《中国与刚果专章》的表述如下③：

刚果在亚非利加州刚果河左右。光绪二十四年六月，遣其使臣余式尔来华，请订和好通商之约，许之。先是光绪十一年十一月，刚果国外部大臣伊特倭照会中国，谓："奉命充外部大臣，愿与中国开通往来，遇有交涉事件，必当妥善办理。尚望贵王大臣推诚相待，以敦睦谊。"至是乃订简明条约二条：一、中国与各国所立约内，凡载身家、财产与审案之权，

---

① 艾周昌、沐涛：《中非关系史》，华东师范大学出版社1996年版，第178页。

② 王铁崖：《中外旧约章汇编（第一册）》，北京：生活·读书·新知三联书店1957年版，第785页。

③ 赵尔巽：《清史稿》，中华书局1977年版，第4698—4699页。

其如何待遇各国者，今亦可施诸刚果自主之国。二、议定中国民人可随意迁往刚果自主之国境内侨寓居住，凡一切动产不动产，皆可购买执业，并可更易业主。至行船、经商、工艺各事，其待华民与待最优国之民人相同。各大臣先为亲笔画押，盖用关防，以昭信守。

版本四：依照《清季外交史料 一三二 一四》关于《中国与刚果专章》的表述如下[①]：

大清国与大刚果自主国和好通商之约拟照所奉合式之权现将专款彼此议定速即施行

一 中国与各国所立约内凡载身家财产与审案之权其如何待遇各国者今亦可施诸刚果自主之国

二 议定中国民人可随意迁往刚果自主之国境内侨寓居住凡一切动者静者之财产皆可购买执业并能更易业主至行船经商工艺各事其待华民与待最优国之民人相同

现各大臣现为亲笔画押盖用关防以昭信守

大清国总理各国事务大臣文华殿大学士一等素毅伯李大刚果国钦差全权大臣伯爵余 光绪二十四年五月二十二日在北京互换

版本五：依照《华工出国史料汇编（第八辑 第九辑 第十辑）》中"第九辑"中关于《中国与刚果专章》的全文如下[②]：

中国与刚果国专章，1898年7月10日

大清国与大刚果自主国和好通商之约，拟照所奉合式之权，现将专款彼此议定，速即施行：

（一）中国与各国所立约内，凡载身家财产与审案之权，其如何待遇各国者，亦可施诸刚果自主国。

（二）议定中国民人可随意迁往刚果自主之国境内侨寓居住。凡一切动者静者之财产皆可购买执业，并能更易业主。至行船、经商、工艺各事，其待华民与待最优国之民人相同。

现各大臣先为亲笔画押以昭信守。大清国总理各国通商事务大臣、文

[①] 王彦威、王亮：《近代中国史料丛刊三编 第二辑 第15卷》，台北：文海出版社1985年版，第2275页。其中的"清季外交史料 一三二 一四"中关于《中国与刚果专章》的原文表述并没有标点。

[②] 卢文迪、彭家礼、陈泽宪：《华工出国史料汇编（第八辑 第九辑 第十辑）》，中华书局1984年版，第268页。

华殿大学士、一等素毅伯李鸿章

　　大刚果国领差全权大臣伯爵余式尔

　　仔细对照以上五个《中国与刚果国专章》的版本,《清史稿》和《清季外交史料》的可靠性较好,综合各个版本,可以发现:

表1　　　　　　　　　　五个版本的对比

	版本一	版本二	版本三	版本四	版本五
时间	5月22日	七月十日（公历） 五月二十二日（农历）	不详	五月二十二日	7月10日
地点	不详	天津	不详	北京	不详
中国代表	李鸿章	李鸿章	不详	李鸿章	李鸿章
刚果代表	余式尔	余式尔	不详	余式尔	余式尔
专章内容	—				

　　在签约时间方面,有些版本是1898年5月22日,有些版本是1898年7月10日。通过对"1898年"（戊戌年）农历（阴历）和公历的推算,可以发现,1898年"7月10日"与当年的"五月廿二"的农历日期正好对应。当年7月份的公历日期（表格中的阿拉伯数字）和农历日期一一对应,如表2所示:

表2　　　　　　　　　　公历：1898年7月

星期日	星期一	星期二	星期三	星期四	星期五	星期六
					1 五月十三	2 五月十四
3 五月十五	4 五月十六	5 五月十七	6 五月十八	7 五月十九	8 五月二十	9 五月廿一
10 五月廿二	11 五月廿三	12 五月廿四	13 五月廿五	14 五月廿六	15 五月廿七	16 五月廿八
17 五月廿九	18 五月三十	19 六月初一	20 六月初二	21 六月初三	22 六月初四	23 六月初五
24 六月初六	25 六月初七	26 六月初八	27 六月初九	28 六月初十	28 六月十一	30 六月十二
31 六月十三						

所以，关于日期的争议，主要是混淆了农历和公历的差异，这才导致出现了不同版本之间的签约日期的差异。所以，经过五个版本的对比，可以确定《中国与刚果专章》的签约时间——按照公历，应是1898年7月10日（按照农历，这一天就是当年的五月廿二）。也就是说，当年（1898年）的"7月10日"和"五月廿二"确属同一天。至此，根据五个版本的对比，及对当年公历和农历日期的对照，签约时间基本确定。

在签约地点方面，版本一、版本三和版本五关于"中国与刚果国专章"中的相关表述并未出现"地点"，所以，签约地点不得而知；而版本二中将《中国与刚果国专章》直接描述为《天津专章》，显而易见，签约地点应该是"天津"。版本四标明地点是"北京"。也就是五个版本只有两个版本有对地点的描述。在"签约地点"上，由于史料的欠缺，笔者无法确认签约地点。

在双方的签约代表方面，通过比对五个版本，可以确定：大清国的签约代表是李鸿章，刚果自由国的签约代表是余式尔。

在名称方面，虽是同一专章，版本一和版本五都将该专章直接称为"中国与刚果国专章"，版本二中明确地说明签约地点为"天津"，也将该专章称为"天津专章"，版本三和版本四都没有"名称"。

关于《中国与刚果专章》的内容，每个版本的表述有一定差异。但内容基本一致，没有太大的出入。在事件本质上，表述基本一致。只有部分版本的表述有一定差异。例如，版本一在专章内容中第一次使用的是"民人"，而第二次使用"人民"；而其他版本相应的两处都是使用"民人"。根据当时的社会状况，使用"民人"更符合现实情况，而"人民"显得突兀、不合时宜。笔者判断，应是版本一在引用资料过程出现的纰漏，当然，也可能是引用资料本身的问题。而版本三关于"一切动产、不动产"的描述，其他版本的说法是"一切动者、静者之财产"，由于这两种说法的意义基本相同，所以，没有产生歧义。此处的差别基本可以忽略不计。

上述内容是关于《中国与刚果国专章》有争议部分的详细分析，专章简明扼要，一目了然。很明显，这是关于华工出国后的相关权利及刚果自由国合法从中国"招募华工"的专章。

但是，《中国与刚果国专章》未获中国政府正式批准。主要是因为，该专章签订于戊戌变法期间，当时中国政局变幻莫测、错综复杂，充满了诸多不确定性，专章议成不久，国内政局变化，"李鸿章退出总理衙门外调广东，他所经手议定的中国与刚果国专约始终未由中国政府正式批准"①。因而，该专章没有得到中国的承认，利奥波德二世也未能实现他在中国招募华工的目的。《中国与刚果国专章》是一个无效的专章，未发挥起初赋予它的功能和作用。

三 评价

《中国与刚果专章》内容简明扼要、一目了然。虽然专章极其简洁，但是目前已有的多种版本却出现了签约时间、签约地点、两国签约代表、专章名称及专章内容表述方面的差异。

该专章于1898年签订，至今117年，其实，时间并不久远。但是，为什么《中国与刚果专章》在各种文献中会出现诸多差异呢？应有如下几种可能的原因：

第一，在清朝末年，与俄、英、美、日、德、法、意、奥等国家的地位相比，刚果自由国的地位可谓微不足道。因此，中国与刚果自由国签订的该专章也未能引起史学家及学者的足够重视，甚至可以说，从未引起重视。从签订之时起，关注度就很低，所以，以后"以讹传讹"更是在所难免。

第二，该专章并未获得中国政府正式批准，未能真正发挥作用。这进一步表明了该专章确实影响力有限，是未产生实际影响的专章，自然"无人问津"。像《南京条约》、《马关条约》及《辛丑条约》这样非常有影响力的条约自会载入史册，这些条约的签约时间、签约地点、签约代表也不会出现像《中国与刚果专章》记录中出现的诸多问题。

第三，学者在引用该专章过程中出现的纰漏，在一定程度上，表明相关学者的学术态度不够严谨，没有经过仔细地考证，导致"以讹传讹"。

当然，由于资料的局限，本文也存在明显不足。仅仅采用各种不同的

---

① 卢文迪、彭家礼、陈泽宪：《华工出国史料汇编（第八辑　第九辑　第十辑）》，中华书局1984年版，第268页。

中文版本的《中国与刚果专章》并不能有效地还原该专章的原貌，若可以找到该专章的其他外国语版本，可以更好地厘清现存的这些问题。本文关于签约时间和签约人物方面的相关材料不够有说服力，也未能明确该专章的"签约地点"这个问题，以上问题仍需要进一步研究，还需继续查证更为翔实的相关史料。

通过对《中国与刚果专章》诸多版本的产生原因的反思，我们应该践行严谨的学术精神，学术研究不是儿戏，不可编造，不含虚假。尽量做到客观、真实、可信。若历史可任意篡改，那历史就不成其为历史。现在也就丧失了存在的依据。忘记过去，等于背叛现在。所以，尊重历史，才能尊重现在，才配着眼未来。

（责任编辑　李育球）

English Abstracts

African Politics and International Relations

Title: A Blend of Traditional and Modern Ways: Reflection on Conflict Resolution in Somaliland

Abstract: Somaliland witnessed progress from initial reconciliation to self-claimed independence, from interim government to formal government, from internal conflict to stable peace between 1990 and 1997. Conflict resolution and peace building in Somaliland mixed traditional and modern ways. On the one hand, its traditionalism manifested in the gradualness and flexibility of targets with a lengthy and trivial process, consensus-based decision-making. On the other hand, it also showed pragmatism by adopting modern democratic institution. The case of Somaliland indicated that the combination of tradition and modernity could be a practical way for conflict resolution and peace building in Africa.

Key words: Somaliland, conflict resolution, tradition, modernity

Author: Wang Xuejun, Research Fellow at Institute of African Studies, Zhejiang Normal University.

Title: EU Adjusted its African Policy after the Cold War: Causes, Components and Evaluations

Abstract: Historically, the complexities and particularities of EU - Africa relations is a hot topic both for scholars and others. After the cold war, there had been significant changes in the international and the regional situations. In order to deal with such new situations, the EU started to make a series of structural adjustments on its policies towards Africa. With these adjustments, EU treats the African states with some new definitions and policy frameworks, a new bilateral relation pattern is emerging. Focusing on the motif of adjustment, by analyzing the causes, key components, achievements and shortcomings, the article studies the history of EU policies towards Africa, and tries to reveal the periodical characters and future trend of the bilateral relations.

Key words: EU-Africa Relation, Structural Adjustment, Cause, Achievement, Evaluation

Authors: Shui Sheng CHENG, Ph. D. candidate, China Foreign Affairs University (Zip code 100037); Gui Gui XI, Ph. D. candidate, China Foreign Affairs University (Zip code 100037)

Title: India's Soft-power in Africa: Resources, Approaches, and Limitations

Abstract: India boasts of a number of good soft-power resources in Africa, including common historical memories, increasingly deepened economic and commercial ties, cultural appeal, large diaspora groups, along with geopolitical, institutional and linguistic advantages. Moreover, India has been proactively adjusting its economic, political and military policies, providing assistance in different areas, participating in regional crisis management and peacekeeping, promoting public diplomacy, and strengthening cultural ties with African states. Nonetheless, India's limitations include inadequate economic prowess, difficulty in converting its soft-power resources into de facto soft-power, poor understanding of Africa, pervasive corruption and low working efficiency, together with the shadow of economic and strategic interests.

Key words: India, Africa, soft-power, resources, limitations

Author: Junbo JIAN, Professor, The BRICS Center, Fudan University (Zip code 200433)

Title: South Korea's Diplomacy in Africa: the Past and the Present

Abstract: Owing to the confrontation diplomacy against North Korea in the Cold War era and pragmatic diplomacy in the 1980 - 1990s, South Korea's diplomacy in Africa was developing slowly at that time. Since the 21st century, with the rising of Africa's strategic importance, South Korea strengthened its diplomacy on the Continent. By employed tactics such as: choice and concentration policy, relative dominance policy, package and long-term based policy, South Korean Government has made a series of achievements in aspects like politics, economy and culture in Africa. Although there were currently some unbalanced problems existing in South Korea-Africa relationship, it was still worth for China to learn.

Key words: South Korea Africa South Korea-Africa relations

Authors: Tao WANG, The Centre of African Studies, Yunnan University (Zip code 650091); Shin Soyeon, The National Unification Advisory Council, Ministry of Foreign Affairs, South Korea

Title: The Association Policy of French West Africa since the First World War

Abstract: Since the foundation of French West Africa, French had taken the policy of assimilation, with the character of "feudal liberation" and "direct engagement". After the First World War, French West Africa authorities recognized that the "assimilation" policy could not sustain. With the emergence of évolués elites, the transformed French mission for civilization, and the political culture of metropolitan France, colonial government had altered its policy towards the traditional rulers. With the support of ethnographic study, French colonial authorities took the policy of "association" to preserve the traditional authority structure. This "association" policy had not only effectively curbed the demand of the évolués, but also won the support of the allegiance of traditional chiefs. Against the background of rapid social changes, this "association" policy sought to shape the chieftain as the method of social changes, meanwhile also trying to maintain its "traditional" legitimacy; this contradiction determined that "association" policy could not succeed.

Key words: French West Africa; Assimilation; Association; Colonial policy

Authors: Pengtao LI, Associate Professor of the Institute of African Studies, Zhejiang Normal University (Zip code 321004); Dan SHEN, graduate student of the Institute of African Studies, Zhejiang Normal University (Zip code 321004)

African Economy and Development

Title: Africa's Economic Development: Growth without Structural Transformation

Abstract: In the past fifteen years, Africa has achieved substantial economic growth without significantly reducing its poverty, unemployment and wealth gap between rich and poor. Unless these problems are resolved, African would find it extremely difficult to realize sustainable and encompassing development. For this purpose, Africa is obliged to pursue structural transformation from semi self-dependent agriculture to manufacturing or service sectors.

Key words: Africa; Development; Structural transformation

Author: Humphrey Moshi, Associate Professor of the School of Economic Science, University of Dar es Salaam.

Title: A Preliminary Exploration of the Approach of New Industrialization and Industrial Agglomeration in Africa

Abstract: Although many African countries had made efforts to achieve industrialization and diversification, the economies of most African countries are still mainly agricultural or mineral based after decades of efforts. Single-product economy has long restricted economic development in Africa. Africa has achieved rapid economic growth in recent years, however, most African economies have not yet embarked on the path of sustainable development. "Deindustrialization" and "enclave effect" are still main features of African economies. At present, African countries need to make good use of Comparative Advantages and Late-mover Advantage, achieve industrial agglomeration in key industries and key areas, produce a number of characteristic industrial clusters. African countries should follow a new industrialization approach, relying on agglomeration economic growth and achieving development with emerging industrialization and urbanization in Africa.

Key words: Africa; new industrialization; industrial agglomeration

Author: Dr. Liang Yijian, Associate Professor, Center for African Studies, Yunnan University (Kunming 650091)

Title: The Grief of the Plague: An Evaluation of the Societal-Economic Impacts of Ebola upon West African States

Abstract: Ebola, which has been plaguing Guinea, Liberia and Sierra Leone for the past year, has not only caused a large number of deaths and infections, but also given a heavy blow to their societies and economies. To date, the plague has been under control, and the three countries are expected to shake off Ebola in 2015. From perspectives of economy, society, domestic politics and international relations, this paper attempts to comprehensively evaluate the impacts of Ebola upon these countries and anticipate their development in the post-Ebola age.

Key words: Ebola, Guinea, Liberia, Sierra Leone, Impacts

Authors: Xiyuan Tang, Ph. D. Student of Developing Country Program, Tsinghua University (Beijing: 10084); Xiaoyang Tang, Associate Professor of the Department of International Relations, Tsinghua University (Beijing: 10084)

African Education, Culture and Society

Title: Training to be Farmers, While We were yet Farmers: A Decolonization Reading of Primary Education in British Cameroon (1916 – 1961)

Abstract: There is an established link between education and manpower development (Mbua, 2002; World Bank 1989; Thompson, 1981). The kind of education dispensed in every society determines the type of manpower that the society intends to produce and consequently the kind of economy it hopes to establish in the future. In this regard, there has been a proliferation of literature regarding the type of primary education based on manpower development that the British colonial authorities implemented in their colonies and how it contributed to (under) development of an efficient/qualified personnel for all sectors of the colonial economy. None of such literature, known to the researcher however, has mentioned the application of British education policy on the Cameroons; a territory which was under their administration for about forty-five years. This analysis of the approach to primary education is established with the goal of filling the gap while questioning the motivations, relevance and impact of Britain's educational policy on the natives as a whole. My methodology is historical and I have collected primary data from the National Archives Buea (NAB) Cameroon and theoretical decolonization literature to support this analysis.

Key words: primary education, Cameroon, Britain

Author: Roland Ndille, Professor of history at the University of Buea, Southwest Buea, Cameroon

Title: A Review and Outlook of China's Research on African Education in Recent Years: Based on the Comment of "the Project of Country Studies on African Higher Education"

Abstract: In recent years, with the all-round development of Sino-African relations, there are more researchers began to study Africa education. In 2007, the Project of Country Studies on African Higher Education was initiated by Zhejiang Normal University and quite a few research results have been published including books, papers and theses since then. These studies mainly focus on African higher education's management system, quality, gender equality, expenditure and the development of private higher education and so on. But we should also see some deficiencies in this field, such as expanding the number of countries, improving the quality of studies and strengthening the research team. On the research perspective, the African students in China, China's education aid to Africa and the development of Confucius Institute should be more focused in the future.

Key words: African Higher Education; Country Studies; Quality and Equity

Authors: Junli LI, master student of the Institute of African Studies, Zhejiang Normal University (Jinhua 321004). Mingkun CHEN, Professor of Institute of African Studies, Zhejiang Normal University (Jinhua 321004)

Title: Regional studies Meeting the Strategy of the State: African Studies in U. S. Universities and Colleges in the Cold War Era

Abstract: In order to win the Cold War, the U. S. was eager to learn about the other regions other than Europe. This is why regional studies arose in the U. S. With the development of civil rights movement and U. S. -Africa relations, African studies had taken a lion's share of regional studies in U. S. universities. African studies in U. S. higher education institutions grew fast with the assistance of famous private funds (e. g. the Ford Foundation) and National Defense Education Act. Moreover, universities and colleges developed their own edges in African studies. Due to the Cold War, African studies in the U. S. were primarily located in the white universities. This area of research covered the humanities and social sciences such as linguistics, history, pedagogy and legal science. Furthermore, interdisciplinary programs were set up to promote African studies. U. S. high education institutions also underscored the cooperation with universities and colleges in African countries.

Key words: The Cold War, U. S. universities, African studies

Author: Yan Wang, Ph. D. candidate of African Studies Center, Yunnan University (Kunming 650091)

Title: Types, Features and Implications on the Management of the African Communities in China: A Case Study of Guangzhou

Abstract: Since the end of the last century, two trends have emerged in transformation of China, one is the continuous transfer of rural labor to the city, the other is foreign population migrating to China, they are very different, however they result in the same consequences - the emergence of the aggregation zone. In fact, the foreign ethnic communities have their unique features.

Through the case study of Guangzhou, this paper finds that there are two kinds of African communities: mixed and relationship-related styles which have the characteristics of mobility and stability, legal and illegal, homogeneity and coexistence and so on. Accordingly, this paper puts forward some sujestions to the relevant administrative departments, first of all, they should coordenate before and after the entry of foreigners, meanwhile, strengthen daily routine management, and respect the cultures and customs of the foreigners, finally provide social services to help them integrate into Chinese society.

Key words: African community; Features; Administration and management

Author: Tao XU, Assistant Professor of the school of Law and Political Science, Zhejiang Normal University (Zip code 321004)

China - Africa Relation

Title: The Decision Making and Construction of the TAZARA Railway: A discussion of Premier Zhou Enlai's Contributions

Abstract: The TAZARA Railway was an epitome of China's assistance to Africa. It is both a railway of friendship for Chinese and African peoples, and a railway of freedom for African peoples. In order to break through the monopoly of USA and USSR and support the liberation movements of African peoples, China's late Premier Zhou Enlai made an historical decision to assist Tanzania and Zambia for building the Railway, whose appeals had been repetitively refused internationally. Premier Zhou took the lead along the way, participated in the decision making and promoted the railway's survey and design. "History is the best textbook." He emphasized the idea of self-relaiance and the guideline of respecting each other's sovereignty, equality and mutual benefit in foreign assistance. Also he underscored policy research, leaving room for maneuver in decision making, and human factors in the implementation of assistance to foreign countries. All these experience has important implications for China's aid to African countries.

Key words: Tanzania-Zambian Railway, decision making, construction

Author: Lin Xue, Associate Professor of the Yan'an Cadre Training

School (Yan'an 71600)

Title: Determinants and Potentials of Chinese Exports to Africa

Abstract: This paper used the panel data and the extended trade gravity model to verify determinants of Chinese exports to Africa from year 2003 to 2013. The results showed that the total GDP of the two trading countries, the effect of China-Africa Cooperation Forum, China's direct investment in Africa are the main determinants. And with upgrading infrastructure and manufacture, China still has great potential to export more to Africa.

Key Words: Sino-Africa; Export; Trade gravity model; Determinants

Authors: Zhina Sun, Lecturer of the China-Africa International Business School, Zhejiang Normal University, Jinhua, Zhejiang Province (Jinhua 321004); Jin Xu, undergraduate of the China-Africa International Business School, ZheJiang Normal University (Jinhua 321004)

Title: Sino-Africa Cooperation in Fishery with the Construction of the Maritime Silk Route: the Case of African Littoral Countries along the Indian Ocean

Abstract: The African continent is sandwiched by the Indian Ocean and the Atlantic, which boasts of affluent naval resources. This paper case-studies East African countries along the Indian Ocean with a focus on naval fishery resources, illustrates the distribution of naval resources in these countries, analyzes the current Sino-Africa fishery cooperation and potential problems concerning the further cooperation as well as solutions. This paper tries to enrichboth the theory on naval economy and theoretical foundation for Sino-Africa economic and business communication.

Key words: China-Africa Cooperation, fishery, the Indian Ocean, Marine economy

Authors: Yanru Zhang, Lecturer of the Institute of African Studies, Zhejiang Normal University (Jinhua 321004), Jin Zhang, Assistant Research Fellow of the Institute of African Studies, Zhejiang Normal University (Jinhua

321004)

Title: The Investment of China's Private Enterprises in Africa and Policy Recommendations

Abstract: This paper analyzes investment patterns of China's private enterprises in Africa and tries to throw light upon the major problems that lie in their investment and management. Then, the author offers a number of policy recommendations that could help promote China's investment in African countries.

Key words: China's private enterprises, investment, policy recommendation

Aauthor: Qinghai Liu, Lecturer and Director of the Department of African Economy, the Institute of African Studies, Jinhua, Zhejiang Province (Jinhua 321004)

Book Review

Title: A Textual Analysis and Evaluation of the Tianjin Chapter

Abstract: In 1884, Leopold II, the King of Belgium occupied the land to the east of the Congo River and began to exploit the rich minerals and resources. In order to tackle the problem of insufficient labor force, Shier Yu, representative of the King, and Hongzhang Li, the then Minister of Foreign Affairs of the Qing Dynasty, signed the Tianjin Chapter. The chapter perse was very concise. Nevertheless, there have been different interpretations of this document in terms of the signature place, time and signatories, and so on. This paper makes an initial attempt to throw light upon these conflicts and to show the chapter as what it was.

Key words: The Tianjin Chapter, Chinese workers, Leopold II of Belgium, Hongzhang Li, Shier Yu

Authors: Xiangyang Long, Associate Professor of the School of Politics and Public Administration, South China Normal University (Zip code 510631); Lingxia He, graduate student of the School of Politics and Public Administration, South China Normal University (Zip code 510631)